Max Sager
Michael McGarty

Informationsmanagement und Administration

VERLAG:SKV

Rolf Bänziger
(Tabellenkalkulation)

ist IKA- und SIZ-Lehrer an der Handelsschule KV Schaffhausen sowie Leiter der Höheren Fachschule für Wirtschaft Schaffhausen. Er ist Ehrenmitglied des Verbandes Lehrende IKA.

Carola Brawand-Willers
(Schriftliche Kommunikation/ Korrespondenz)

unterrichtete IKA und wirkte als Referentin in Weiterbildungskursen an der Wirtschafts- und Kaderschule KV Bern. Sie ist Prüfungsexpertin für den Bereich Kommunikation in der Muttersprache bei der Berufsprüfung Direktionsassistentin mit eidg. Fachausweis. Sie ist Ehrenmitglied im Verband Lehrende IKA

Stefan Fries
(Präsentation und Textverarbeitung/ Textgestaltung)

ist IKA-Fachlehrer und Fachvorsteher für IKA am Berufsbildungszentrum Wirtschaft, Informatik und Technik in Willisau.

Michael McGarty
(Grundlagen der Informatik/ Outlook)

Informatiker und Telematiktechniker HF, ist Lehrer an der Wirtschaftsmittelschule Thun und an der Wirtschaftsschule Thun.

Max Sager
(Informationsmanagement und Administration/Grundlagen der Informatik)

Betriebsökonom FH, war Lehrer am Gymnasium/Wirtschaftsmittelschule Thun-Schadau. Er ist Ehrenpräsident des Verbandes Lehrende IKA.

Annamaria Senn-Castignone
(Gestaltung von Bildern)

Fotolithografin, Technikerin TS, Fachlehrerin und ÜK-Instruktorin Polygrafen/Mediamatiker, Prüfungsleiterin QV Polygrafen

Haben Sie Fragen, Anregungen oder Rückmeldungen?
Wir nehmen diese gerne per E-Mail an feedback@verlagskv.ch entgegen.

7. Auflage 2019

Michael McGarty, Max Sager:
IKA 1 Informationsmanagement und Administration

Theorie und Aufgaben inkl. Enhanced Book:
ISBN 978-3-286-33627-8

Theorie und Aufgaben inkl. Enhanced Book
mit Lösungen und Begleitmaterial für Lehrpersonen:
ISBN 978-3-286-33707-7

© Verlag SKV AG, Zürich
www.verlagskv.ch

Alle Rechte vorbehalten.
Ohne Genehmigung des Verlags ist es nicht
gestattet, das Buch oder Teile daraus in irgendeiner
Form zu reproduzieren.

Projektleitung: Kirsten Rotert
Umschlagbild: Agenturtschi, Adliswil

Die IKA-Reihe auf einen Blick

Band 1 **IKA – Informationsmanagement und Administration**
behandelt das ganze Spektrum des Büroalltags: Outlook, die richtige Wahl und den Einsatz von technischen Hilfsmitteln, die Gestaltung von Arbeitsprozessen, ökologisches und ergonomisches Verhalten und den zweckmässigen und verantwortungsvollen Umgang mit Informationen und Daten.

Band 2 **IKA – Grundlagen der Informatik**
vermittelt das nötige Grundwissen über Hardware, Software, Netzwerke und Datensicherung.

Band 3 **IKA – Schriftliche Kommunikation und Korrespondenz**
führt in die Kunst des schriftlichen Verhandelns ein und zeigt, wie Brieftexte partnerbezogen, stilsicher und rechtlich einwandfrei verfasst werden.

Band 4 **IKA – Präsentation**
vermittelt die wichtigsten Funktionen von PowerPoint und erklärt, wie Präsentationen geplant und gestalterisch einwandfrei erstellt werden.

Band 5 **IKA – Tabellenkalkulation**
zeigt die wichtigsten Funktionen von Excel auf: Berechnungen, Diagramme, Daten- und Trendanalysen etc.

Band 6 **IKA – Textverarbeitung und Textgestaltung**
stellt die vielfältigen Möglichkeiten des Textverarbeitungsprogramms Word dar und vermittelt die wichtigsten typografischen Grundregeln für Briefe und Schriftstücke aller Art.

Band 7 **IKA – Gestaltung von Bildern**
vermittelt sowohl visuelle als auch rechtliche Aspekte hinsichtlich der Konzeption und des Einsatzes von Bildern und führt in die grundlegenden Funktionen gängiger Bildbearbeitungsprogramme ein.

Zertifizierung SIZ
Folgende IKA-Bände sind SIZ-zertifiziert.

IKA-Band	SIZ-Modul
1 Informationsmanagement und Administration: Die Kapitel 2.5–2.7 zum Thema Internet, 3 Outlook und 8.2 Büroökologie	ICT Advanced User SIZ, Modul AU1 Kommunikation, und Informatik-Anwender II SIZ, Modul 102 Betriebssystem, Kommunikation und Security
2 Grundlagen der Informatik	ICT Advanced User SIZ, Modul AU1 Kommunikation, und Informatik-Anwender II SIZ, Modul 102 Betriebssystem, Kommunikation und Security
4 Präsentation	ICT Advanced User SIZ, Modul AU2 Präsentation, und Informatik-Anwender II SIZ, Modul 202 Präsentation mit Einsatz von Multimediaelementen
5 Tabellenkalkulation	ICT Advanced User SIZ, Modul AU4K Tabellen, und Informatik-Anwender II SIZ, kaufmännische Ausprägung, Modul 422 K Tabellenkalkulation
6 Textverarbeitung und Textgestaltung	ICT Advanced User SIZ, Modul AU3K Texte, und Informatik-Anwender II SIZ, kaufmännische Ausprägung, Modul 322 K Textverarbeitung
7 Gestaltung von Bildern	ICT Power-User SIZ, Modul 232 Foto- und Grafikbearbeitung

Weitere Informationen zu den SIZ-Modulen, insbesondere zu den inhaltlichen Anforderungen, finden Sie unter www.siz.ch – Modulangebot (bzw. Modulangebot 2010).

Vielen Dank,

dass Sie sich für «IKA – Information, Kommunikation, Administration» entschieden haben. Sie haben damit ein qualitativ hochwertiges Produkt mit grossem Mehrwert erworben.

Enhanced Book

Mehr als nur ein PDF: Die digitale Ausgabe des Lehrmittels bietet Ihnen Unterstützung für ein attraktives Lehren und Lernen.

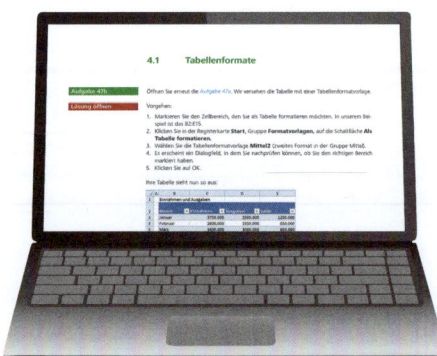

Im einfach navigierbaren Enhanced Book ist der Lernstoff mit ergänzenden Materialien verknüpft. Stehen an einer Textstelle zusätzliche oder speziell aufbereitete Materialien zur Verfügung, signalisieren dies Icons und Links.

Vorteile auf einen Blick

- Downloaden und offline arbeiten
- Inhalte individualisieren
- Markieren und kommentieren

Funktionen im Enhanced Book (Interaktive PDF-Datei des Lehrbuchs)

	Ausgabe ohne Lösungen	Ausgabe mit Lösungen
Formularfunktion zum Lösen ausgewählter Aufgaben direkt im PDF	×	×
Verlinkte Aufgabendateien	×	×
Multiple-Choice-Aufgaben inkl. Lösungen	×	×
Verlinkungen zu Websites und Gesetzestexten	×	×
Personalisierungsmöglichkeiten im Adobe Reader	×	×
Einblenden der Lösungen		×
Verlinkte Lösungsdateien		×
Grafiken und Strukturdarstellungen als PDF		×

Login

Das Enhanced Book ist über den auf dem Beiblatt aufgedruckten Lizenzschlüssel im Bookshelf unter www.bookshelf.verlagskv.ch erhältlich.

Support-Hotline
Unsere Mitarbeitenden sind gerne für Sie da.

Tel. +41 44 283 45 21
support@verlagskv.ch

VERLAG:SKV

Vorwort

Voraussetzungen für erfolgreiches wirtschaftliches Handeln sind die Wahl der passenden Kommunikationsform und der Einsatz der richtigen Sachmittel.

Kaufleute müssen Informationstechniken kennen und Informationsprozesse verstehen. Sie sind sich der wirtschaftlichen und gesellschaftlichen Bedeutung von Informationen bewusst und zeigen einen verantwortungsvollen Umgang damit. Neue Informationsverarbeitungs- und Kommunikationstechnologien ermöglichen und verlangen auch neue Verhaltensweisen. Aufgrund dieser Leitideen wurden die folgenden Kapitel verfasst. Ob mit oder ohne technische Hilfsmittel – versetzen Sie sich beim Kommunizieren immer in die Lage des Partners. Welche Sprache versteht er? Wie kommt meine Botschaft an? Welches Ziel soll erreicht werden? Stimmen Form und Mittel?

Im Zusammenhang mit dem effizienten und transparenten Informationsaustausch gewinnen die Begriffe ERP (Enterprise-Resource-Planning) und CRM (Customer-Relationship-Management) immer mehr an Bedeutung, sie werden im Kapitel 1.2 Informationsmanagement ausführlich behandelt.

Die Sachmittel der Telematik erleichtern den Informationsaustausch. Wichtig ist vor allem, dass sie situationsgerecht und sinnvoll eingesetzt werden; darum finden Sie hier vorwiegend Hinweise zum Einsatz und Verhalten. Informationen zu aktuellen technischen Verfahren und Details erhalten Sie in der Fachpresse und im Internet.

Der Siegeszug der digitalen Information hat eine Datenflut ausgelöst, die kaum mehr organisierbar scheint. Heute wird ein überwiegender Teil der Informationen elektronisch erzeugt. Dieser Umgang mit Informationen muss geplant werden. Outlook von Microsoft ist ein bekanntes Programm, mit dem sich Informationen organisieren und steuern lassen. Das Kapitel 3 vermittelt Ihnen einen Überblick und führt Sie in die wichtigsten Module dieses komplexen Programms ein.

In vielen Büros türmen sich Papierberge, und so entfallen mindestens 20 % der Arbeitszeit auf das Suchen von Unterlagen. Das Kapitel 7 zeigt Ihnen, mit welchen Hilfsmitteln für die Dokumentenbewirtschaftung ein effizienteres Arbeitsumfeld geschaffen werden kann. Herzlich danken wir Roland Noth und der Biella AG für die wertvollen Hinweise und Unterlagen.

Die Gesundheit ist nicht nur am Arbeitsplatz wichtig. Ergonomische und ökologische Grundsätze gelten überall und jederzeit. Auch zu Hause sollten Sie Ihren Arbeitsplatz ergonomisch einrichten und sich umweltbewusst verhalten!

In dieser Auflage wurden alle Kapitel aktualisiert und die Beispiele im Kapitel Outlook basierend auf der Version Office 2019 angepasst.

Ganz herzlich danken wir der Projektleiterin Kirsten Rotert für die wertvollen inhaltlichen Anregungen, die sprachliche Überarbeitung und die immer sehr angenehme Zusammenarbeit.

Max Sager
Michael McGarty

Inhaltsverzeichnis

Vorwort		5
1	**Kommunikation immer und überall**	**9**
1.1	Kommunikationsmöglichkeiten und -formen	10
1.1.1	Einleitung	10
1.1.2	Mündliche Kommunikation	10
1.1.3	Schriftliche Kommunikation	11
1.2	Informationsmanagement	12
1.2.1	Bürokommunikation	12
1.2.2	Enterprise-Resource-Planning (ERP)	12
1.3	Wahl des Kommunikationsmittels	16
2	**Sachmittel der Telematik erleichtern den Informationsaustausch**	**17**
2.1	Grundbegriffe	18
2.2	Telefon	20
2.2.1	Grundversorgung im Fernmeldebereich	20
2.2.2	Entwicklung	20
2.2.3	Festnetz: Voice over Internet Protocol (VoIP)	20
2.2.4	Internettelefonie	22
2.2.5	Mobile Kommunikation	23
2.2.6	Satellitentelefonie	25
2.2.7	Telefongespräche führen	25
2.3	Fax	28
2.4	Videokonferenz	29
2.5	Das Internet	30
2.5.1	Entstehung	30
2.5.2	Internet im Überblick	30
2.5.3	Zugang ins Internet	33
2.5.4	Adressen im Internet	33
2.5.5	Suchmaschinen im Internet	34
2.5.6	Website, Webseite und Homepage	36
2.6	Der Webbrowser	37
2.6.1	Einführung	37
2.6.2	Bildschirmaufbau, Adress- und Sucheingabe	38
2.6.3	Die Befehlsleiste	40
2.6.4	Einstellungen und erweiterte Einstellungen	45
2.6.5	Informationen in anderen Dokumenten weiterverarbeiten	48
2.7	Der richtige Umgang mit dem Internet	50
2.7.1	Sicheres Verhalten beim Surfen	50
2.7.2	Urheberrecht und Quellenangabe	52
2.7.3	Benimmregeln im Internet (Netiquette)	53
2.7.4	Verhalten in sozialen Netzwerken (Social Media)	54
2.7.5	Der Blog	55

3	**Mit Outlook Mails, Kontakte und Kalender verwalten**	**59**
3.1	Einführung für die Lehrperson	60
3.2	Grundlagen, Arbeitsoberfläche	61
3.2.1	Grundlagen	61
3.2.2	Die Arbeitsoberfläche	62
3.3	Personen (Kontakte)	66
3.3.1	Neue Kontakte anlegen	66
3.3.2	Kontakte in Listen anzeigen	69
3.3.3	Kontakte drucken	75
3.3.4	Das Adressbuch	76
3.4	Grundlagen zur E-Mail	78
3.4.1	Wie funktioniert E-Mail?	78
3.4.2	Verhalten beim Mailen	80
3.4.3	Ein E-Mail-Konto einrichten	85
3.5	Der Nachrichtenaustausch in Outlook	88
3.5.1	Nachrichten erstellen, versenden und empfangen	88
3.5.2	Nachrichten mit Anhängen versenden und empfangen	93
3.5.3	Nachrichten beantworten, weiterleiten und als Entwurf speichern	95
3.5.4	Lesebestätigung von Mails anfordern	96
3.5.5	Wichtigkeit und Vertraulichkeit der Nachricht bestimmen	99
3.6	Organisationsinstrumente in Outlook	100
3.6.1	Verteilerliste erstellen	100
3.6.2	Signaturen und Visitenkarten erstellen	101
3.6.3	Regeln erstellen und verwalten	104
3.6.4	Weitere nützliche Funktionen	106
3.7	Termin- und Aufgabenverwaltung	109
3.7.1	Termine im Kalender eintragen	109
3.7.2	Termine planen und verwalten	111
3.7.3	Besprechungsanfrage	114
3.7.4	Aufgabenverwaltung	115
3.7.5	Aufgaben in Listen anzeigen	119
3.8	Umgang mit Outlook-Datendateien	124
3.8.1	Outlook-Datendatei öffnen	124
4	**Dokumente auf nicht elektronischem Weg übermitteln**	**127**
4.1	Einführung	128
4.2	Posteingang	129
4.3	Postausgang	131
5	**Büro der Zukunft … papierlos oder papierarm?**	**135**
5.1	Einführung	136
5.2	Papier	137
5.2.1	Historische Entwicklung	137
5.2.2	Herstellung und Papierarten	137
5.2.3	Korrekter Umgang mit Papier	138
5.2.4	Normen und Formate	139
5.3	Kopieren	143
5.3.1	Entstehung	143
5.3.2	Prinzip und Verfahrensschritte	143
5.3.3	Auswahl des Kopiergeräts	144
5.3.4	Umgang mit dem Kopierer	146

6	**Arbeitsprozesse bewusst und effizient organisieren**	**147**
6.1	Prozessorganisation	148
6.1.1	Prozessmodell	148
6.1.2	Regelungsdichte der Prozesse	149
6.1.3	Darstellung der Prozesse	151
6.2	Projektorganisation	154
6.2.1	Was ist ein Projekt?	154
6.2.2	Projektphasen nach der IPERKA-Methode	154
6.3	Zeitplanung	158
6.3.1	Prioritäten setzen	158
6.3.2	Zeitplan	159
6.4	Checklisten	160
6.5	Formulare	163
6.6	Informationen	165
6.6.1	Informationsbedarf und Informationsflut	165
6.6.2	Informationsorganisation	167
6.6.3	Informationen beschaffen	167
6.6.4	Informationen weitergeben	169
6.6.5	Informationen als Führungsinstrument	169
7	**Akten und elektronische Speicher zweckmässig bewirtschaften**	**173**
7.1	Aufbewahren von Akten	174
7.2	Ordnungssysteme	175
7.3	Aufbewahrungsplan	178
7.4	Schriftgutverwaltung am Arbeitsplatz	180
7.5	Ablage und Archivierung	181
7.5.1	Ablagesysteme und Organisationsmittel am Arbeitsplatz	182
7.5.2	Analoge Registratursysteme	183
7.5.3	Mikrofilm	184
7.5.4	Elektronische (digitale) Archivsysteme und Dokumentenmanagementsysteme	184
7.5.5	Hybride Langzeitarchive	185
7.5.6	Richtlinien für die Zulieferung und Ausgabe von archivierten Akten oder Dateien	185
7.5.7	Vernichten von Akten	186
8	**Ergonomisches und ökologisches Denken**	**187**
8.1	Ergonomie	188
8.1.1	Einführung	188
8.1.2	Anforderungen an den Arbeitsplatz	189
8.1.3	Grossraumbüros und Desksharing – die neuen Arbeitsplätze	191
8.1.4	Ergonomisches Verhalten am Arbeitsplatz	193
8.1.5	Psychische und soziale Aspekte	195
8.2	Büroökologie	199
8.2.1	Einleitung	199
8.2.2	Beschaffung Bürogeräte und Sachmittel	199
8.2.3	Energieeffizienz am Arbeitsplatz	204
8.2.4	Entsorgung und Recycling	206
8.2.5	Ist Ihr Büro energieeffizient und umweltfreundlich?	208
9	**Glossar**	**211**
	Bildquellenverzeichnis	
	Stichwortverzeichnis	

Kommunikation immer und überall

1

1.1 Kommunikationsmöglichkeiten und -formen

1.1.1 Einleitung

Die Bedeutung der weltweiten Kommunikation und der Bedarf an Kommunikation werden immer grösser – wichtig ist dabei, dass der Mensch im Mittelpunkt bleibt. Kommunikation ist nicht ein technischer Informationsprozess auf einer Einbahnstrasse – (menschliche) Kommunikation soll Gefühle, Emotionen und Individualität enthalten, sie sollte auch von einer Wertschätzung gegenüber dem Partner und der Partnerin getragen sein und von dem Bedürfnis, Erfahrung und intellektuelle Leistung zu teilen und mitzuteilen.

Kommunizieren bedeutet Austausch von Gedanken, Informationen und Emotionen.

Die Aspekte der Kommunikation sind vielfältig:

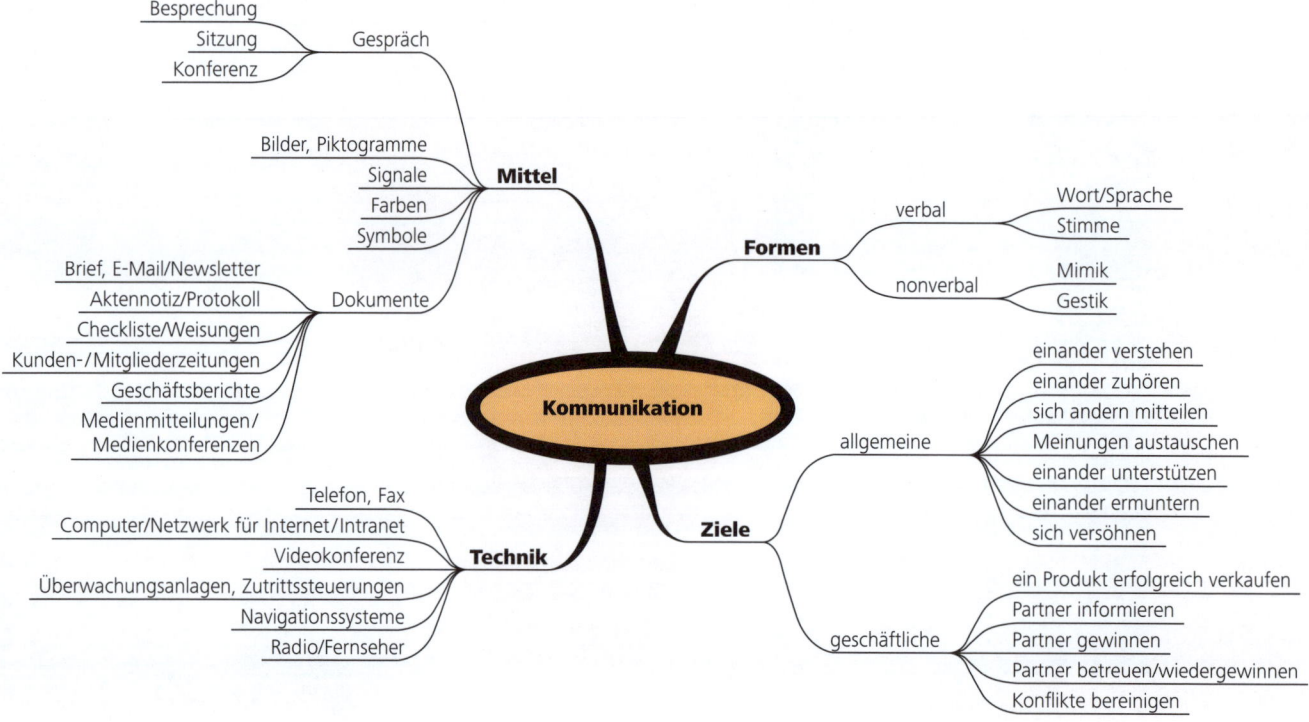

1.1.2 Mündliche Kommunikation

Wer seine Meinung und seine Vorschläge erfolgreich kommunizieren will, muss seine Gedanken richtig formulieren und sie überzeugend darlegen können; aber auch gut zuhören und auf die Geschäftspartnerin oder den Gesprächspartner eingehen sind wichtige Voraussetzungen für eine erfolgreiche Kommunikation.

Der Erfolg eines Gesprächs oder einer Rede hängt nicht nur vom Fachwissen ab; die Gesprächspartnerin oder die Zuhörer beurteilen zuerst die Person. Überzeugend wirken natürliches Verhalten, Spontaneität, echte Gefühle und eine normale Sprechweise. Sogar rhetorische Fehler sind erlaubt – bieten sie dem Zuhörer doch eine Möglichkeit zur Identifikation («Das hätte mir auch passieren können!»).

Kommunikationsmöglichkeiten und -formen

1.1.3 Schriftliche Kommunikation

Wenn zwei Personen miteinander sprechen, können sie unmittelbar aufeinander reagieren: Die eine sagt etwas, die andere schüttelt den Kopf oder nickt, widerspricht oder stimmt zu, blickt zweifelnd, fragend oder zustimmend. Die Sprecherin kann erkennen, ob der Gesprächspartner die Aussage verstanden hat und wie er sie aufnimmt.

Diese unmittelbare, persönliche Rückmeldung der Partner entfällt beim Schreiben. Der Schreiber oder die Schreiberin ist deshalb gezwungen, wichtige nicht sprachliche Mittel der gesprochenen Sprache – Satzmelodie, Betonung, Mimik, Gestik – durch sprachliche Mittel auszudrücken. Geschriebene Texte sind darum meist überlegt aufgebaut, die einzelnen Teile besser miteinander verknüpft. Sie weisen eine grössere Ausdrucksvielfalt und Genauigkeit in der Wortwahl auf.

Aufgabe 1

Welche Möglichkeiten kennen Sie, um einen Text spannend und werbewirksam zu verfassen? Sie finden dazu auch Hinweise im Band 3 «Schriftliche Kommunikation und Korrespondenz» in den Kapiteln 2 (Sprache, Stil und Ton) sowie 4.5 (Werbebrief [Marketing]).

1. _____
2. _____
3. _____
4. _____
5. _____

Suchen Sie aus einer Zeitschrift einen Text, der Sie anspricht. Finden Sie heraus, welche der von Ihnen genannten sprachlichen Mittel die Journalistin oder der Journalist eingesetzt hat.

Das Schreiben hat auch andere grosse Vorteile: Man hat Zeit zum Formulieren, kann sich ungestört ein Konzept ausdenken, kann die Worte in Ruhe wählen, darüber nachdenken, sie verwerfen oder gutheissen.

Dank E-Mail kommunizieren wir heute häufiger, schneller und weiter – die Sprache wird dadurch aber auch oberflächlicher, lockerer und informeller. Weil E-Mail so schnell ist, erwarten sofort alle eine Antwort; dies beeinflusst das Schreiben und das Denken.

In Band 3 «Schriftliche Kommunikation und Korrespondenz» erfahren Sie, wie Erfolg versprechende Schriftstücke verfasst werden.

1.2 Informationsmanagement

1.2.1 Bürokommunikation

Im Mittelpunkt der Arbeit im Büro steht die Information. Täglich werden für die vielfältigen Bedürfnisse des Unternehmens Informationen

- aus verschiedenen Quellen und Medien empfangen,
- in Aktenarchive und elektronische Speicher abgelegt,
- durch Bearbeitung und Selektion zu neuen Informationen umgesetzt,
- über unterschiedliche Kanäle innerhalb des Unternehmens verteilt und mit anderen Unternehmen ausgetauscht.

Das Planen, Gestalten, Überwachen und Steuern von Informationen und die Kommunikation im Unternehmen wird als Informationsmanagement bezeichnet. Die aufgabenorientierte Informationsverarbeitung und Kommunikation soll zur Erreichung der Unternehmensziele beitragen.

Informationsmanagement soll die richtige Information zum richtigen Zeitpunkt der richtigen Person zu wirtschaftlichen Bedingungen zur Verfügung stellen.

Dieses Ziel hat auch Auswirkungen auf die Gestaltung der Arbeitsabläufe und umfasst daher neben technischen auch personelle und organisatorische Gesichtspunkte, z. B. in Form von Umstrukturierung von Arbeitsaufgaben, Qualifikation und Weiterbildung der Mitarbeiterinnen und Mitarbeiter sowie Änderungen in der Ablauforganisation.

Der koordinierte und abgestimmte Einsatz von Menschen, Maschinen, Verfahren und Technologien zur Aufbereitung und Bereitstellung von Informationen in Form von Sprache, Daten, Texten, Bildern (Standbildern und bewegten Bildern) und Grafiken wird als **Bürokommunikation** bezeichnet. Er umfasst die Erfassung, Bearbeitung, Speicherung, Verteilung und das Wiederfinden von Informationen im Bürobereich. Diese wichtige Aufgabe muss laufend den Bedürfnissen des Unternehmens sowie der Mitarbeiter und Mitarbeiterinnen angepasst werden und erfordert darum einen hohen Einführungs-, Schulungs- und Betreuungsaufwand.

1.2.2 Enterprise-Resource-Planning (ERP)

In einem Unternehmen lassen sich Bürokommunikationskonzepte nicht von anderen Bereichen trennen: So verschmelzen z. B. in einem Industriebetrieb Bürokommunikations- und Industrieautomationslösungen (wie Produkteplanungs- und Steuerungssysteme), damit die Arbeitsprozesse optimiert werden können. Reibungsverluste durch verschiedenartige, nicht zusammenpassende Kommunikations-, Datenverarbeitungs- und Produktionssteuerungssysteme können mithilfe von **Enterprise-Resource-Planning-System (ERP)** vermieden werden.

Informationsmanagement

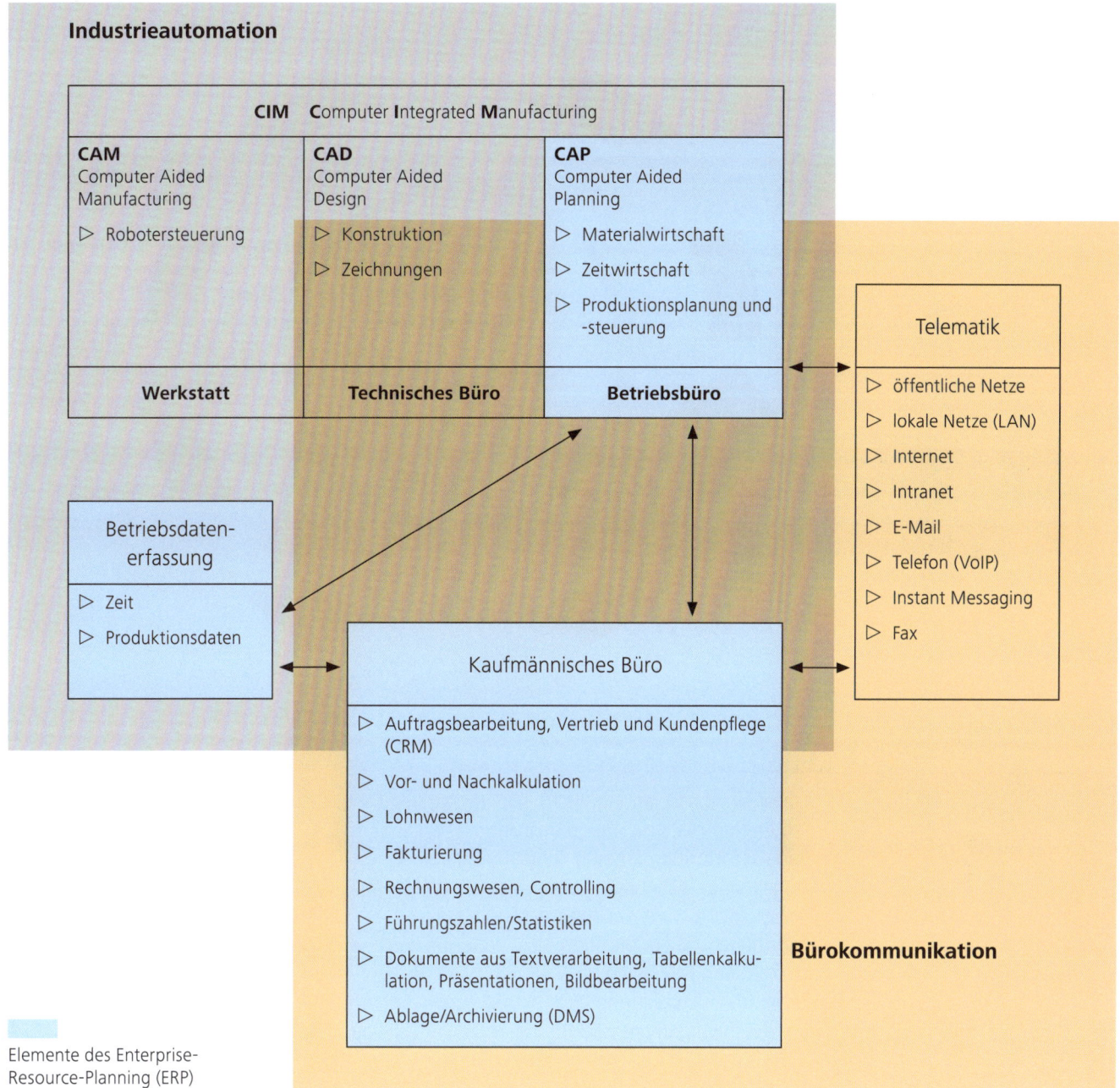

Elemente des Enterprise-Resource-Planning (ERP)

Steuerung der Ressourcen des Unternehmens mit Enterprise-Resource-Planning (ERP)

Die Arbeitsabläufe des Unternehmens werden in einer ERP-Softwarelösung abgebildet; mit dieser können die betrieblichen Prozesse von der Kundenverwaltung bis zur Auswertung von Kennzahlen laufend überwacht, bedarfsgerecht geplant, gesteuert und ausgewertet werden. Gewährleistet werden dank ERP ein effizienter betrieblicher Wertschöpfungsprozess und eine stetig optimierte Steuerung der unternehmerischen und betrieblichen Abläufe.

So ist zum Beispiel die Materialbedarfsplanung eine wichtige Aufgabe des Enterprise-Resource-Plannings. Diese muss sicherstellen, dass alle für die Herstellung der Produkte notwendigen Materialien am richtigen Ort, zur richtigen Zeit und in der richtigen Anzahl zur Verfügung stehen.

Die ERP-Anwendungssoftware hilft bei der Ressourcenplanung des gesamten Unternehmens, da alle Geschäftsprozesse in diesem System integriert sind. Der Kommunikationsfluss und die Zusammenarbeit werden wirkungsvoller.

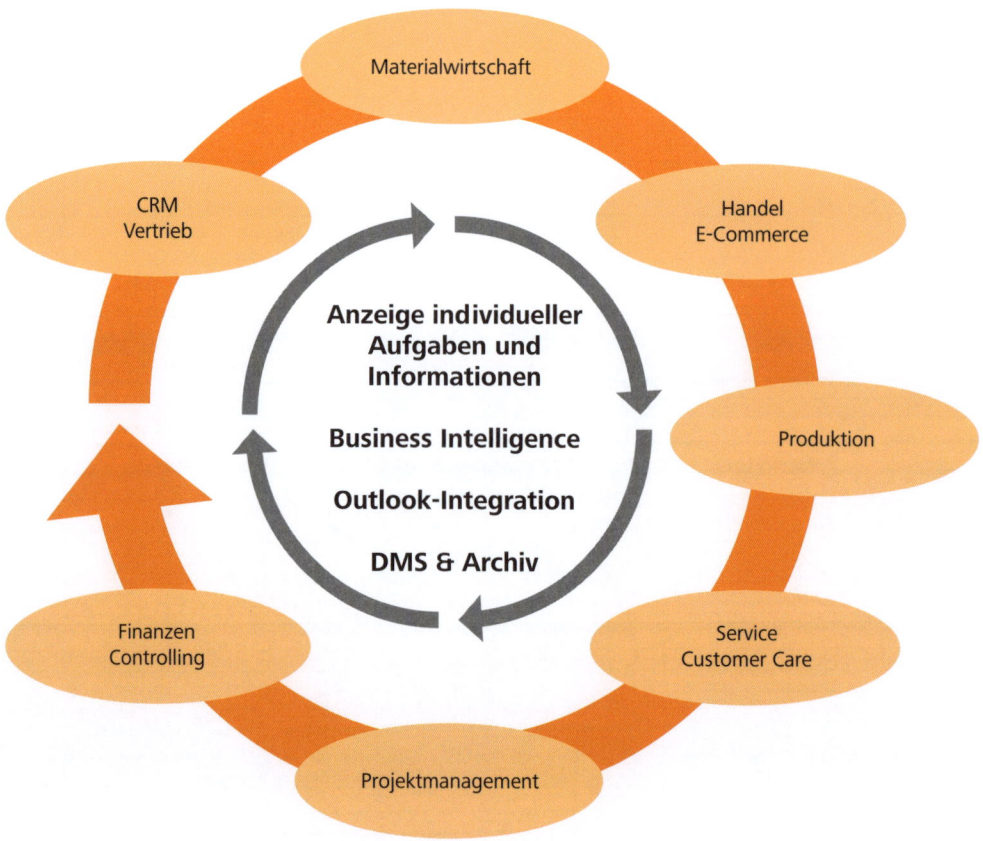

Funktionsbereiche einer ERP-Software sind:
- Materialbedarfsplanung (Beschaffung, Lagerhaltung, Disposition)
- Produktionsplanung und -steuerung
- Bedarfsermittlung, Ressourcenplanung
- Finanz- und Rechnungswesen, Controlling
- Personalwirtschaft, Leistungserfassung
- Forschung und Entwicklung
- Verkauf und Marketing
- Stammdatenverwaltung, Produktdatenmanagement
- Kundenmanagement (CRM)
- Angebotserstellung, Auftragsabwicklung, Lieferung und Verrechnung
- Projektmanagement (PM)
- Dokumentenmanagementsystem (DMS)
- Service Management
- Statistik, Kennzahlen und Reporting

Führende Anbieter von ERP-Software sind SAP, Oracle, Sage.

Pflege der Kundenbeziehungen mit Customer-Relationship-Management (CRM)

Customer-Relationship-Management (CRM) ist ein bedeutendes Element des Enterprise-Resource-Plannings. Mit dem Kundenbeziehungsmanagement und der Kundenpflege richtet sich das Unternehmen auf seine Kunden aus und gestaltet die Kundenbeziehungsprozesse zielgerecht. Gute Kundenbeziehungen wirken sich auf den Unternehmenserfolg aus.

Informationsmanagement

Was bringt Bürokommunikation?

- Entlastung von Routineaufgaben: Informationen werden z. B. nur einmal erfasst und klassifiziert und stehen dann für weitere Anwendungen zur Verfügung.
- Vereinfachter Zugriff auf Informationen, z. B. über ERP-Systeme, Datenbanken oder Informationssuche im Intranet/Internet aufgrund von Stichwortangaben.
- Technische Unterstützung im Büroalltag.
- Verkürzung von Durchlauf- und Transportzeiten, indem die Dokumente auf elektronischem Weg weitergeleitet werden.
- Gespeicherte Informationen und Bearbeitungsregeln stehen den Mitarbeiterinnen und Mitarbeitern rasch zur Verfügung; Rückfragen und Bearbeitungszeiten werden vermindert.
- Verbesserung der Kommunikation für Sprache, Text, Daten, Grafik und Bild dank dem Einsatz von multifunktionalen Geräten mit einfachen, einheitlichen Benutzerschnittstellen.

Aufgabe 2

Bringen Bürokommunikationssysteme auch in Ihrem Lehrbetrieb Vorteile? Erstellen Sie eine Tabelle und nennen Sie zu jedem Punkt ein Beispiel sowie den entsprechenden persönlichen Nutzen für Ihre Arbeit.

Vorteil	Beispiel und Nutzen
Entlastung von Routineaufgaben	
Technische Unterstützung bei schwierigen Aufgaben	
Gespeicherte Informationen stehen rasch zur Verfügung	
Verbesserung der Kommunikation	

1.3 Wahl des Kommunikationsmittels

Je nach Anforderung an den Kommunikationsvorgang sollen die passende Form und das geeignete Kommunikationsmittel gewählt werden:

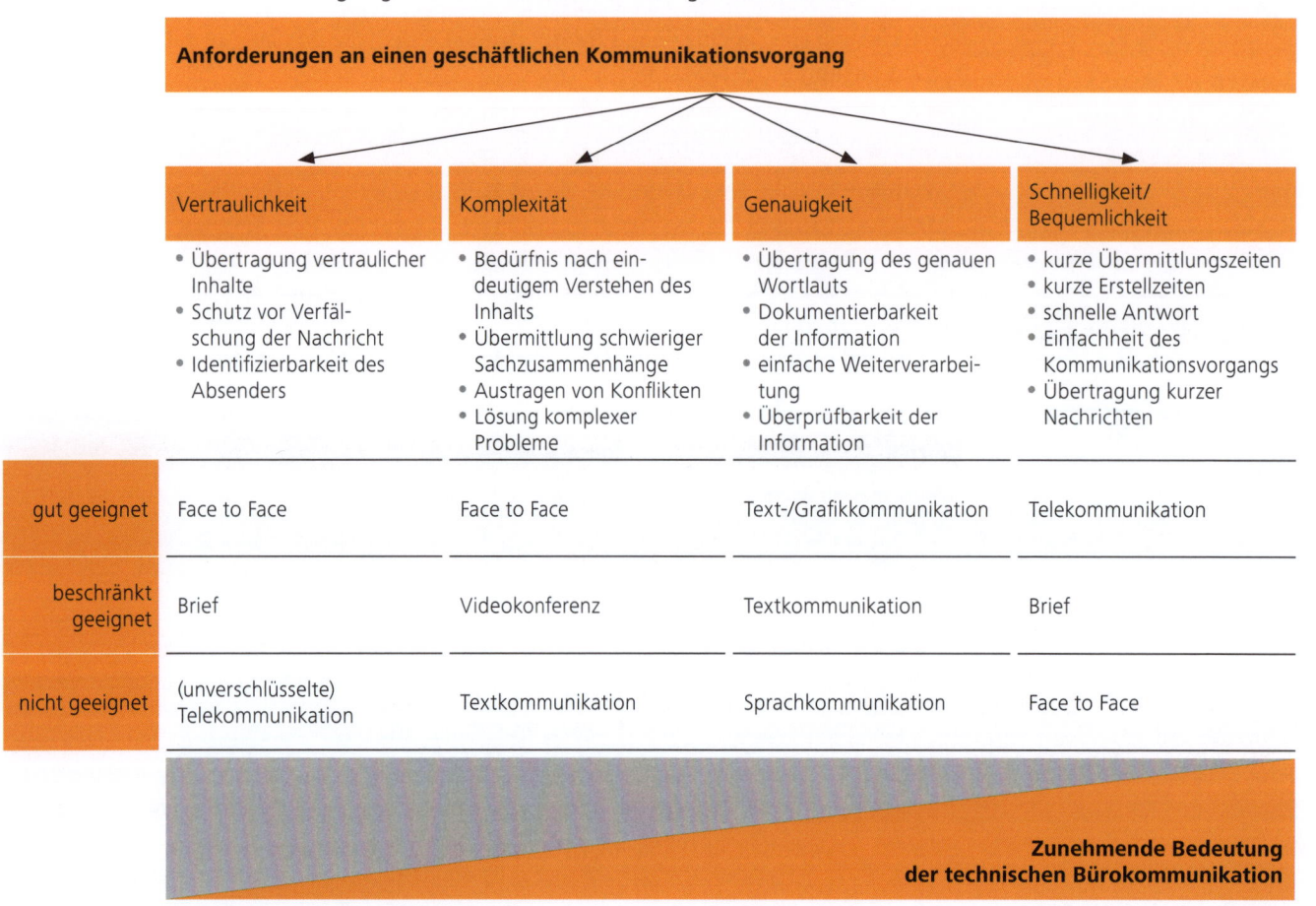

Anforderungen an einen geschäftlichen Kommunikationsvorgang				
	Vertraulichkeit	**Komplexität**	**Genauigkeit**	**Schnelligkeit/ Bequemlichkeit**
	• Übertragung vertraulicher Inhalte • Schutz vor Verfälschung der Nachricht • Identifizierbarkeit des Absenders	• Bedürfnis nach eindeutigem Verstehen des Inhalts • Übermittlung schwieriger Sachzusammenhänge • Austragen von Konflikten • Lösung komplexer Probleme	• Übertragung des genauen Wortlauts • Dokumentierbarkeit der Information • einfache Weiterverarbeitung • Überprüfbarkeit der Information	• kurze Übermittlungszeiten • kurze Erstellzeiten • schnelle Antwort • Einfachheit des Kommunikationsvorgangs • Übertragung kurzer Nachrichten
gut geeignet	Face to Face	Face to Face	Text-/Grafikkommunikation	Telekommunikation
beschränkt geeignet	Brief	Videokonferenz	Textkommunikation	Brief
nicht geeignet	(unverschlüsselte) Telekommunikation	Textkommunikation	Sprachkommunikation	Face to Face

Zunehmende Bedeutung der technischen Bürokommunikation

(nach Reichwald, R./Stauffert, T.)

Sachmittel der Telematik erleichtern den Informationsaustausch

2

2.1 Grundbegriffe

Ursprünglich sprach man nur von der Telekommunikation als Austausch von Informationen mithilfe der Nachrichtentechnik (wie Telefon, Radio oder Fernsehen).

Telematik (aus dem Französischen «télématique») bezeichnet die Informationsform, welche durch das Zusammenwachsen von Telekommunikation und Informatik entsteht.

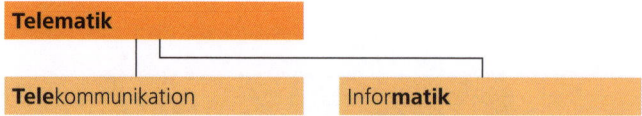

Telematikanwendungen sind sehr vielfältig; hier einige Beispiele:

Schulen, Universitäten	Wissensaustausch über nationale und internationale Datenbankapplikationen (z. B. Moodle), Onlineseminare via Internet
Industrie	ferngesteuerte Wartungs- und Alarmsysteme, Fernabfrage von Zählern, Ferninstallation von Software
Spital	medizinische Ferndiagnose, ferngesteuerte Operationen
Transport	Verkehrsleitsysteme, Navigationssysteme, autonomes Fahren

In der Schweiz wird für den Begriff Informations- und Kommunikationstechnik (IKT) meistens der englische Begriff **ICT (information and communication technology)** verwendet. Mithilfe der ICT werden Informationen übermittelt und gespeichert.

Der Begriff «ICT» hat durch die grosse Verbreitung des Internets an Bedeutung gewonnen und gilt auch als Begriff für Kommunikationsinstrumente oder Kommunikationsanwendungen wie beispielsweise Radio, Fernsehen, Mobiltelefone (Handys), Hardware und Software für Computer und Netzwerke, Satellitensysteme sowie die verschiedenen Dienstleistungen und Anwendungen, die damit verbunden sind.

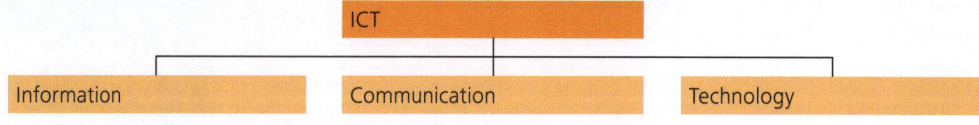

Grundbegriffe

Aufgabe 3

Nennen Sie fünf weitere Telematikanwendungen.

Branche/Sektor	Anwendung/Einsatzgebiet
Bank	
Reisebüro	
Versicherungen	
Detailhandel	
Post	

In diesem Kapitel werden die wichtigsten Dienste und Sachmittel der Telematik nur kurz beschrieben; hingewiesen wird vor allem auf deren Einsatz und den Umgang damit. Ergänzende, aktuelle und weiterführende Informationen finden Sie u. a. in Zeitschriften, Broschüren und Prospekten der Telematikanbieter sowie auf folgenden Websites:

- Bundesamt für Informatik und Telekommunikation (BAKOM)
  www.bakom.ch
- Informationen zum Thema Kommunikation
  www.wikipedia.ch
- www.youtube.com

2.2 Telefon

2.2.1 Grundversorgung im Fernmeldebereich

In der Schweiz gehören Festnetztelefonie, Fax, Datenübertragung, Breitband-Internetverbindung, Zugang zu Notrufdiensten, öffentliche Sprechstellen und besondere Dienste für Behinderte zur Grundversorgung. Ziel ist es, ein Basisangebot von grundlegenden Fernmeldediensten allen Bevölkerungskreisen in allen Landesteilen zur Verfügung zu stellen. Diese Dienste müssen erschwinglich, zuverlässig und von einer bestimmten Qualität sein. Die Grundversorgung wird im Auftrag der Eidgenossenschaft durch die Swisscom sichergestellt.

2.2.2 Entwicklung

Telefon aus dem 19. Jahrhundert

Das erste Telefon entwickelte 1861 der Deutsche Johann Philipp Reis. Am 14. Februar 1876 meldeten die beiden Amerikaner Alexander Graham Bell und Elisha Gray gleichentags einen Telefonapparat zur Patentierung an. Die Sprechmaschine löste eine soziale Revolution aus. Als Menschen über Distanzen miteinander reden konnten, weiteten sie ihren sozialen Horizont aus, vergrösserten ihren Bekanntenkreis und koordinierten weiträumige Aktivitäten. Am 20. September 1881 nahm die Umschaltstation in Bern für die ganze Schweiz ihren Betrieb auf. Heute gehört die Schweiz zu den Ländern mit der grössten Telefondichte der Welt.

Über lange Zeit war die Telefonie eine analoge Technik, die Sprache, also Schallsignale, in elektrische Signale umwandelte und übertrug. Die Digitalisierung schritt in den 1990er-Jahren massiv voran. Mit dem Service **ISDN (Integrated Services Digital Network)** steht seit diesem Zeitpunkt ein digitales Kommunikationsnetz zur Verfügung, das nicht nur alleine Sprache, also Telefongespräche, sondern auch Daten und Bilder in hoher Qualität und Geschwindigkeit überträgt, und zwar über ein und dieselbe Verbindung.

Das Angebot wird mit modernsten Techniken laufend ausgebaut. Die heutige Breitbandtechnik heisst **Next Generation Network (NGN)**. Sie ersetzt die nebeneinander funktionierenden Netze (z. B. Telefonnetze, Kabelfernsehnetze oder Mobilfunknetze) durch eine einheitliche paketvermittelnde Netzinfrastruktur und -architektur. Diese benutzt die **Internet-Protokoll-(IP-)Technologie**.

Dank der Breitbandanschlüsse ist es möglich, nahezu alle Kommunikationsformen – Internet, E-Mail, Fernsehen oder Telefonie – über den digitalen Kanal abzuwickeln. Deshalb wurden das analoge Telefon und der ISDN-Anschluss in der Schweiz abgeschaltet. Nachfolgerin des klassischen Telefons ist die Internettelefonie **VoIP (kurz für «Voice over Internet Protocol»)**.

2.2.3 Festnetz: Voice over Internet Protocol (VoIP)

Bei der IP-Telefonie werden digitalisierte Sprachsignale über Rechnernetze, welche dem Internetstandard entsprechen, übertragen. Die Telefone werden via Kabel oder WLAN an das vorhandene EDV-Netzwerk angeschlossen. Anstelle eines Telefons kann eine VoIP-Software (Softphone) eingesetzt werden, die auf einem Smartphone, Tablet, Notebook oder PC installiert wird.

Telefon

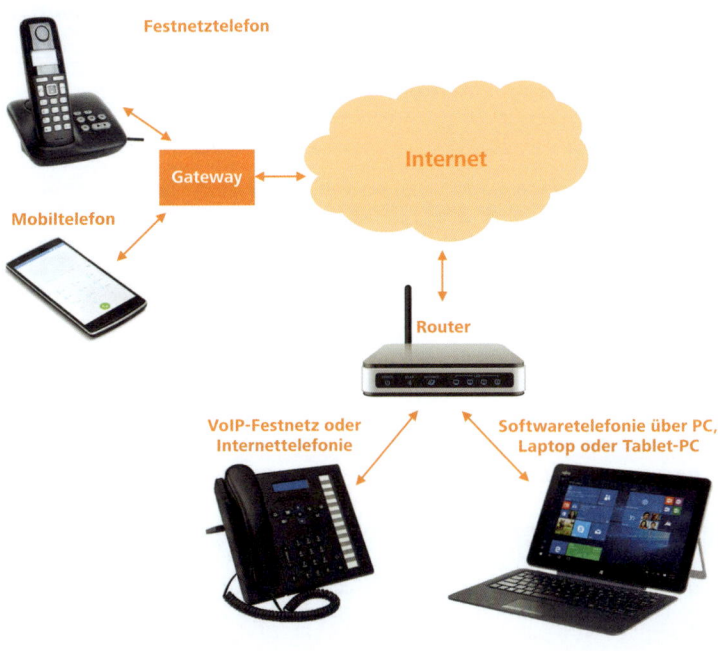

Netzübergangsrechner (Gateways)

Bedienfeld Digitaltelefon

Die Festnetznummer wird mit einem VoIP-Benutzerkonto verknüpft. Der VoIP-Server nimmt die Anrufe entgegen und leitet das Gespräch über das Internet an das VoIP-Telefon weiter. Es kann ganz normal von jedem Telefon aus auf diese Nummer angerufen werden. Im Normalfall sind beide Endgeräte der Gesprächspartner an das Internet angeschlossen. Falls nur ein Endgerät an das Internet angeschlossen ist, das zweite aber an ein anderes Netz, ermöglichen Netzübergangsrechner (Gateways) das Telefonieren.

Das dahinter liegende System heisst **Session Initiation Protocol (SIP)** und ist ein weitverbreiteter Standard. Es regelt Verbindungsaufbau und -ende sowie die Datenübertragung und ermöglicht, dass Programme und Geräte unterschiedlicher Hersteller miteinander kompatibel sind. SIP-Server sind verteilt, sodass das Telefonnetz bei einem Ausfall eines Servers nicht zusammenbricht. Die SIP-Technologie funktioniert weltweit, der Festnetzanschluss kann darum an jeden beliebigen Ort auf der Welt mitgenommen werden, z. B. durch Weiterleiten auf das eigene Mobiltelefon.

Die Digitalisierung der Telefonie bringt den Unternehmen neben einer Kostenersparnis verschiedene Vorteile:

- Die Sprachqualität ist höher und neue Dienste können verlinkt werden.
- Die Abwicklung von Anrufen erfolgt bei der VoIP-Technologie über eine internetbasierte Telefonanlage. Mutationen an einer solchen Telefonanlage können rasch und einfach über eine Benutzeroberfläche im Webbrowser vorgenommen werden. Wenn beispielsweise Anschlüsse für neue Mitarbeiter eingerichtet werden, muss kein Techniker mehr vorbeikommen.
- Es lässt sich sogar ein unternehmensinternes Telefonnetz aufbauen, in das selbst Mitarbeiter im Ausland eingebunden werden können.

Neben dem Telefonieren an sich bieten die verschiedenen Anbieter diverse Zusatzfunktionen an, welche entweder über die Tastatur aktiviert oder vom Anbieter selbst freigeschaltet werden.

Zusatzfunktion	Erklärung
Anrufumleitung	Eintreffende Anrufe können auf einen beliebigen Anschluss umgeleitet werden.
Rückruf bei besetzt	Wenn die gesuchte Gesprächsperson besetzt ist, kann mit dieser Funktion noch während des Besetztzeichens ein automatischer Rückruf veranlasst werden.
Dreierkonferenz	Während eines laufenden Gesprächs kann eine dritte Person beigezogen werden.
Anklopfen	Wenn der Anschluss besetzt ist, kann trotzdem eine dritte Person anrufen und anklopfen. Durch einen Signalton wird die angerufene Person auf den neuen Anruf aufmerksam gemacht.
Verbindung halten	Eine bestehende Verbindung kann gehalten werden, um eine Rückfrage an eine andere Person zu machen oder einen wartenden Anruf zu beantworten.
Sperren abgehender Verbindungen	Es stehen verschiedene Sperrmöglichkeiten zur Auswahl (alle Verbindungen sperren, Sperren aller internationalen Verbindungen, Sperren von bestimmten Service- oder Mehrwertdienstnummern).
Anrufsperre	Rufnummern, von denen keine Anrufe erwünscht sind, können gesperrt werden.
Ruhe vor dem Telefon	Für eine bestimmte Zeit kann der Anschluss für ankommende Gespräche ausgeschaltet werden. Für abgehende Gespräche bleibt der Anschluss weiterhin offen.

Sachmittel der Telematik erleichtern den Informationsaustausch

Aufgabe 4

Suchen Sie zu den beiden folgenden Aufgaben Informationen im Internet und beantworten Sie die Fragen stichwortartig.
Welche Bedingungen und Einschränkungen sind beim Einsatz der Zusatzdienste zu beachten?

_____

Was sind Mehrwertdienstnummern, und welche Sicherheitsmassnahme sollte in diesem Zusammenhang ergriffen werden?

_____

2.2.4 Internettelefonie

Neben dem VoIP-Festnetz gibt es weitere Möglichkeiten, über das Internet zu telefonieren.

Geschlossene, proprietäre Systeme

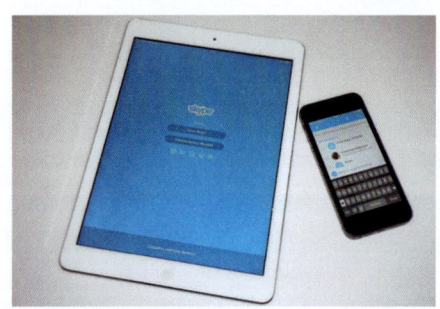

Skype wird für viele Betriebssysteme und Geräte angeboten.

Bei geschlossenen Systemen müssen die Gesprächspartner dasselbe Programm bzw. dieselbe App besitzen, z. B. Skype, Facetime, iO, WhatsApp, Facebook Messenger. Ausserdem müssen sie zur gleichen Zeit am Computer oder am Mobiltelefon sein. Dann jedoch ist es möglich, kostenlose Anrufe oder Videoanrufe zu tätigen. Bei geschlossenen Systemen kann es allerdings passieren, dass der zentrale Anmeldeserver komplett ausfällt und keine Verbindungen mehr aufgebaut werden können.

Skype wurde inzwischen so weiterentwickelt, dass zusätzlich zu den kostenlosen Skype-internen Gesprächen auch gebührenpflichtige Gespräche in Fest- und Mobilfunknetz geführt werden können. Dazu benötigt der Benutzer ein Guthaben.

Softwaretelefone

Diese Telefone bestehen nur aus Software und können auf dem PC oder Notebook installiert werden. Diese Lösung ist kostengünstig und erlaubt in Verbindung mit einem Headset komfortables Telefonieren. Technische Grundlage sind wie auch beim Festnetz das offene System VoIP – offen deshalb, weil im Gegensatz zum geschlossenen System keine identische Software benötigt wird.

Programme für die Internettelefonie gibt es verschiedene. Sie unterscheiden sich vor allem in Sprachqualität, Bedienungskomfort und Zusatzfunktionen wie z. B. Textchat, Anruflisten oder Konferenzschaltungen.

Verschiedene Programme bieten auch Video- und Datenaustauschfunktionen und ermöglichen Videokonferenzen mit bis zu 200 Teilnehmern. Den Gesprächspartnern können auch Fotos, Tabellen, Präsentationen oder Anwendungen gezeigt werden.

Weitere Informationen zur Internettelefonie:
www.skype.com
www.sipcall.ch

Telefon

Aufgabe 5

Beantworten Sie folgende Fragen:

1. Welcher Internetanschluss sollte für VoIP vorhanden sein?
2. Unter welchen Bedingungen können die bisherigen Telefone für VoIP verwendet werden?
3. Welche Sicherheitsmassnahmen sollten beim Einsatz der Internettelefonie getroffen werden?
4. Erkundigen Sie sich auf der Website eines VoIP-Anbieters über die Kosten eines Internettelefonanschlusses.

2.2.5 Mobile Kommunikation

Mobile Telefone ergänzen das Festnetztelefon. Sie verschaffen Bewegungsfreiheit, verändern aber auch das Zusammenleben. So wird heute häufiger, weiter und schneller kommuniziert. Seit der Einführung des GSM-Netzes (Global System for Mobile Communications, 2G) können die Mobiltelefone neben Gesprächen auch E-Mails, Kurzmitteilungen, Bilder sowie Dateien senden und empfangen. Nachfolger sind Universal Mobile Telecommunications System (UMTS), ein Mobilfunkstandard der dritten Generation (3G), und Long Term Evolution (LTE) für die vierte Generation (4G).

Telekommunikationsunternehmen arbeiten am Aufbau des neuen 5G-Mobilfunkstandards. Dieser bietet Verbesserungen bei Datenrate, Abdeckung und Zuverlässigkeit. Der zunehmende Einsatz des Internets der Dinge (IoT) und die immer grösser werdende Datenmenge erfordern höhere Übertragungsraten; so wird das 5G-Netz 10- bis 20-mal schneller als die heutigen LTE-Netze sein. Die Anwendung beschränkt sich nicht nur auf Smartphones; Fernoperationen, Maschinensteuerungen, autonom fahrende Autos, Roboter, Datenbrillen usw. werden 5G nutzen. Für den Einsatz von 5G wird neue Hardware (wie beispielsweise Smartphones oder Router) notwendig sein.

Die Bandbreite der Anwendungsprogramme (Apps) ist sehr hoch; je nach Softwareplattform gibt es Apps für das iPhone oder für Android-Geräte.

Auch die Mobiltelefone werden immer vielseitiger und individueller; so verfügen Smartphones über einen besonders leistungsfähigen Prozessor, welcher den Funktionsumfang des Mobiltelefons um den eines Personal Digital Assistants (PDA)/Tablets erweitert. Diese Smartphones verfügen über ein Betriebssystem, das es ermöglicht, zusätzliche Programme (Apps) nach Belieben zu installieren.

Vielfältig sind die **Daten- und Zusatzdienste** für die mobilen Telefone:

Anrufbeantworter, beispielsweise COMBOX (Swisscom) oder Mailbox (Sunrise und Salt): speichert Meldungen, die mit dem Handy oder einem beliebigen Telefonapparat nach Eingabe des persönlichen Passwortes – auch am PC – abgehört werden können.

Kurznachrichtendienst: Short Message Service (SMS). Eine Kurznachricht wird direkt auf ein Mobiltelefon, eine E-Mail-Adresse oder ein Festnetztelefon übermittelt. Eine Weiterentwicklung des SMS ist der Multimedia Messaging Service (MMS); mit diesem können Bilder, Töne oder umfangreiche Textdokumente übermittelt werden.

Zugang zum Internet: Mit einem Smartphone sind Benutzer jederzeit online und können entweder über einen Datentarif oder über WLAN surfen, mailen oder streamen.

Das komplette Büro in der Tasche: Dieses mobile Telefon bietet folgende zusätzliche Funktionen: Fax, E-Mail, Kalender, Datenbank, Textverarbeitung, Präsentationsprogramme, Internet, GPS, Spiele usw.

Sachmittel der Telematik erleichtern den Informationsaustausch

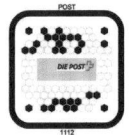 

BeeTagg QR-Code

Mobile Tagging: Zweidimensionale Strichcodes wie BeeTagg oder QR-Code verbinden Handys mit Kamera automatisch mit dem Internet. Eine Software aktiviert die Kamera und sucht nach dem Strichcode. Ist dieser gefunden, genügt ein Knopfdruck, und es wird eine Verbindung ins Internet aufgebaut. BeeTaggs oder QR-Codes können geschäftlich oder privat genutzt werden; auf Visitenkarten, Briefmarken, T-Shirts, Papierdokumenten, Displays von Smartphones oder Tablets, Inseraten, Produkten, Wegweisern und sogar ganzen Häuserfassaden – überall können diese Strichcodes angebracht werden. Sie ermöglichen, das Medium zu wechseln, weitergehende Links zu konsultieren und zusätzliche Informationen nachzulesen.

Mobile Ticketing: Das Mobilticket (oder auch Handyticket) ersetzt Eintritts-, Fahrkarten oder auch andere bisher übliche Belege durch eine auf das Handy gesendete und dort elektronisch gespeicherte Information. Mobiltickets kommen bereits im Bahn- und Flugverkehr, auf gebührenpflichtigen Parkplätzen (Handyparken) sowie bei Sport- und Kulturveranstaltungen zum Einsatz. Verschiedene Technologien zur kontaktlosen und raschen Datenübertragung auf kurzer Distanz sind in Entwicklung und kommen nach und nach auf den Markt.

Folgende **Verhaltensregeln** sollten beim Gebrauch des Handys beachtet werden:

- Vorzugsweise an Orten mit gutem Empfang telefonieren: Das Handy arbeitet dort mit weniger Leistung.

- Handy nicht unbedingt am Körper (sondern in einer separaten Tasche) tragen: Ein grösserer Abstand zum Körper bedeutet eine deutliche Reduktion der elektromagnetischen Wellen.

- Schalten Sie das Handy vor dem Besuch eines Konzerts, eines Theaters oder Vortrags und in der Schule aus.

- Die Funkwellen des Handys erwärmen das Gehirn nach dem Mikrowellenprinzip; führen Sie darum nur kurze Gespräche über das mobile Telefon und verwenden Sie bei längern Gesprächen eine Freisprecheinrichtung; sie bewirkt, dass der Abstand zwischen Kopf und Handy grösser wird.

- Beim Verbindungsaufbau ist die Sendeleistung besonders hoch. Also warten, bis die Verbindung aufgebaut ist, bevor Sie das Handy ans Ohr pressen.

- Verwenden Sie im Auto eine Freisprecheinrichtung und bringen Sie eine Aussenantenne an; schneller Netzzellenwechsel und die Abschirmung durch die Karosserie zwingen das Handy oft, mit maximaler Leistung zu senden. Aussenantennen schaffen Abhilfe. Am besten unterbrechen Sie während eines Gesprächs die Fahrt, da durch das Telefonieren die Reaktionszeit deutlich ansteigt und die Fahrtüchtigkeit nicht mehr gewährleistet ist.

- Beachten Sie bei der Bildtelefonie über mobile Endgeräte (wie Facetime oder Skype) das Recht Ihrer Mitmenschen am eigenen Bild: Rufen Sie nur Personen via Video an, welche damit einverstanden sind, und achten Sie darauf, dass unbeteiligte Leute nicht gegen ihren Willen im Hintergrund des Bildes erscheinen.

- Mobile Telefone dürfen in Spitälern und Flugzeugen aus Sicherheitsgründen nicht oder nur beschränkt verwendet werden. Auch bei Tankstellen ist auf den Gebrauch zu verzichten, und Banken verbieten den Einsatz des Handys in Schalterhallen.

- Erkundigen Sie sich beim Kauf eines Handys nach dem SAR-Strahlungswert (Specific Absorption Rate). Ein Grenzwert von zwei Watt pro Kilogramm (W/kg) verhindert zwar die Erwärmung des Gehirns, kann aber nicht garantieren, dass keine anderen Krankheiten ausgelöst werden. Je kleiner der SAR-Wert ist, desto geringfügiger wird das Gewebe durch die Strahlung erwärmt. Der SAR-Wert wird für die maximale Sendeleistung angegeben, in gut ausgebauten Netzen arbeitet das Mobiltelefon mit geringerer Sendeleistung.

- SIM-Karten enthalten wichtige Daten (wie die eigene Telefonnummer und PIN für den Netzzugang, digitale Signaturen für Bankgeschäfte, empfangene und versandte Kurznachrichten, private Daten wie Telefonnummern und Adressen) und sind leicht zu knacken – Hacker können diese Karten kopieren und die gespeicherten Daten missbrauchen. Darum das Handy nie unbeaufsichtigt liegen lassen und die persönliche Identifikationsnummer (PIN) nicht deaktivieren.

- Bluetooth-Kurzstreckenfunk ermöglicht es Hackern, in die Mobiltelefone einzudringen, um auf fremde Kosten zu telefonieren, Daten auf der SIM-Karte zu manipulieren oder sich sogar Zugang in das Unternehmensnetzwerk zu verschaffen. Aus diesem Grund sollten Handynutzer in der Öffentlichkeit Bluetooth auf ihren Geräten ausschalten.

2.2.6 Satellitentelefonie

Die 66 Iridium-Satelliten umkreisen die Erde in einer Höhe von 780 km in 100 Minuten.

Weltweiten Empfang – z. B. in den Alpen, in der Wüste oder auf dem Ozean – ermöglichen Telefone, welche über Nachrichtensatelliten (wie beispielsweise Iridium, Globalstar oder Inmarsat) kommunizieren. Das Satellitentelefon muss keine Bodenstationen betreiben, kann aber Gespräche, Fax, E-Mail und Daten weltweit in die öffentlichen Telefonnetze übertragen. Die Verbindungspreise sind höher als beim terrestrischen Mobilfunksystem oder beim Festnetz, und die Antennen müssen zum Satelliten ausgerichtet werden, was die Bewegungsfreiheit einschränkt.

Aufgabe 6

Beantworten Sie folgende Fragen und stellen Sie die Antworten mithilfe eines Textverarbeitungsprogramms übersichtlich dar.

1. Sie möchten für den privaten Gebrauch ein Handy; welches Abonnement wählen Sie? Vergleichen und beurteilen Sie die aktuellen Angebote der Telekommunikationsanbieter.
2. Worauf achten Sie beim Kauf eines Handys?
3. Wann eignen sich SMS, wann MMS? Nennen Sie Beispiele.

2.2.7 Telefongespräche führen

Telefongespräch vorbereiten

Telefongespräche sollen gut vorbereitet werden; nachstehend einige Punkte, die vor dem Gespräch geklärt werden sollen:

- Bin ich zuständig für diese Angelegenheit?
- Was will ich mit meinem Anruf erreichen?
- Wer ist mein geeigneter Partner oder meine geeignete Partnerin im anderen Unternehmen?
- Welche Unterlagen muss ich bereithalten?
- Was will ich sagen, und was könnte die Partnerin oder der Partner entgegnen?
- Wie verbleibe ich mit dem Kunden/Partner oder der Kundin/Partnerin?

Verhalten am Telefon

Beim Entgegennehmen und Führen von Gesprächen am Telefon ist zu bedenken, dass wir nur über unsere Stimme und mit Worten wirken. Folgende Punkte sind darum zu beachten:

Begrüssung

- Die anrufende Person möchte wissen, mit wem sie spricht; Sie melden also den Firmennamen, den eigenen Namen und allenfalls die Abteilung.
- Freundlichkeit am Telefon ist wichtig; die Anruferin oder der Anrufer soll sich willkommen fühlen.

- **Gesprächsführung**
- Aktiv zuhören, Interesse zeigen.
- Gespräch unter Kontrolle halten (nicht abschweifen) und es in eine nützliche Richtung lenken.
- Deutlich sprechen, nicht zu schnell und nicht zu laut. Zahlen in Gruppen durchgeben und wiederholen; unbekannte Namen buchstabieren (z. B. 3611 Eriz: 3 – 6 – 1 – 1, ich buchstabiere: E wie Emil, Rosa, Ida, Zürich).
- Fragen klar, verständlich und korrekt beantworten. Lassen Sie eine anrufende Person nicht warten, wenn Sie etwas abklären oder suchen müssen, sondern bieten Sie Rückruf an.
- Wenn Sie für die Sache nicht zuständig sind, unterbrechen Sie das Gespräch höflich und bieten an, den Anrufer oder die Anruferin mit der richtigen Stelle zu verbinden. Spricht die zuständige Person auf einer anderen Leitung oder ist sie nicht sofort auffindbar, dann schlagen Sie vor, zurückzurufen oder eine Nachricht weiterzuleiten.
- Bewahren Sie die Ruhe – bleiben Sie auch dann korrekt, wenn Sie provoziert werden.

Abschluss
- Gespräch freundlich beenden; verabschieden Sie sich mit Nennung des Namens der anrufenden Person.
- Halten Sie Wichtiges sofort fest; wenn nötig, erstellen Sie ein Protokoll.

Aufgabe 7

Eine Telefonnotiz kann folgende Angaben enthalten:

- gesprochen mit (Name, Vorname)
- Gesprächsnotiz für
- Strasse, PLZ und Ort
- weiteres Vorgehen (erbittet Rückruf, ruft wieder an, möchte Sie treffen, jeweils mit Angabe von Tag und Zeit)
- Telefon G und P, E-Mail
- Datum und Zeit
- Art des Gesprächs (rief an, war hier)
- Firma
- Was wollte der Gesprächspartner oder die Gesprächspartnerin? Wie war seine/ihre Stimmung?
- weiterer Verlauf der Angelegenheit (Raum für die Gesprächsnotiz!)
- aufgenommen von

Diese Angaben sind durcheinandergeraten; gestalten Sie am PC mit einem Textverarbeitungsprogramm ein logisch aufgebautes Telefonnotizformular.

Aufgabe 8

Ausgangslage: Sie nehmen jetzt (also heutiges Datum und aktuelle Zeit) einen Anruf entgegen. Erstellen Sie aufgrund des folgenden auszugsweisen Gesprächs auf einem Formular oder neutralen Blatt eine Gesprächsnotiz für die abwesende Geschäftsführerin Ruth Brunner.... Anrufer: «Guten Tag, hier ist Huber von der Druckerei Lehner AG, Bern. Könnte ich Frau Brunner sprechen?» Sie: «Frau Brunner ist heute ausser Haus. Kann ich etwas ausrichten?» Anrufer: «Ja, die Formulare können wir erst Anfang Juli anstatt wie vorgesehen Mitte Juni liefern, da ein Mitarbeiter wegen eines Unfalls ausgefallen ist. Geht das? Frau Brunner soll doch bis Ende Woche Bescheid geben.» Sie: «Ich werde Frau Brunner eine Notiz auf den Schreibtisch legen und sie bitten zurückzurufen.» Anrufer: «Gerne, meine Nummer ist: 031 335 50 60.» …

Aufgabe 9
Partnerarbeit/
Gruppenarbeit

Erarbeiten Sie gemeinsam im Gedanken- und Erfahrungsaustausch mit Ihren Kolleginnen und Kollegen die Antworten zu den folgenden Fragen; selbstverständlich dürfen Sie auch Informationen aus weiteren Quellen beiziehen.
Vorschlag: Jede Gruppe erstellt zu einer Frage ein Regelplakat mit den erarbeiteten Lösungsvorschlägen.

1. Wie hinterlasse ich als Gesprächspartnerin oder Gesprächspartner einen überzeugenden Eindruck?
2. Meine Einstellung zur Kundin oder zum Kunden beeinflusst das Gespräch. Was erwarten die Kundinnen und Kunden von mir?
3. Ich weiss, dass unser Betrieb ohne Kunden nicht bestehen kann. Was muss ich für den Kunden erreichen?
4. Was muss ich beachten, wenn ich Anrufe entgegennehme?
5. Wie verhalte ich mich, wenn ein Kunde oder eine Kundin unzufrieden ist oder sich beschwert?

2.3 Fax

Drucker, Scanner, Fax und Kopierer in einem Gerät. Geeignet für das Klein- oder Heimbüro.

Laserfax mit Durchlaufeinzug

Mit dem Faxgerät werden über die Telefonleitung Schriftstücke oder Bilder übertragen.

Faxgeräte gibt es in jeder Grösse: vom Multifunktionsgerät (das Telefon, Anrufbeantworter, Drucker, Scanner und Fax in einem Gehäuse vereinigt) bis zum digitalen Laserfax. Auch mit einem PC können Faxe verschickt und empfangen werden.

Das Übermitteln von Dokumenten mit einem Faxgerät ist eine einfache Sache; beim Vorbereiten und Senden eines Fax ist Folgendes zu beachten:

- Zerknitterte, gefaltete, besonders dünne und eingerissene Dokumente sollten nicht in ein Faxgerät mit Dokumenteneinzug eingelegt werden; Kopie erstellen und diese in das Faxgerät legen.
- Dunkle Papierfarben, markierte Textstellen und grosse Farbflächen verlängern die Übertragungszeit und beeinträchtigen die Qualität des Faxausdrucks beim Empfänger. Verwenden Sie nach Möglichkeit weisses Papier und wählen Sie eine grosse und gut lesbare Schrift.
- Vertrauliche oder geheime Dokumente sollten nur nach Absprache mit dem Empfänger versendet werden. Es gibt Faxgeräte, welche Dokumente geheim halten können. Diese werden auf normalem Weg übermittelt, aber nicht ausgedruckt, sondern in einen «vertraulichen Briefkasten» des Faxgeräts abgelegt. Sie können erst ausgedruckt werden, nachdem das richtige, geheime Kennwort eingegeben worden ist.
- Faxwerbesendungen unterlassen – ausser Ihr Kunde wünscht es, dass Sie ihn sofort auf aktuelle Angebote hinweisen.
- Viele Privatpersonen besitzen ein Faxgerät, das in der Regel mit dem Telefon kombiniert ist. Halten Sie darum die Ruhezeiten ein.
- Auch Faxmeldungen sollen vertraulich behandelt werden; nur der adressierte Empfänger darf die Sendung kopieren, verbreiten und anderweitig verwenden.
- Bei irrtümlicher Zustellung ist dies dem Absender sofort zu melden.

Aufgabe 10

Gestalten Sie mit dem Textverarbeitungsprogramm ein Faxdeckblatt, das folgende Elemente enthält: Absender, Faxempfänger, Datum, Anzahl Seiten, Faxnummer, Betreff, Kopie an, Kurzmitteilungen zum Ankreuzen (wie: zur Kenntnisnahme, zur Prüfung, zur Erledigung, zur Stellungnahme, zum Entscheid, für Ihre Akten, gemäss Ihrer Anfrage, gemäss Besprechung usw.) und Platz für einen kurzen Kommentar.

2.4 Videokonferenz

Videokonferenz

Der steigende Informationsbedarf und der Zwang, (unternehmerische) Entscheide immer schneller herbeizuführen, verlangt nach alternativen Kommunikationsformen. Eine davon ist die Videokonferenz; diese Konferenzform ermöglicht es, dass Personen an verschiedenen Orten über eine Bild-, Ton- und Datenverbindung miteinander konferieren können. Man verhandelt mit Blickkontakt, als ob man sich gegenübersitzen würde.

Neben der Übertragung von Stimme und Bild der Person ist auch zusätzlich die Übermittlung von Dokumenten möglich. So können beispielsweise Pläne, Zeichnungen, Bilder und Fotos eingeblendet werden. Aber auch grössere Objekte wie Modelle oder Fabrikationsmuster sind darstellbar.

Eine Videokonferenz bringt folgende Vorteile:

- Schnellere und bessere Entscheidungen, da die Gesprächspartner unmittelbar weitere Mitarbeiter beiziehen können, falls der Konferenzverlauf es erfordert.
- Gesparte Reisezeiten bringen produktive Arbeitsstunden.
- Reduktion der Reisen – jede Geschäftsreise ist finanziell aufwendig, belastet die Umwelt und bedeutet Stress sowie weniger Zeit für andere Dinge.
- Unterlagen können sofort ausgetauscht werden.
- Konferenzen können auch kurzfristig einberufen werden; das Unternehmen wird beweglicher und reaktionsschneller durch häufigere Konferenzen.

Die Videokonferenz wird in öffentlichen oder privaten Videokonferenzräumen, welche fest oder mobil eingerichtet sind, durchgeführt. Es sind verschiedene Einrichtungen möglich, von einer Kamera und einem Monitor bis zu sehr professionellen Studios. Die Übertragung erfolgt mit leistungsfähigen digitalen Leitungen und besonderen Datenanschlussgeräten. Dank dem Internet und VoIP-Anwendungen wie Skype oder Facetime können auch Kleinbetriebe und Privatpersonen die Vorteile von Videokonferenzen nützen.

Aufgabe 11

Trotz dieser Vorteile der Videokonferenz gibt es auch Situationen, in denen das persönliche Gespräch vorteilhafter ist. Nennen Sie vier Gründe.

2.5 Das Internet

Für die Kommunikation ist die Entwicklung und Verbreitung des Internets ähnlich umwälzend wie Gutenbergs Erfindung des «Setzkastens». Basis für das Internet sind viele verbundene Rechnernetzwerke. Der Datentransfer zwischen den Computern läuft über technisch normierte Internetprotokolle ab. So bildet das Internet ein globales Netzwerk für den Datenaustausch. Es ist nicht zu verwechseln mit dem World Wide Web (WWW), das nur ein Internetdienst ist wie E-Mail, Dateiübertragung usw. Zunehmend bedienen sich auch Medien (Radio, Fernsehen, E-Paper …) und die soziale Kommunikation (Telefon, soziale Netzwerke …) des Internets.

2.5.1 Entstehung

Entwickelt wurde das Internet aus Sicherheitsgründen. Die USA suchten nach einem System, bei dem der elektronische Datenaustausch auch dann noch möglich wäre, wenn grössere Bereiche eines Computernetzwerkes ausfallen würden. Das Pentagon wollte damit vor allem bei militärischen Auseinandersetzungen den elektronischen Datenaustausch sichern. Dazu gründete es 1969 das ARPANET (Advanced Research Project Agency Network) mit zunächst vier Computern. Immer mehr Computer wurden angeschlossen; bis 1977 waren es 50. Das Wachstum führte dazu, dass das Pentagon sich 1983 von ARPANET trennte und mit MILNET einen eigenen militärischen Ableger aufbaute.

Währenddessen schlossen sich immer mehr Rechner an das ARPANET an, und seit 1990 bilden diese das Internet. Der Erfolg beruht dabei auf einem einfachen Prinzip: Um Daten zu übertragen, steckt ein Computer diese in ein «Paket» und adressiert es mit der Zieladresse. Das Datenpaket kommt nun auch an, wenn ein grösserer Teil der Rechner ausfällt, weil es keine festgelegte Route gibt.

Auch wenn gewisse Dienstleistungen im Internet von spezifischen Organisationen durchgeführt werden (z. B. die Verwaltung der Domainnamen oder das Festlegen von Standards sowie von Adressierungssystemen), kennt das Internet keinen Besitzer oder Eigentümer. Diese dezentrale Organisation fördert die immense Verbreitung nachhaltig.

Wichtigste Bestandteile des Internets sind die sogenannten Hosts oder Server. Auf diesen Rechnern, die durch besonders leistungsstarke Leitungen («Backbones») miteinander verbunden sind, befinden sich riesige Datenmengen in Form von Internetseiten. Diese können von den PCs («Clients») abgerufen werden.

Aufgrund der Vernetzung der Server kann von jedem Punkt der Erde auf Daten an jedem anderen Punkt zugegriffen werden. Dazu muss lediglich ein Anschluss an irgendeinen Server – in der Regel durch einen Internet Service Provider – vorhanden sein.

Im Internet finden Sie unter https://swisseduc.ch/informatik/internet/ ausführliche Informationen und Testfragen zum Aufbau des Internets, zur Informationsbeschaffung und zur Sicherheit im Netz.

2.5.2 Internet im Überblick

Das Internet besteht aus einzelnen Diensten, welche verschiedene Möglichkeiten bieten:

E-Mail

Die elektronische Post ist der Dienst, welcher wahrscheinlich am häufigsten genutzt und als die grösste Innovation des modernen Büroarbeitsplatzes betrachtet wird. Die elektronische Post funktioniert gleich wie die normale Briefpost: Der Brief wird mit dem Computer verfasst, mit einem Mail-Programm verschickt und in den Briefkasten (Mailbox) des Empfängers gelegt. Dort kann dieser ihn abholen und lesen, er kann ihn aufbewahren oder wegwerfen. E-Mail ist aber billiger und rascher als die normale Post.

World Wide Web (WWW)

Neben E-Mail ist das WWW mit Abstand der bekannteste Dienst im Internet. Fast unendlich viele Informationen sind in diesem Dienst abrufbar. Texte, Bilder, Töne und Videosequenzen können angesehen und gehört werden. Durch ein sogenanntes Hypertextsystem können Texte, die auf unterschiedlichen Servern liegen, miteinander verbunden werden. Folgt man als Benutzer den farblich unterlegten Querverweisen (Hyperlinks oder Links), kommt es zum Phänomen des «Surfens»: Man klickt von Website zu Website...

Dank der benutzerfreundlichen grafischen Oberfläche und den Hyperlinks die es ermöglichen, mit einem Mausklick von einer Seite zu einer anderen zu springen, ist dieser Dienst Bestandteil des Alltags geworden.

Alles, was der Bildschirm aus dem Internet anzeigt, kann auf dem eigenen Computer gespeichert und in einem anderen Programm (z. B. Textverarbeitung) weiterverwendet werden. Zu beachten sind die Urheberrechte. Auch allgemeine Informationen aus dem Internet sollen in der Quellenangabe erwähnt werden.

Voice over Internet Protocol (VoIP)

Weltweites Telefonieren über das Internet; die Sprache wird über Datennetze übertragen.

Internetforum

Das Internetforum ist ein virtueller Platz, um Erfahrungen oder Meinungen auszutauschen oder zu archivieren. Ein Forum ist wie ein Verzeichnisbaum aufgebaut: Einem Oberthema wird in einem neuen Verzeichnis (Unterforum) ein bestimmtes Unterthema zugeordnet. In einem solchen Verzeichnis können Diskussionsbeiträge (Postings) geschrieben werden, die von anderen Forumsmitgliedern gelesen und beantwortet werden können. Auf diese Weise entsteht eine ganze Folge sich aufeinander beziehender Beiträge, ein sogenannter Thread (Faden) oder Topic (Thema). Mit einem neuen Thread beginnt eine neue Diskussion. Am weitesten verbreitet sind Hilfeforen, in denen Ratschläge zu einem bestimmten Thema ausgetauscht werden. Neben unmoderierten gibt es auch moderierte Foren, in denen eine Person einen Diskussionsverlauf aktiv steuert. Andere verbreitete Bezeichnungen für das Internetforum sind Diskussionsforum, Webforum oder Computerforum.

Instant Messaging (IM)

Diese sofortige Nachrichtenübermittlung ist eine Kommunikationsmethode, bei der sich zwei oder mehr Teilnehmer per Textnachrichten unterhalten (chatten). Die Teilnehmer müssen über ein Netzwerk wie das Internet verbunden sein. Viele Programme unterstützen zusätzlich die Übertragung von Dateien sowie Audio- und Video-Streams.
Benutzer können sich gegenseitig in ihrer Kontaktliste führen und sehen dann an der Präsenzinformation, ob der andere zu einem Gespräch bereit ist.

File Transfer Protocol (FTP)

Dieser Dienst ermöglicht die Übertragung/den Transfer von Dateien (wie z. B. Software, Tondateien, Grafikdateien) zwischen verschiedenen Computern respektive Servern.

Web 2.0

Inhalte werden zunehmend von Benutzern ins Netz gestellt. Das Kernstück des Web 2.0 sind Plattformen, die den Austausch von Informationen zwischen Menschen unterstützen. Dazu gehören Wikis, Blogs, Bild- und Videoportale, Online-Communitys, Auktionen und Tauschbörsen.

Internet der Dinge (Internet of Things, IoT)

Das sogenannte Internet der Dinge ermöglicht nicht nur die Kommunikation zwischen Menschen und Geräten, es verbindet auch Apparate, Schalter und Sensoren untereinander. In Gegensatz zum herkömmlichen Internet können nur kleine Datenmengen übermittelt werden, zum Beispiel, ob der gemessene Zustand hell oder dunkel, warm oder kalt, in Bewegung oder stehend ist.

Anwendungsgebiete sind zum Beispiel Sensoren in Briefkästen, die erkennen, dass ein Paket eingelegt wurde. Automatisch wird eine Meldung an das Smartphone der Empfängerin oder des Empfängers geschickt. Via App kann nun das Paketfach verriegelt werden, damit die Sendung vor Dieben geschützt ist. Fahrzeuge können mit Geräten zur Positionsbestimmung ausgerüstet werden, und so kann jederzeit überprüft werden, wo sie sich gerade befinden. Fitnessarmbänder übermitteln durch die Verbindung zum Netz Informationen, welche Grundlage für automatisch erstellte Auswertungen auf dem Tablet oder dem PC sind. Im vernetzten Haushalt werden via Tablet oder Handy die Temperaturen und die Beleuchtung überwacht und gesteuert. Ein grosser Teil der IoT-Anwendungen wird allerdings nicht im privaten Bereich eingesetzt, sondern in der Industrieproduktion, im Gesundheitswesen, im Einzelhandel oder in Sicherheitssystemen.

Dieses Parallelnetz zum Internet ist weltweit im Aufbau. Sein grosser Vorteil ist, dass die Geräte, die mit dem Internet der Dinge kommunizieren, sehr wenig Strom verbrauchen (die Lithiumbatterie reicht für mehrere Jahre) und die Strahlungswerte unter den gesetzlich vorgeschriebenen Grenzwerten liegen. Die Informationen werden nicht über das Mobilfunknetz übermittelt, sondern mit dem neuen offenen Industriestandard Range Wide Area Network oder Lorawan.

Zukunft des Internets

Das Internet verändert sich laufend – immer mehr funktionieren Dienste «aus der Cloud», das heisst ohne eigene Infrastruktur, sondern nur mit Zugriffen auf die benötigten Programme und Daten. Die Endgeräte werden vollständig mobil und erlauben den Zugriff zu jeder Information, von jedem Ort aus, zu jeder Zeit. Apps auf den Geräten, welche den herkömmlichen Browser ersetzen, können sich untereinander vernetzen und Daten austauschen.

Forscher arbeiten unter dem Begriff «Future Internet» am zukünftigen Internet. Die Unterstützung der mobilen Kommunikation und die Verbesserung der Sicherheit stehen im Vordergrund. Die Ideen reichen von einer Verbesserung des heutigen Internets bis zu einem vollständigen Neuanfang, von neuen Transporttechnologien bis hin zu neuen Anwendungen.

Aufgabe 12 — Ergänzen Sie das Mindmap mit Stichworten zu den einzelnen Diensten im Internet (z. B. Einsatz, Besonderheiten, Vorteile, Nachteile).

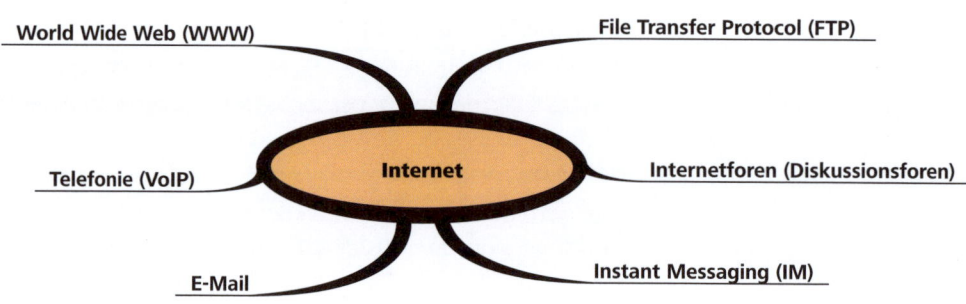

2.5.3 Zugang ins Internet

Um ins Internet zu gelangen, braucht es ein Endgerät (Computer, Handy, Tablet, Laptop) und die entsprechende Software (Webbrowser, E-Mail-Programm) sowie einen Zugang ins Internet. Dieser erfolgt durch einen Internet Service Provider. Die Verbindung zum Provider ist auf verschiedene Arten möglich:

- Breitbandzugang wie Digital Subscriber Line (DSL) mit Router oder TV-Kabel mit Modem (bis 1 Gbit/s Down- und Upload)
- Drahtlose Netzwerke wie WLAN, UMTS und die darauf basierende HSPA-Technologie (High Speed Packet Access) oder WiMAX (Worldwide Interoperability for Microwave Access) und LTE (Long Term Evolution), welche Übertragungsgeschwindigkeiten zwischen 100 Kbit/s und 300 Mbit/s erreichen
- Glasfasernetz (100 Mbit/s bis mehrere Gbit/s)
- Stromkabel (Powerline Communication PLC) mit PLC-Modem (bis 1 Gbit/s)
- Satelliten (Downstream [Empfang von Daten] bis zu 36 Mbit/s)
- Standleitung: Diese dauernde Verbindung zum Provider oder zwischen zwei Standorten wird häufig von Unternehmen oder staatlichen Einrichtungen eingesetzt; im Gegensatz zur Wählleitung steht der gesamte Übertragungsweg immer zur Verfügung und erlaubt hohe Geschwindigkeiten von mehreren Gigabytes (Gbit) pro Sekunde.

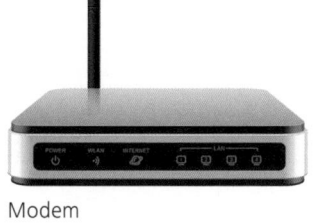
Modem

2.5.4 Adressen im Internet

Uniform Resource Locator (URL)

Jeder Computer am Internet hat eine eindeutige Adresse, die IP-Adresse, eine Zahl aus vier Blöcken zu höchstens drei Stellen. Diese Internetnummern sind schwer zu merken und ändern sich aus technischen Gründen oft. Die Computer können daher zusätzlich mit einem Klartextnamen versehen werden; DNS-Server übersetzen die Nummern in eine aus Buchstaben bestehende Domainadresse (URL):

195.141.95.130   → www.firma.ch

Diese Domainadressen sind nach dem Domainnamen-System (DNS) aufgebaut. Zuhinterst steht die Top Level Domain, die oberste Ebene, mit der Länder- oder Bereichsendung wie **ch** für die Schweiz. **firma** ist die zweite Ebene (Second Level Domain) und bezeichnet den Namen des Servers, der meist nach der Organisation oder Firma benannt ist. Mit diesem Adresssystem kann man nicht nur jeden Computer, sondern auch jede Seite im Internet genau bezeichnen. Diese Adressen werden auch URL oder Uniform Resource Locator genannt.

Vor dieser Adresse muss auch noch der gewünschte Internetdienst angegeben werden. Im WWW ist dies **http** (Hyper Text Transfer Protocol), anschliessend folgt das Trennzeichen ://. Eine vollständige URL-Adresse sieht also wie folgt aus:

http://www.verlagskv.ch/
http://www.outlook.com/

E-Mail-Adressen

In einer E-Mail-Adresse kommt immer ein @ (At-Zeichen) vor. Die URL ist die Adresse einer WWW-Seite im Internet, die E-Mail-Adresse ist die Postadresse einer Person oder Firma; sie ist wie folgt aufgebaut:

Name@Firma oder Provider.Land oder Organisation
Rita.Meier@bluewin.ch
rolfwenger@gmx.de
S_Muster@swisscom.com

Sachmittel der Telematik erleichtern den Informationsaustausch

Jeder Provider bietet den Kunden neben dem Zugang zum WWW auch eine E-Mail-Adresse und ein Postfach (Mailbox) an. Mit einem E-Mail-Programm wird eine Nachricht geschrieben und diese dem Provider gesendet. Die Software des Providers sucht nun den Empfänger und sendet ihm den elektronischen Brief. Wenn die Nachricht am Zielort angelangt ist, legt die Software die Meldung in den Briefkasten des Empfängers, bis ihn dieser mit seinem E-Mail-Programm abruft.

Aufgabe 13

Beantworten Sie mithilfe des Internets folgende Fragen:

1. Welchen Zweck hat ein Domainname?
2. Warum müssen Domainnamen registriert werden?
3. Wo können Domainnamen registriert werden?

2.5.5 Suchmaschinen im Internet

Das Informationsangebot im Internet ist so gross, dass mithilfe von Suchmaschinen, in denen Millionen von Links und Informationen gespeichert sind, das richtige Angebot gesucht werden muss.

Bekannte Suchdienste sind:
Google	www.google.ch
Bing	www.bing.com
Yahoo	www.yahoo.com
Search	www.search.ch
Ecosia	www.ecosia.org

Viele Suchmaschinen lassen erweiterte Suchoptionen zu. So lassen sich die gewünschten Informationen schneller finden.

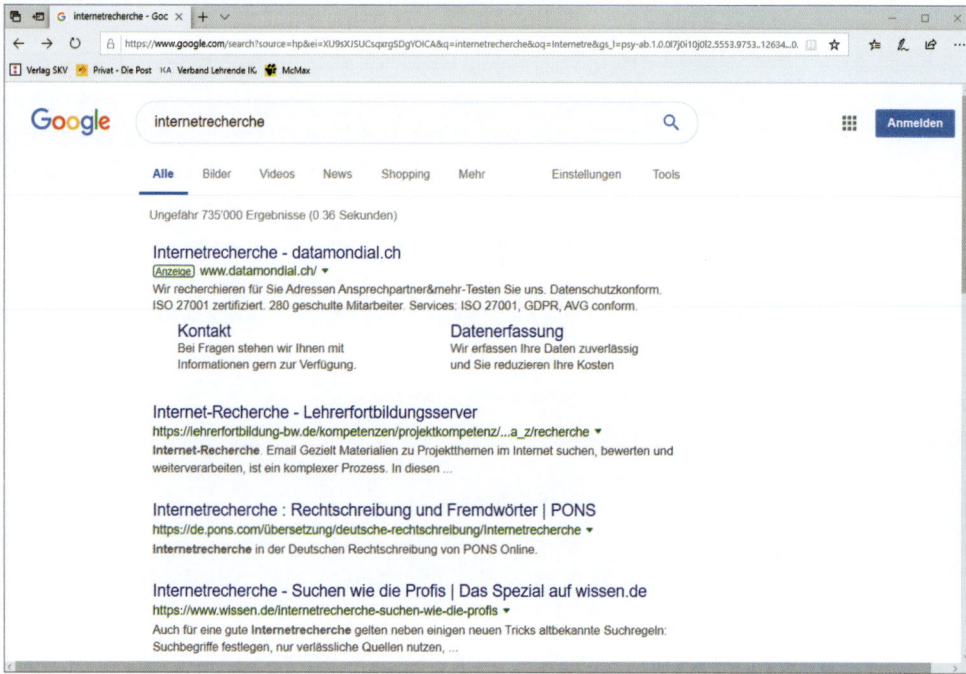

Suchoptionen helfen, zielgerichtete Suchergebnisse zu erhalten

Das Internet

Die Suchmaschine Google bietet weitere Möglichkeiten, um das Finden von Informationen zu erleichtern. Mehr dazu finden Sie unter **Einstellungen > Erweiterte Suche**:

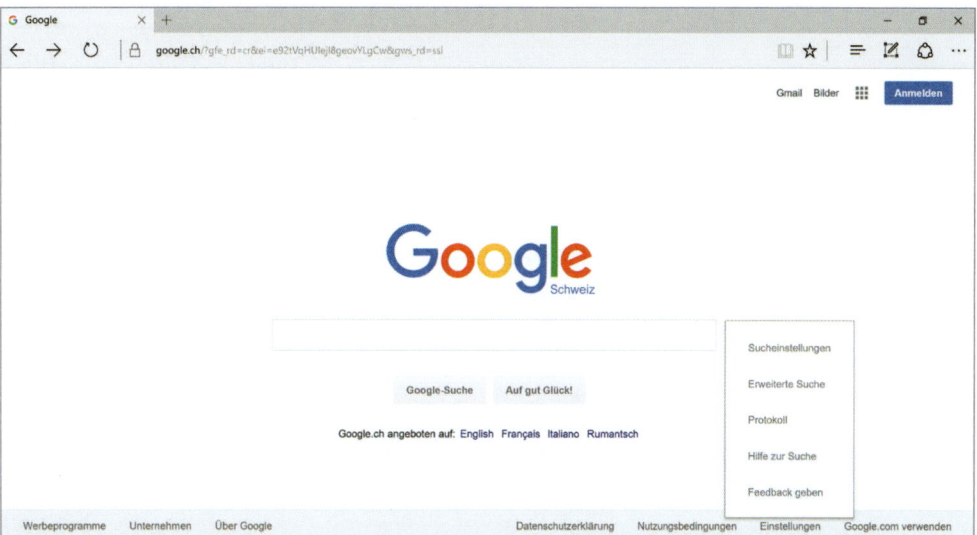

Erweiterte Suche mit Google

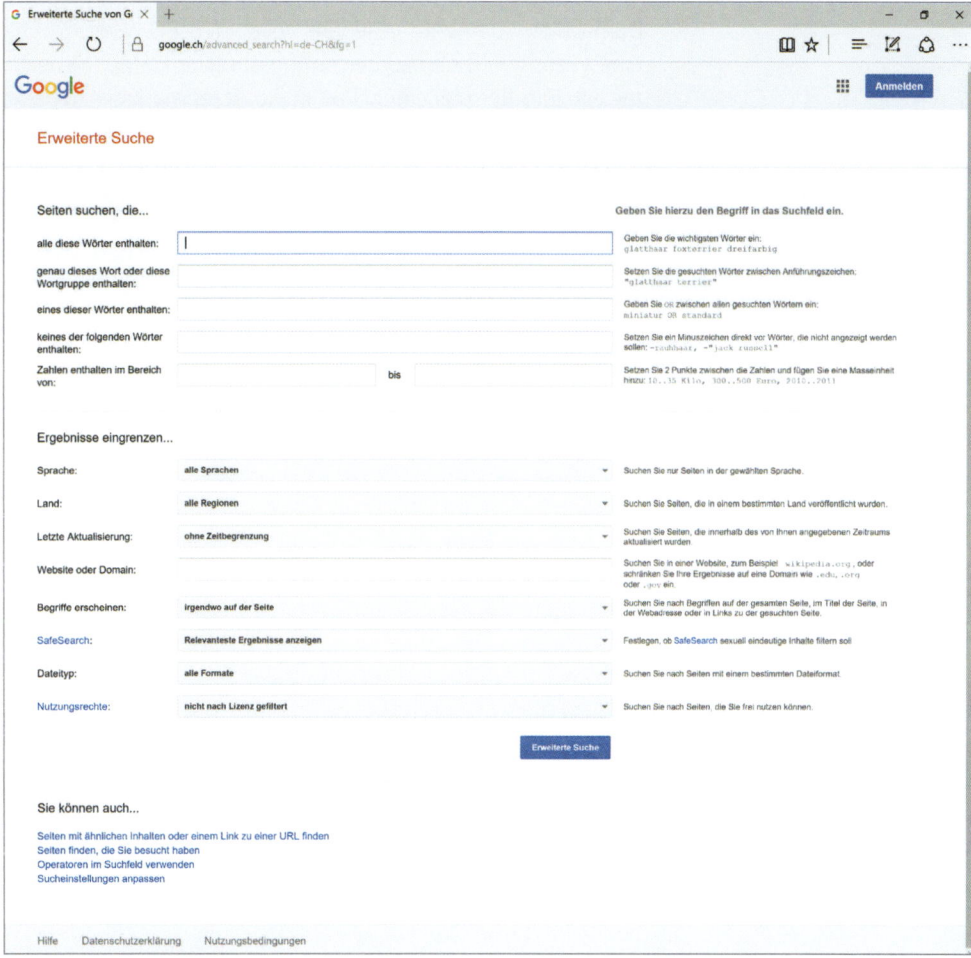

Optionen mit Googles erweiterter Suche

Domaineinschränkung	Die Suchanfrage kann auf eine bestimmte Domain beschränkt werden: Informationen über die Zulassungsbedingungen der Berner Fachhochschule erhält man mit der Eingabe «Suchwort site:Domain»: **Zulassung site: www.bfh.ch**
Wörterbuch	Wörter können mit folgender Eingabe übersetzt werden (deutsch-englisch und englisch-deutsch): **Buch deutsch-englisch**

2.5.6 Website, Webseite und Homepage

Eine **Website** umfasst die Informationen eines Unternehmens, einer Organisation oder einer Privatperson und beinhaltet die einzelnen **Webseiten**. Die Startseite wird als **Homepage** bezeichnet. Websites befinden sich auf **Webservern**, welche rund um die Uhr in Betrieb sind. Die Website muss immer auf aktuellem Stand sein.

Eine Webseite kann folgende Elemente enthalten:
- Text
- Links (Verweise zu anderen Stellen auf der besuchten Seite oder zu anderen Webseiten)
- Bilder, Grafiken und Videos (GIF-, JPG-, PNG- oder MPEG-Format)
- Tondaten (beispielsweise Midi- oder MP3-Format)

Damit diese Elemente in jedem beliebigen Browser strukturiert dargestellt werden, basiert eine Website auf der Auszeichnungssprache HTML (Hypertext Markup Language). Diese unterteilt zum Beispiel einen Text in Absätze, markiert Hyperlinks oder platziert Bilder an einer bestimmten Stelle. Die aktuelle Version HTML5 ermöglicht neu, auch Videos und Audios einzubinden oder dynamische 2-D- und 3-D-Grafiken anzuzeigen. Das war bisher nur mit zusätzlichen Plug-ins wie z. B. Adobe Flash möglich, die jedoch teilweise verwundbar sind und die Sicherheit gefährden.

2.6 Der Webbrowser

2.6.1 Einführung

Dargestellt werden die Inhalte einer Webseite durch einen Webbrowser. Dieser Browser (to browse: in etwas blättern, sich umsehen) ist die Benutzeroberfläche für Webanwendungen. Er kann neben HTML-Seiten auch verschiedene andere Arten von Dokumenten, zum Beispiel Bilder und PDF-Dokumente, anzeigen. Das Durchstöbern des World Wide Webs beziehungsweise das aufeinanderfolgende Abrufen beliebiger HyperLinks als Verbindung zwischen Webseiten mithilfe eines solchen Programms wird als Surfen im Internet bezeichnet.

Der Browser wandelt den HTML-Code in eine benutzerfreundliche grafische Darstellung um:

HTML-Quellcode   Anzeige im Browser

Bekannte Webbrowser sind:
- Microsoft Edge
- Mozilla Firefox
- Google Chrome
- Apple Safari
- Opera

Logos der bekanntesten Browser

Die wichtigsten Gründe für die Wahl eines Browsers sind Sicherheit, Schnelligkeit und Zuverlässigkeit. Die verschiedenen Browser arbeiten mit unterschiedlichen Technologien, um Inhalte zu laden und zu verarbeiten. Diese Technologien und die Abstimmung der verschiedenen Komponenten untereinander entscheiden am Ende auch, wie sicher, schnell und zuverlässig der Browser ist.

Auf den folgenden Seiten beschreiben wir die Funktionen des Microsoft Standardbrowsers Edge, der mit Windows 10 eingeführt wurde. Er bietet folgende Neuerungen: Leseansicht, Webseitennotiz und die digitale Assistentin Cortana (für die Schweiz noch nicht aktiviert).

2.6.2 Bildschirmaufbau, Adress- und Sucheingabe

Bildschirmaufbau

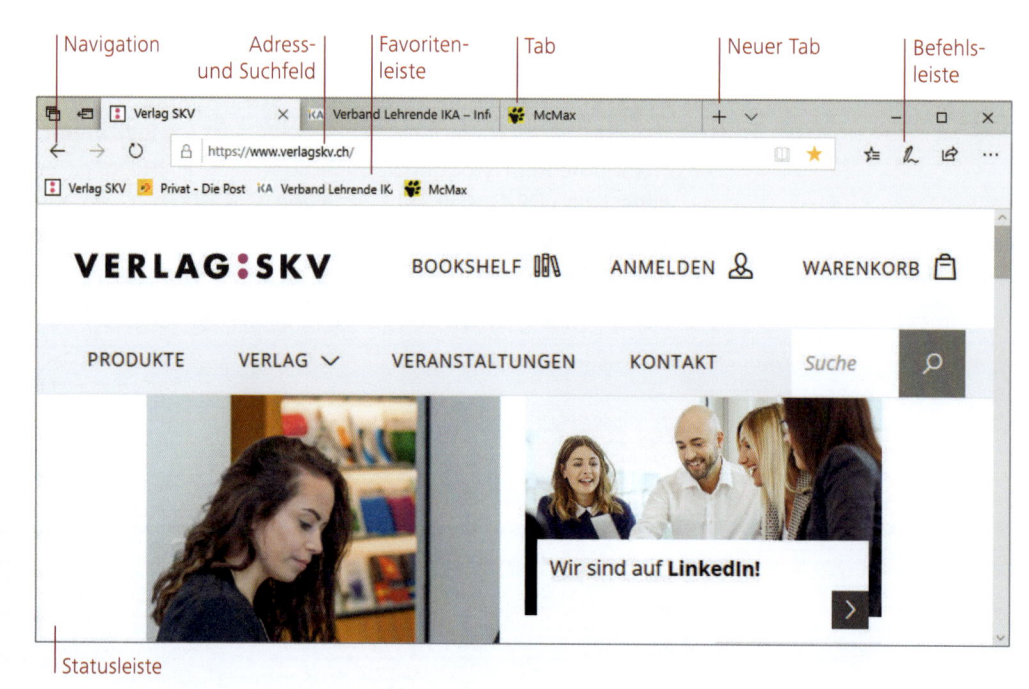

Bildschirmansicht Edge

Navigation

Mit den Navigationspfeilen kann innerhalb der besuchten Seiten rückwärts oder vorwärts gesprungen werden.

Adress- und Suchfeld

Nach dem Start von Edge ist das Adress- und Suchfeld bereit für die Eingabe einer Webadresse oder eines Suchbegriffs:

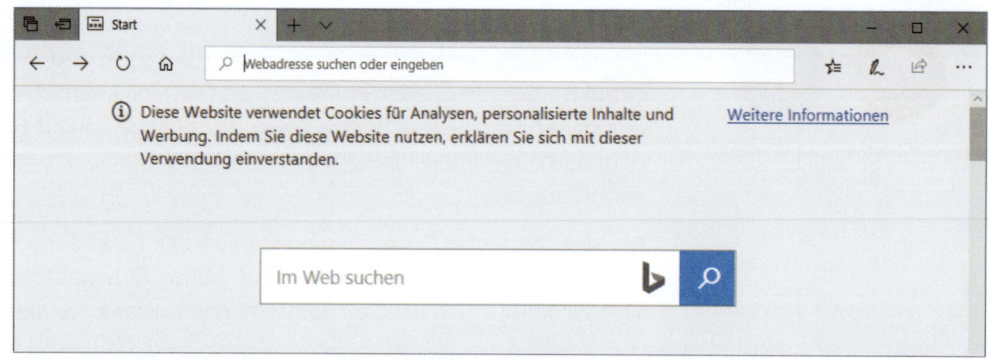

Eingabe einer neuen Adresse über der aufgerufenen Webadresse

Nachdem bereits eine Webseite geladen wurde, können Sie auf die Webadresse im Adressfeld klicken und eine neue Adresse eingeben:

Eingabe einer neuen Adresse über der aufgerufenen Webadresse

Der Webbrowser

Tab (Register) und Tableiste

Die Tabs erleichtern die Recherche im Web, können doch mehrere Webseiten gleichzeitig geöffnet werden. Innerhalb der Tableiste lassen sich die einzelnen Tabs verschieben und neu anordnen. Ein Tab kann auch in einem neuen Browserfenster geöffnet werden.

Ein neuer Tab kann mit Klick auf das Plussymbol oder mit der Tastenkombination **Ctrl+T** geöffnet werden. Standardmässig wird dieser mit dem Adress- und Suchfeld sowie den Top-Site-Kacheln angezeigt:

Über das Kontextmenü Tabs schliessen, aktualisieren, kopieren und verschieben

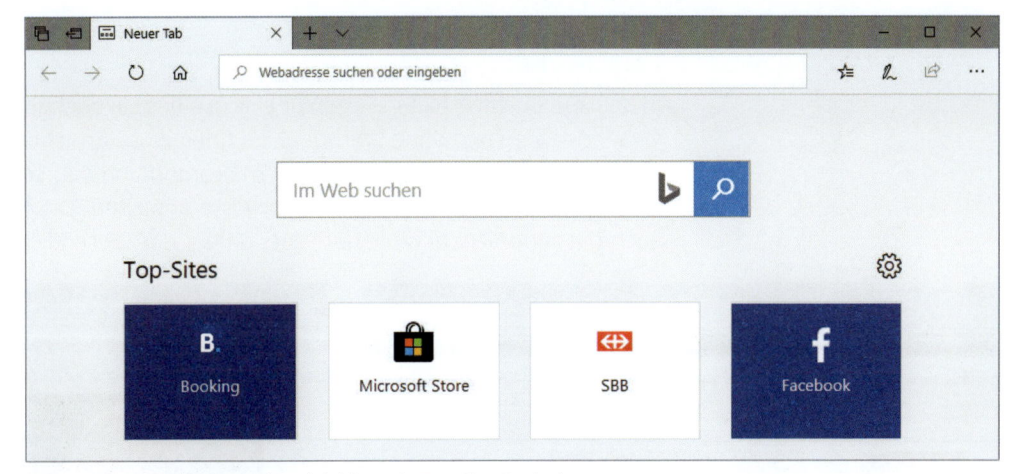

Neuer Tab mit Adress- und Suchfeld sowie Top-Site-Kacheln

Ein Tab kann mit Klick auf das Kreuzsymbol, mit dem Befehl **Ctrl+W** oder via Kontextmenü geschlossen werden. Wird der letzte Tab im Browserfenster geschlossen, schliesst automatisch auch das Browserfenster.

Favoritenleiste

Häufig verwendete Links können in der Favoritenleiste gespeichert werden. Die Favoritenleiste kann mit der Tastenkombination **Ctrl+Shift+B** oder in den Browsereinstellungen ein- und ausgeblendet werden. Die Favoriten können einzeln hinzugefügt oder von einem anderen Browser importiert werden.

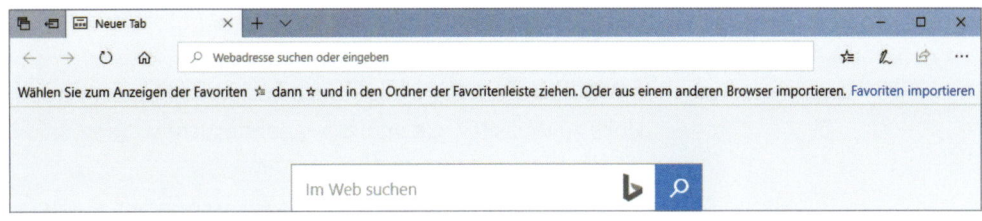

Bearbeiten der Favoritenleiste

Sachmittel der Telematik erleichtern den Informationsaustausch

2.6.3 Die Befehlsleiste

In der Befehlsleiste sind viele nützliche Einstellungen und Befehle des Browsers gebündelt.

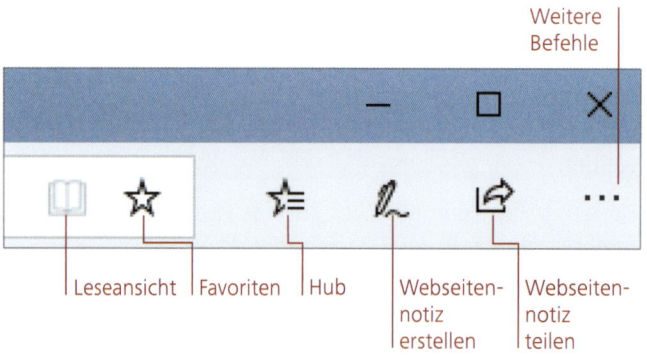

Befehlsleiste mit Beschriftungen: Leseansicht, Favoriten, Hub, Webseitennotiz erstellen, Webseitennotiz teilen, Weitere Befehle

Im Folgenden werden sie kurz beschrieben.

Leseansicht

In der Leseansicht erhalten Sie ein übersichtliches Layout mit weniger Abbildungen, ohne Navigationsleisten und ohne Werbung. Sie rufen diese Ansicht auf, indem Sie auf das Buchsymbol in der Befehlsleiste klicken. Den Hintergrund und den Schriftgrad können Sie in den Einstellungen an die persönlichen Bedürfnisse anpassen. Die Leseansicht eignet sich übrigens auch gut zum Ausdrucken einer Seite, da nur das Wesentliche angezeigt wird.

Browseransicht 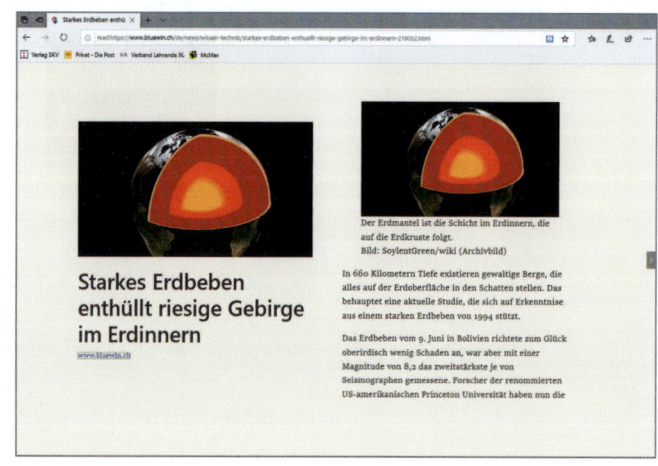 / Leseansicht

Sie verlassen die Leseansicht, indem Sie wieder auf das Buchsymbol in der Befehlsleiste klicken. Nicht alle Webseiten können in der Leseansicht angezeigt werden; in diesem Fall wird das Buchsymbol hellgrau statt schwarz dargestellt.

Favoriten

Links zu Websites, die immer wieder besucht werden, können durch Klicken auf den Stern zu den Favoriten hinzugefügt werden.

Es gibt zwei Speicherorte für Favoriten. Neben der bereits beschriebenen Favoritenleiste, die für die wichtigsten Links gedacht ist, können umfangreichere Linksammlungen in Favoritenordnern abgelegt und organisiert werden. Die Ordnerstruktur innerhalb des Favoritenordners lässt sich nach individuellen Bedürfnissen frei anlegen und benennen.

Der Webbrowser

Beim Abspeichern eines Favoriten entscheidet der Nutzende, wo er den Link ablegt.

Link in den Favoriten speichern

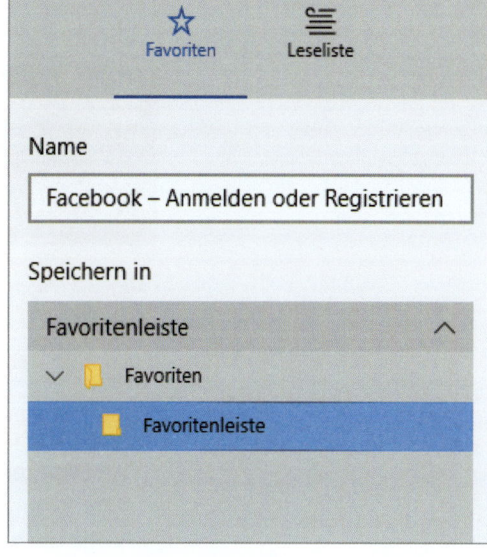

Link in Favoritenleiste speichern

Hub

Der Hub vereint die gespeicherten Favoriten, die Leseliste, den Verlauf und die Downloads; diese lassen sich vom Hub aus öffnen.

Befehl	Zu Favoriten oder Leseliste hinzufügen ☆
Befehl	Leseliste
Befehl	Hinzufügen

Einen Artikel zur Leseliste hinzufügen

Befehl	Hub ⋆≣
Befehl	Leseliste
Befehl	Klick auf gewünschten Artikel

Einen Artikel aus der Leseliste öffnen

- Leseliste: In der Leseliste können Artikel aus dem Internet abgespeichert werden, die man erst später lesen möchte. Der Vorteil daran ist, dass zur Lektüre dann keine Internetverbindung benötigt wird.

- Browserverlauf: Hier werden die aufgerufenen Webseiten chronologisch sortiert. Sie können den Gesamtverlauf ❶, einzelne Seiten ❷ oder im Kontextmenü alle Besuche einer bestimmten Domain ❸ löschen.

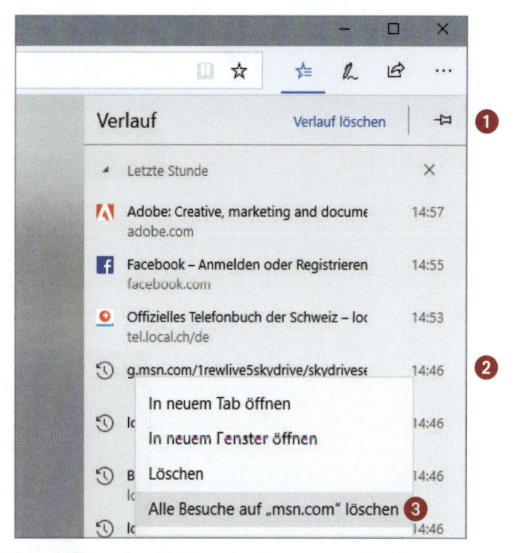

Bearbeiten der Einträge im Browserverlauf

- Downloads: Unter dieser Rubrik können Sie die Downloadchronik ansehen und verwalten. So können Sie zum Beispiel den Ordner öffnen, in dem die Downloads abgelegt werden, oder vorherige Downloads löschen.

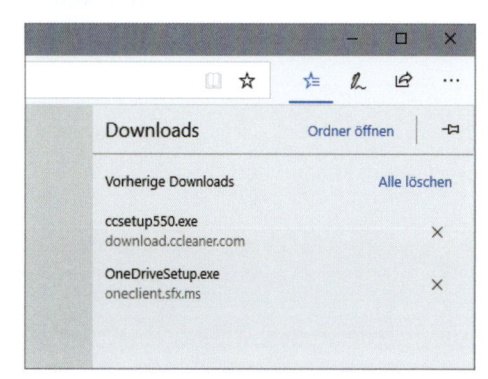

Sachmittel der Telematik erleichtern den Informationsaustausch

Webseitennotiz

Um direkt auf der Webseite Notizen zu machen, zu markieren und zu kommentieren, stehen folgende Tools zur Verfügung:

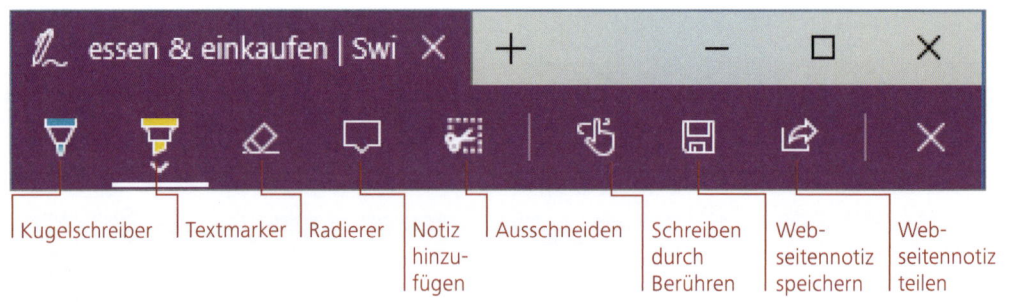

Kugelschreiber | Textmarker | Radierer | Notiz hinzufügen | Ausschneiden | Schreiben durch Berühren | Webseitennotiz speichern | Webseitennotiz teilen

Befehle **Webseitennotiz erstellen**

- **Kugelschreiber** — Farben und Grössen der Freihandzeichnungen bestimmen
- **Textmarker** — Farben und Grössen der Markierungen bestimmen
- **Radierer** — Freihandzeichnungen und Markierungen löschen
- **Notiz hinzufügen** — Getippte Notiz hinzufügen
- **Ausschneiden** — Der markierte Bereich wird kopiert
- **Schreiben durch Berühren** — Ermöglicht Notizen durch Berühren des Bildschirms
- **Webseitennotiz speichern** — Die Webseite wird mit den Notizen gespeichert
- **Webseitennotiz teilen** — Webseitennotiz weiterleiten (Mail, Twitter, OneNote usw.)

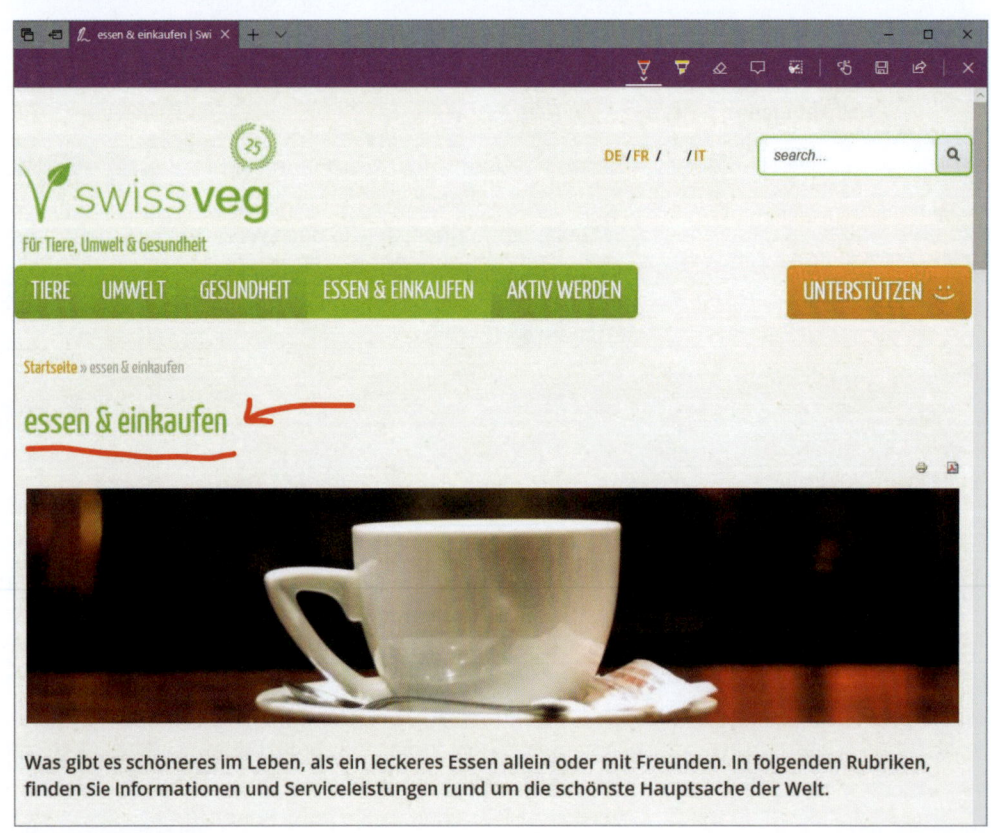

Webseite mit Notizen

Der Webbrowser

Weitere Befehle (Mehr)

Hier finden Sie folgende Browsereinstellungen:

- **Neues Fenster:** Öffnet ein neues Browserfenster

- **Neues InPrivate-Fenster:** InPrivate-Browsen verhindert, dass Edge Daten über die Browsersitzung (wie beispielsweise Cookies, Verlauf oder temporäre Internetdateien) auf dem PC speichert. Temporäre Daten werden vom PC gelöscht, nachdem alle InPrivate-Tabs geschlossen wurden. Der InPrivate-Modus ist nur während der aktuellen Sitzung aktiv und wird nach dem Schliessen beendet. Aufgrund der zugewiesenen IP-Adresse bleibt man aber im Internet identifizierbar.

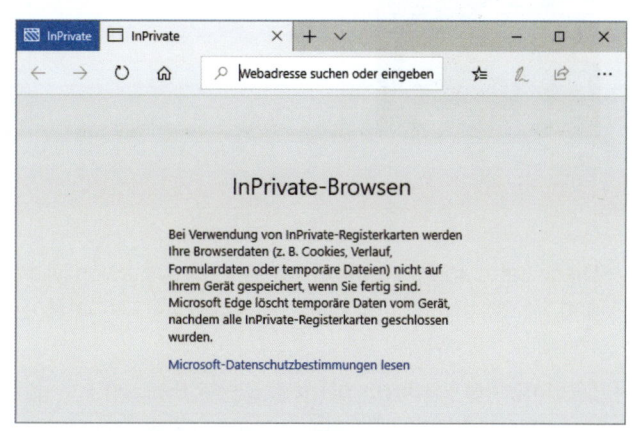

Weitere Befehle (Mehr)

Neues Browserfenster mit InPrivate-Tab

- **Zoom:** Hier kann die Grösse der Bildschirmanzeige angepasst werden.

- **Medien auf einem externen Gerät abspielen:** Wahl eines Wiedergabegeräts, z. B. Lautsprecher.

- **Auf Seite suchen:** Neue Leiste mit Suchfeld wird geöffnet:

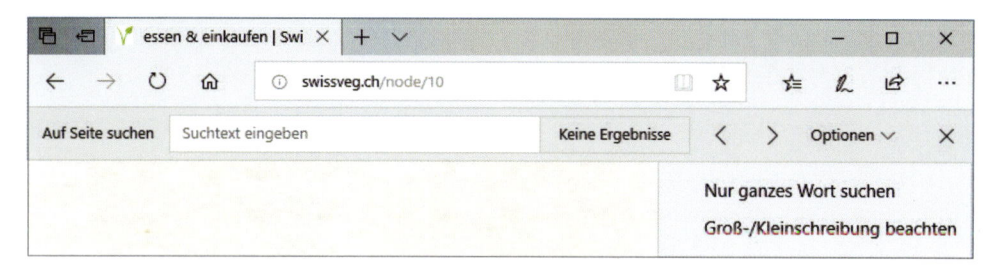

Suchleiste mit Suchfeld und geöffnetem Drop-down-Feld **Optionen**

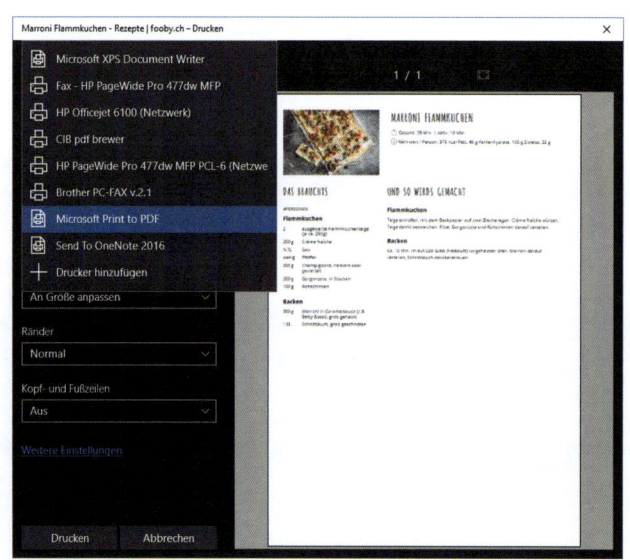

- **Drucken:** Webseite ausdrucken oder ein PDF-/XPS-Dokument erstellen.

Druckmenü

- **Diese Seite an Start anheften:** Alternativ zur von Microsoft vorgegebenen Startseite können Sie mit dem Befehl «Diese Seite an Start anheften» die eigene Website festlegen, welche geladen werden soll.

- **Mit Internet Explorer öffnen:** Dieser Browser ist immer noch verfügbar, damit Websites im Intranet oder Web-Apps, welche Active-X-Steuerelemente benötigen, ausgeführt werden können. Im Enhanced Book können Sie mit dem nebenstehenden Link die Wegleitung zum Internet Explorer abrufen.

2.6.4 Einstellungen und erweiterte Einstellungen

Über die Schaltfläche **Einstellungen und mehr** gelangt man zu den zahlreichen Einstellungsmöglichkeiten, um den Browser auf die persönlichen Vorlieben abzustimmen.

Einstellungen

- **Design auswählen:** In den Einstellungen können Sie die Anzeige (Design) hell oder dunkel wählen.

- **Microsoft Edge öffnen mit:** Wählen Sie, mit welcher Seite der Browser geöffnet werden soll.

- **Neue Tabs öffnen mit:** Neue Tabs können mit der Anzeige der meistbesuchten Seiten und der Startseite, nur mit den meistbesuchten Seiten oder mit einer leeren Seite geöffnet werden.

- **Favoriteneinstellungen:** Hier kann die Favoritenleiste ein- und ausgeschaltet werden, was auch mit der Tastenkombination **Ctrl+Shift+B** möglich ist. Zudem können Sie die Favoriten vom Internet Explorer oder von weiteren Browsern übernehmen.

- **Startseite festlegen:** Bestimmen Sie, ob die Schaltfläche **Startseite** angezeigt werden soll und was beim Klick auf diese Schaltfläche erscheint.

- **Häufig besuchte Websites:** Legen Sie fest, ob häufig besuchte Websites in **Beste Websites** angezeigt werden sollen.

- **Definitionen inline anzeigen:** Mit Doppelklick auf ein Wort, dessen Bedeutung Sie suchen wollen, lässt sich die Definition eines Begriffs in einem Pop-up-Fenster anzeigen.

- **Downloads:** Ändern Sie bei Bedarf den Speicherort für heruntergeladene Dateien und bestimmen Sie, ob Edge bei jedem Download nach dem Speicherort fragen soll.

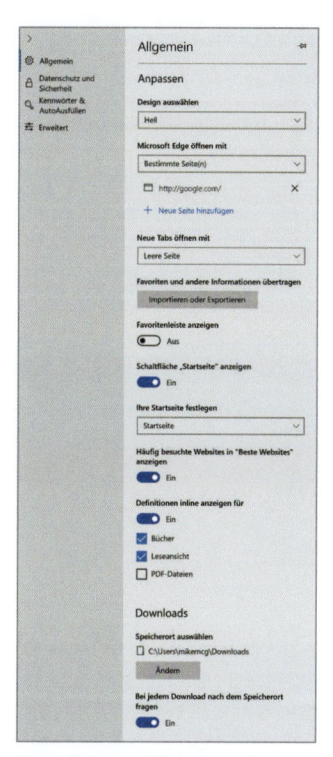

Einstellungen **Allgemein** in Edge

Datenschutz und Sicherheit

- **Browserdaten:** Hier können Sie entscheiden, ob und welche Browserdaten (Browserverlauf, Cookies, Kennwörter usw.) gelöscht werden sollen.
Cookies sind kleine Textdateien, die dafür sorgen, dass viele Dienste im Internet funktionieren. Das Cookie wird beim Besuch einer Website im Browser gespeichert. Wird diese Website wieder besucht, sendet der Browser die Textdatei des Cookies zurück an die Website. Diese kann aufgrund der übermittelten Daten den Benutzer wiedererkennen. Beim Onlineeinkauf sorgt das Cookie dafür, dass der Nutzer seinen Warenkorb füllen kann, ohne sich immer wieder als Kunde anmelden zu müssen. Cookies können auch speichern, in welcher Sprache oder Schriftgrösse die Webseite dargestellt werden soll. Darüber hinaus können sie Informationen über Ihre Onlineaktivitäten sammeln und so personalisierte Werbung ermöglichen. In Edge können Sie alle oder keine Cookies blockieren; möglich ist aber auch, dass Sie nur Cookies von Drittanbietern blockieren (diese stammen beispielsweise von externen Webdiensten, welche Werbung auf den Webseiten einbetten).
Mit Edge können Musik oder Videos lokal auf dem Computer gespeichert werden. Die Einstellung **Medienlizenzen** ermöglicht, dass für geschützte Medientypen DRM-Daten auf dem Computer abgelegt werden dürfen. Digital Rights Management (DRM) sorgt dafür, dass nur berechtigte Benutzer Zugriff auf diese Medien haben.

- **Datenschutz:** Ist die Einstellung **Do Not Track** («Nicht nachverfolgen») aktiviert, wird jeder besuchten Website mitgeteilt, dass keine Daten zur Erstellung von Nutzerprofilen gespeichert werden dürfen. Steuern Sie das Suchverhalten des Browsers während der Eingabe von Suchbegriffen. Die Anzeige von **Such- und Websitevorschlägen** ist standardmässig eingeschaltet; der eingegebene Text in das Adress- und Suchfeld wird an den Suchanbieter (z. B. Bing oder Google) gesendet und Sie erhalten unmittelbar entsprechende Such- oder Websitevorschläge.

- **Sicherheit:** Schützen Sie Ihren Computer, indem Sie die Funktion **Popups** blockieren einschalten. Pop-ups zeigen über dem eigentlichen Browserfenster automatisch zusätzliche Inhalte an, wie beispielsweise Werbung. Einige Websites verwenden Pop-ups aber für wichtige Funktionen; diesen Websites kann die Anzeige von Pop-ups erlaubt werden; im Pop-up-Blocker wird dann diese Website auf einer Ausnahmeliste hinzugefügt. Die Funktion **Windows Defender SmartScreen** schützt vor schädlichen Websites und Downloads. Die Liste mit den schädlichen URLs wird von Microsoft regelmässig aktualisiert.

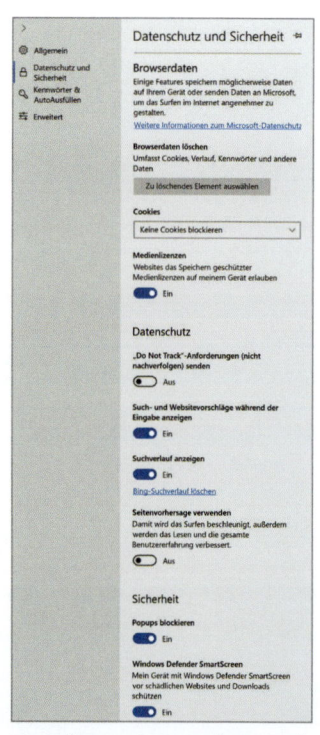

Einstellungen **Datenschutz und Sicherheit** in Edge

Kennwörter & AutoAusfüllen

- **Kennwörter:** Sie können entscheiden, ob Edge Kennwörter speichern soll. Bereits gespeicherte Kennwörter können geändert oder im Menü **Browserdaten löschen** entfernt werden, indem Sie dort das Kontrollkästchen **Kennwörter aktivieren** und dann den Befehl **Löschen** anklicken.

- **AutoAusfüllen:** Die praktische Funktion **Formulardaten speichern** erleichtert das Ausfüllen von Formularen und ist standardmässig aktiviert. Mit **Karten speichern** können die Daten zu Kreditkarten hinterlegt werden. Der CVV-Code wird aus Sicherheitsgründen nicht gespeichert; er muss bei jeder Verwendung der Kreditkarte manuell eingegeben werden.

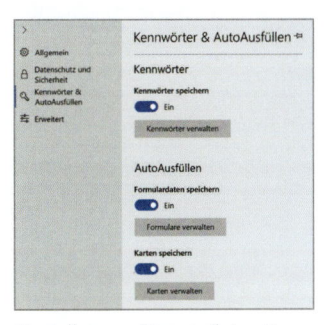

Einstellungen **Kennwörter & AutoAusfüllen** in Edge

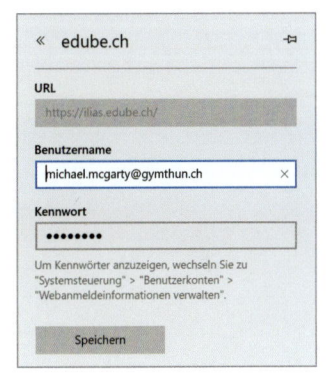

Einstellungen **Kennwörter**

Erweitert

- **Websiteeinstellungen:** Der **Adobe Flash Player** ermöglicht die Darstellung von Videos, Spielen, Animationen und Webseiten, welche auf Flash basieren. Weil er anfällig ist für Sicherheitslücken, wird häufig die Deaktivierung empfohlen. Weiter können Sie die **Automatische Medienwiedergabe** auf Websites und **Websiteberechtigungen** während dem Surfen steuern.

- **Proxyeinrichtung:** Der Proxyserver vermittelt die Kommunikation zwischen dem Webbrowser und dem Internet. Er leitet beispielsweise den Aufruf einer Website an den Empfänger weiter. Proxyserver können auch Webinhalte und Malware herausfiltern und so die Sicherheit erhöhen. Sie sind vor allem in Netzwerken von Unternehmen im Einsatz. Neben der Einrichtung für den Proxyserver können auch weitere Einstellungen für das Netzwerk und das Internet vorgenommen werden (WLAN, VPN, DFÜ, Ethernet).

- **Websites mit Apps öffnen:** Sie können festlegen, ob gewisse Inhalte in einer App anstelle der Website geöffnet werden sollen.

Einstellungen **Erweitert** in Edge

- **In Adressleiste suchen:** Standardsuchmaschine ist in Edge Bing von Microsoft. Um einen anderen Suchanbieter zu verwenden, gehen Sie wie folgt vor:
    - Rufen Sie die Webseite des gewünschten Suchanbieters auf.
    - Klicken Sie auf **Suchanbieter ändern.**
    - Klicken Sie den gewünschten Suchanbieter an; normalerweise sollte eine Suchmaschine wie Google, Bing, Yahoo oder Ecosia gewählt werden.
    - Um diesen Suchanbieter als Standardsuchmaschine festzulegen, Schaltfläche **Als Standard** betätigen.

Suchanbieter ändern

2.6.5 Informationen in anderen Dokumenten weiterverarbeiten

Text

Der gesuchte Text kann markiert und in die Zwischenablage kopiert werden, damit er dann in einer anderen Anwendung eingefügt werden kann. Empfehlenswert ist die Option **Nur den Text übernehmen** im Kontextmenü, so werden die Formatierungen des Zieldokuments für den einzufügenden Text übernommen.

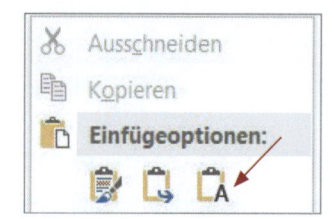

Einfügeoption **Nur den Text übernehmen**

Bilder

Mit einem Rechtsklick auf das gesuchte Bild öffnen Sie folgendes Kontextmenü:

Kontextmenü zum Bild oder zu einer Grafik

Mit dem Befehl **Bild speichern unter …** kann das Bild nun im gewünschten Verzeichnis/Ordner gespeichert werden. Der Dateityp (gif, png, jpg) wird automatisch übernommen.

Wenn das Bild nur kopiert und in ein anderes Dokument eingefügt werden soll, kann im Kontextmenü der Befehl **Kopieren** gewählt und anschliessend mit **Einfügen** im entsprechenden Dokument platziert werden.

Links und URL

Mit einem Rechtsklick auf dem Link erscheint im Kontextmenü der Befehl **Verknüpfung kopieren.** Wählen Sie diesen Befehl; anschliessend können Sie im Zieldokument den Link mit dem Befehl **Einfügen** an der gewünschten Stelle einfügen.

Eine zu kopierende URL wird im Adressfeld markiert, kopiert und an der gewünschten Stelle im Zieldokument eingefügt.

Datei-Download

Programme und Dokumente (vorwiegend PDF) werden in Webseiten zum Herunterladen bereitgestellt. Sicherheitshalber sollten Sie die im Ordner **Downloads** gespeicherten Programmdateien zunächst mit einem Antivirusprogramm überprüfen und erst dann ausführen.

Benachrichtigungsleiste

2.7 Der richtige Umgang mit dem Internet

2.7.1 Sicheres Verhalten beim Surfen

- Nutzen Sie nur Daten und Programme mit vertrauenswürdiger Herkunft.
- Mit E-Mails und deren Anhängen sowie mit Nachrichten in sozialen Netzwerken sorgsam umgehen.
- Seien Sie sich der möglichen Gefahren im Internet bewusst: Probleme und Risiken, zum Beispiel durch Grenzverletzungen im sexuellen, pornografischen und gewalttätigen Bereich oder durch Übergriffe in Chats. Vor allem Kinder und Jugendliche laufen Gefahr, mit Inhalten konfrontiert zu werden, die sich negativ auf die soziale und psychosexuelle Entwicklung auswirken. Weitere Aspekte sind die Onlineglücksspielsucht oder das Cybermobbing.
- Löschen Sie den Browserverlauf beim Beenden, vor allem bei fremden Computern. Mit dem Löschen dieser Informationen geben Sie Speicherplatz frei und schützen Ihre Privatsphäre.
- Verwenden Sie den InPrivate-Modus beim Besuch von unbekannten Webseiten.
- Lassen Sie «Do Not Track» in Edge aktiviert. Diese Funktion signalisiert einer Webseite oder Webanwendung den Wunsch, dass diese über die Aktivitäten des Besuchers kein Nutzungsprofil erstellt.
- Der SmartScreen-Filter blockiert schädliche Websites und Downloads und sollte unbedingt eingeschaltet sein (Standardeinstellung in Edge).

Sicherheitsfallen

Als die grössten Sicherheitsfallen im Internet gelten laut Swisscom:

1. Viren und Trojaner
Viren und Trojaner sind immer noch eine stete Gefahr. Hier hilft vor allem Achtsamkeit. Öffnen Sie niemals E-Mail-Anhänge von unbekannten Absendern. Von unseriös wirkenden Websites sollte man keine Programme herunterladen. Ein aktuelles Antivirenprogramm ist Pflicht.

2. Veraltete Software
Nichts macht es Viren und Trojanern einfacher, ins System einzudringen, als veraltete Software. Ob im Betriebssystem, Browser oder sogar in der Firmware des WLAN-Routers: Überall werden ständig neue Sicherheitslücken entdeckt. Darum häufig nach Aktualisierungen Ausschau halten und wenn möglich die automatische Update-Funktion aktivieren.

3. Phishing
Beim Phishing wollen Hacker Kreditkartennummern abgreifen oder Zugriff auf das Onlinebanking erlangen. Meistens besteht der Trick darin, mit einer offiziell erscheinenden E-Mail den Nutzer dazu zu bewegen, seine Log-in-Daten herauszurücken. Keinesfalls sollte man diesen Aufforderungen nachkommen. Kein seriöses Unternehmen fordert Nutzer dazu auf, Log-in-Daten preiszugeben.

4. Social Engineering
Beim Social Engineering gibt sich der Angreifer oft als Kollege oder Freund des Opfers aus und fragt so nebenbei nach einem Passwort oder Accountdetail. Im Arbeitsalltag erregt eine solch vermeintliche Routine-E-Mail kaum Verdacht. Auch hier gilt: Keine Daten herausrücken und lieber den Absender anrufen.

Der richtige Umgang mit dem Internet

5. Massenüberwachung
Spätestens seit dem NSA-Skandal ist klar: Alles kann abgehört werden, nicht nur von Geheimdiensten, sondern auch von Kriminellen. Dagegen hilft nur eins: Daten verschlüsseln. E-Mails lassen sich zum Beispiel mithilfe von «GnuPGP» sichern. Cloud-Diensten sollte man nicht uneingeschränkt vertrauen, sondern die dort gespeicherten Daten zusätzlich verschlüsseln.

6. Verfolgung
Mithilfe von Cookies können Sie über das ganze Internet verfolgt werden. Löschen Sie öfter die Browser-Cookies, aktivieren Sie die Do-Not-Track-Funktion und vielleicht sogar die In-Private-Funktion.

7. Seite lahmgelegt
Bei DDoS-Attacken (Distributed Denial of Service) wird eine Website mit künstlich erzeugten Zugriffen dermassen unter Druck gesetzt, dass sie unter der Last zusammenbricht.

8. Identitätsdiebstahl
Kriminelle können Ihre Identität stehlen. Sie müssen nur die über Sie frei zugänglichen Daten im Web zusammentragen. Geben Sie im Internet so wenig persönliche Informationen wie möglich preis. Wer einen Facebook-Account hat, sollte in den Einstellungen darauf achten, dass nur Freunde die Seite sehen können.

9. Unsichere Passwörter
Die neuste Antivirensoftware und die beste Verschlüsselung sind nutzlos, wenn das Passwort unsicher ist. Es sollte möglichst lang sein, aus grossen und kleinen Buchstaben sowie Sonderzeichen und Ziffern bestehen.

10. Allzu neugierige Apps
Oft will eine App auf Nachrichten, Mails, Kalender, Chats, Standort, Kamera oder Mikrofon zugreifen. Prüfen Sie, ob diese App alle Berechtigungen benötigt und ob sie vertrauenswürdig ist.

2.7.2 Urheberrecht und Quellenangabe

Beachten Sie, dass die Informationen im Internet urheberrechtlich geschützt sind. Sie müssen also vor der Veröffentlichung das Einverständnis des Urhebers eines Textes, eines Bildes oder einer Zeichnung einholen und sollten es unbedingt vermeiden, bekannte Figuren oder Symbole in Ihre Website einzubauen. Damit verstossen Sie gegen geltende Gesetze.

Anders ist es mit Materialien, die unter einer Creativecommons-, kurz CC-Lizenz stehen. Die freie Enzyklopädie Wikipedia stellt Text und Bilder unter solche Lizenzen. Unter der Voraussetzung, dass Quelle beziehungsweise Verfasserin oder Verfasser sowie Lizenz genannt werden, können Sie die Inhalte verwenden. Solche Inhalte werden auch als «open content» bezeichnet.

Beachten Sie auch, dass in wissenschaftlichen Arbeiten und für schulische Zwecke immer ein Verweis auf die Informationsquelle, auf die zurückgegriffen wurde, erforderlich ist; als solche Quellen dienen Fotos, Zeitungsartikel, Statistiken, Zeichnungen, Tonaufzeichnungen, Bildaufzeichnungen, Zeitungen, Magazine, Zeitschriften. Beim Quellenhinweis auf eine Webseite ist jeweils auch das Abrufdatum zu erwähnen.

Weitere Hinweise zum Urheberrecht finden Sie in Band 2 Grundlagen der Informatik im Kapitel 3.5.3 Lizenzformen und Urheberrecht.

Recht am eigenen Bild

Auch wenn es in der Schweiz keinen Gesetzesartikel zum «Recht am eigenen Bild» gibt, hat jede Person dennoch dieses Recht. Dabei handelt es sich um ein Persönlichkeitsrecht: Jeder Mensch kann darüber bestimmen, ob Bilder von ihm verwendet oder sogar veröffentlicht werden – und in welchem Zusammenhang.

Anstand und Respekt gebieten es in jedem Fall, keine Fotos zu veröffentlichen, welche die abgebildeten Personen blossstellen, beleidigen, lächerlich machen oder ihrem Ruf schaden. In diesen Fällen besteht auch die Gefahr, dass die Grenze zu anderen Straftatbeständen überschritten wird.

Fotografien und Videos von Personen werden gemäss Datenschutzgesetz (DSG) als persönliche Daten angeschaut. Bei einer Verletzung des Persönlichkeitsrechts kommt der Artikel 28 des Zivilgesetzbuchs (ZGB) zum Tragen.

Eine weitere Besonderheit betrifft Bild- und Videoaufzeichnungen vom Privatbereich von Personen (Aufnahmen einer Wohnung, Schwimmbadgarderobe usw. von aussen). Solche Aufnahmen sind grundsätzlich nicht erlaubt und man macht sich strafbar. In dem Fall würde, neben den Widerhandlungen gegen das Datenschutzgesetz und das Zivilgesetzbuch, zusätzlich eine Verletzung von Artikel 179[quater] des Strafgesetzbuchs (StGB) vorliegen.

Jede Person hat das Recht am eigenen Bild!

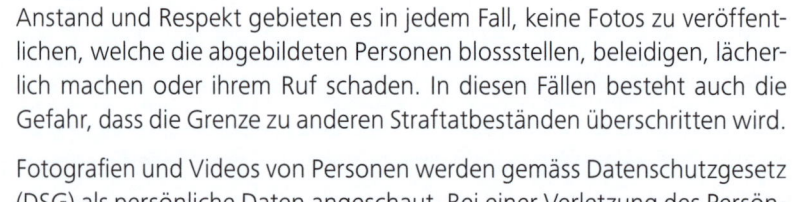

Wenn ein Foto oder ein Video weiterverschickt oder auf einer Internetplattform veröffentlicht wurde, ohne dass die abgebildete Person dem zugestimmt hat, ist es ratsam, zuerst (wenn möglich) mit der Person, die für die Rechtsverletzung verantwortlich ist, das Gespräch zu suchen und sie zu bitten, das Bild zu löschen bzw. vom Internet zu nehmen. Wird auf diese Weise kein Erfolg erzielt, steht der verletzten Person die Möglichkeit offen, rechtliche Schritte einzuleiten – was jedoch langwierig und kostspielig sein kann und auch nicht immer zum gewünschten Erfolg führt. Da ein schutzwürdiges Interesse geltend gemacht werden muss, lohnt sich der Schritt vors Gericht nur bei schwerwiegenden Verletzungen, und es ist ratsam, zuvor eine professionelle Meinung (Rechtsberatung, Anwältin/Anwalt) einzuholen.

2.7.3 Benimmregeln im Internet (Netiquette)

Der Begriff **Netiquette** ist ein Kunstwort, das ursprünglich aus den Wörtern **Net** und **Etiquette** gebildet wurde. Die Netiquette steht für die Sammlung von Verhaltensregeln innerhalb des Internets und der einzelnen Dienste.

Netzanbieter (Provider, Firmen, Schulen) sichern sich vor missbräuchlicher Nutzung ihres Netzwerks durch die Benutzer mit «Richtlinien zur korrekten Nutzung» (Acceptable Use Policy, AUP) ab. In einer solchen Benutzungsordnung ist aufgeführt, was im Netzwerk nicht gestattet ist und welche technischen Regeln beim Gebrauch des Netzwerks einzuhalten sind. Dabei werden auch Verhaltensweisen erwähnt, die in der allgemeinen Netiquette als Empfehlung gelten. Eine AUP hat normalerweise – im Gegensatz zur Netiquette – verbindlichen Charakter und ist Bestandteil der Allgemeinen Geschäftsbedingungen (AGB) des Zugangsanbieters. Werden diese Richtlinien nicht eingehalten, kann der Netzanbieter den Zugang sperren, Schadenersatz fordern oder gar rechtliche Schritte einleiten.

Beispielsweise gelten folgende Handlungen als Missbrauch und sind daher verboten:

- Positionierung von illegalem Material auf einem System (wie Dokumente, welche Menschen diskriminieren; Bilder, Texte und Videos mit pornografischem Inhalt; Aufnahmen mit Darstellungen von Brutalität, Quälerei oder Mord; Hackerprogramme und Programme zur Erzeugung von Viren)
- Benutzung von beleidigenden Ausdrücken und Schimpfwörtern oder das Blossstellen von Personen sowohl in privaten als auch öffentlichen Nachrichten
- Versenden von nicht angeforderten geschäftlichen Nachrichten oder Mitteilungen (Spam)
- Fälschen von Benutzer- oder anderen Informationen
- Verletzung oder widerrechtliche Aneignung von Urheberrechten, Warenzeichen, Patenten, Betriebsgeheimnissen oder anderer geistiger Eigentumsrechte Dritter
- Bedrohung der Integrität und/oder Sicherheit eines Netzwerks oder Computersystems (z. B. durch Versenden von Würmern, Viren und anderen schädlichen Codes sowie unerlaubten Zugriff auf ein Gerät oder Daten)
- Belästigen von Personen via Internet (Cyberstalking), indem Falschinformationen im Internet verbreitet werden, um den Ruf einer Person zu schädigen, oder im Namen des Opfers Bestellungen aufgegeben oder in Foren Beiträge veröffentlicht werden

Beachten Sie im Zusammenhang mit der elektronischen Post auch folgende Punkte:

- Gehen Sie nicht davon aus, dass nur Sie Ihre E-Mails lesen können.
- Halten Sie sich an Hierarchieebenen. Schicken Sie E-Mails nicht direkt an den obersten Chef, nur weil dies möglich ist.
- Seien Sie professionell und vorsichtig in Bezug darauf, was Sie über andere schreiben. E-Mails können leicht weitergeleitet werden.
- Es wird als unhöflich angesehen, persönliche E-Mails ohne Zustimmung des Absenders oder der Absenderin weiterzugeben.
- Auch wenn Sie nur einen Anhang verschicken, ist neben dem Betreff ein kurzer Mailtext angebracht.

2.7.4 Verhalten in sozialen Netzwerken (Social Media)

Sorgen Sie für eine nachhaltige, positive Präsenz: Jeder von Ihnen veröffentlichte Artikel, jeder Blogbeitrag, jedes Foto oder Video kann eine Auswirkung auf Ihren Ruf haben – positiv wie negativ. Wer sich im Umgang mit persönlichen Daten über das eigene Tun und Handeln bewusst ist, kann die Vorteile der sozialen Netzwerke durchaus sinnvoll für sich und die eigene Onlineidentität einsetzen. Heute gehört es in vielen Personalabteilungen zum inoffiziellen Standardprozedere, Bewerbende zu googeln.

Das, was im Internet über die eigene Person gefunden werden kann, sollte in sich schlüssig sein. Da dies bei umfangreicheren Aktivitäten im Netz schwierig ist, sollte man überall dort einen Nickname verwenden, wo es nicht wichtig ist, mit dem eigenen Namen aufzutreten, z. B. in Foren usw.

Tritt man in mehreren Social Networks bzw. Onlinediensten mit der eigenen Identität auf, so sollte darauf geachtet werden, dass über alle Profile hinweg ein stimmiges Image entsteht, mit dem man sich auch in seiner Berufswelt identifizieren kann. Wer in diversen sozialen Netzwerken als «durchgeknallter Provokateur» auftritt, dem wird seine Selbstdarstellung als ernsthafter und verantwortungsbewusster Mensch in Businessnetzwerken wie LinkedIn nicht abgenommen. Jede Äusserung im Netz sollte deshalb überprüft werden, denn das Internet vergisst nicht: Alles, was gepostet oder geuploadet wurde, jeden Forenbeitrag bewahrt es im Gedächtnis. So kann es sich zur tickenden Zeitbombe für die Karriere entwickeln, sobald die Daten den Erwartungen der beruflichen Umgebung widersprechen.

Ein Selbsttest in den Suchmaschinen schützt vor solchen Überraschungen im Bewerbungsgespräch und ermöglicht die Vorbereitung einer sinnvollen Erklärung. Ist eine namensgleiche Person im Internet präsent, sollte, bei einem entsprechend negativem Auftreten dieser Person, in den Bewerbungsunterlagen distanzierend darauf aufmerksam gemacht werden.

Wer bei sozialen Netzwerken wie Facebook jeden Kontaktversuch von aussen unbedacht annimmt, liefert sich dem Risiko aus, persönliche, nicht für die allgemeine Öffentlichkeit vorgesehene Daten auch Usern zugänglich zu machen, die diese eventuell missbrauchen. Deshalb sollte jeder neue Kontakt gecheckt und gegebenenfalls auch abgelehnt werden. Das Problem des Datenmissbrauchs ist bei beruflichen Netzwerken geringer, da hier in der Regel nur Daten stehen, die ohnehin für die Öffentlichkeit gedacht sind.

www.facebook.com	ist eine Website zur Bildung und Unterhaltung sozialer Netzwerke.
www.xing.com	ist eine Website, in der natürliche Personen vorrangig ihre geschäftlichen (aber auch privaten) Kontakte zu anderen Personen verwalten können.

2.7.5 Der Blog

Auf einer Website einsehbare Tagebücher, Sachverhalte oder Gedanken können in einem Blog (oder Weblog) veröffentlicht werden. Die Beiträge sind in der Regel chronologisch sortiert; Leserinnen und Leser können diese kommentieren oder diskutieren und auch Links zu ähnlichen Websites, Bildern oder Blogs einfügen. Unternehmen nutzen Blogs für den Dialog mit den Kunden; sie können so kostengünstig auf neue Produkte hinweisen und erfahren Kundenwünsche, Lob und Kritik. Blogs werden von Menschenrechtlern verwendet, um unzensierte Berichte über die politische und soziale Lage zu veröffentlichen. Während Wahlen benutzen Politiker Blogs als Werbemittel; auch Twitter kann als eine Form des Blogs bezeichnet werden und wird in diesen Kreisen rege eingesetzt.

Vlogs sind Video-Blogs, welche eigene Videobilder zeigen. Enthält das Video noch zusätzliche geografische Angaben wie Längen- und Breitengrade, spricht man auch von einem Geovlog.

Blogs lesen und durchsuchen

Blogs können mit einer Suchmaschine oder in Blogverzeichnissen gefunden werden. Google Alerts ist ein nützlicher Dienst, welcher über neue Artikel zu einem bestimmten Thema informiert.

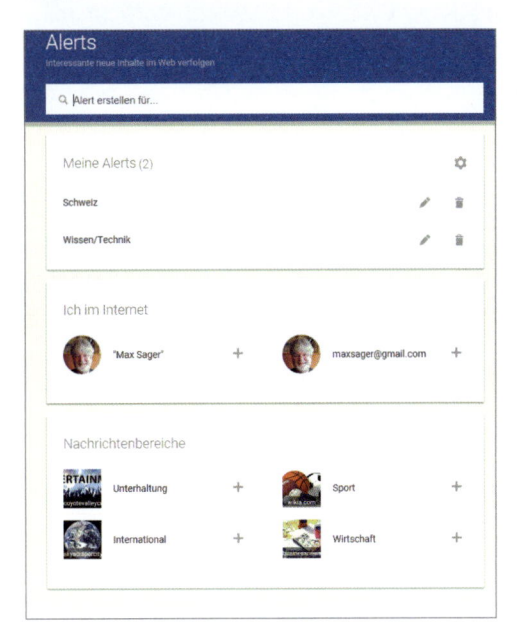

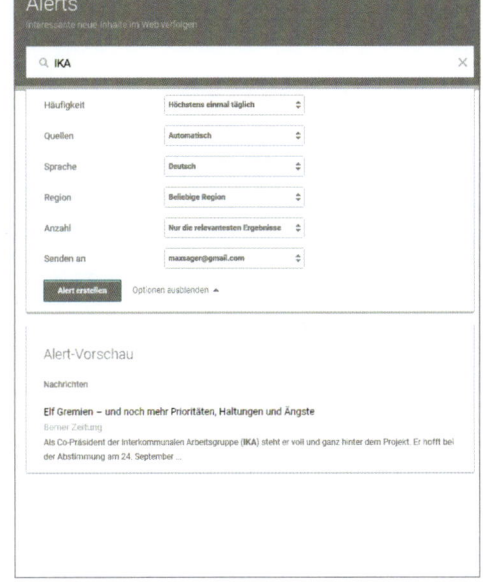

Startbildschirm Google Alerts (google.ch/alerts)

Optionen für Google

Blogeinträge erstellen

Mithilfe einer Software, wie beispielsweise Windows Share Point, kann ein Blog eingerichtet werden. Der Blog ist eine Website, welche Listen der Blogbeiträge anderer Blogs und Bibliotheken (z.B. für Bilder) umfasst. Auch Berechtigungen, Design, Kategorien usw. müssen eingerichtet und angepasst werden.

Die Blogeinträge sollen lesefreundlich und sprachlich korrekt verfasst sein. Vermeiden Sie doppelte Inhalte, denn Google erkennt kopierte Texte und kann diese in den Suchmaschinenergebnissen zurückstufen oder entfernen. Achten Sie darauf, dass Ihr Beitrag einen Mehrwert darstellt und auch im Zusammenhang mit dem Thema steht.

Sachmittel der Telematik erleichtern den Informationsaustausch

Aufgabe 14 Besorgen Sie sich im Internet Informationen zu folgenden Fragen:

1. Internetplattformen zur Bildung von sozialen Netzwerken wie Facebook oder MySpace ermöglichen es, kostenlose Benutzerprofile mit Fotos, Videos, Blogs, Gruppen anzulegen. Welche Gefahr besteht bei der Nutzung solcher Web-2.0-Dienste?

2. Blogs – im Internet geführte öffentliche Tagebücher – sind sehr beliebt, sind sie doch ein einfach zu handhabendes Medium zur Darstellung von Aspekten des eigenen Lebens und auch von Meinungen zu spezifischen Themen. Was sollten Sie beim Verfassen von Blogeinträgen beachten?

3. In Wikis kann sich jeder mit eigenen Artikeln zu Themen – über die man natürlich Bescheid wissen muss – beteiligen. Der grösste Vertreter ist Wikipedia, eine freie Enzyklopädie im Internet. Wie kann in Wikis die Verlässlichkeit und Qualität des Inhalts sichergestellt werden?

4. Immer mehr Cyberkonsumenten und -konsumentinnen nehmen an Internetauktionen teil. Den Betreibern dieser Webseiten müssen in der Regel Name und Postadresse mitgeteilt werden, um an der Auktion teilnehmen zu können. Die Betreiber können, müssen aber nicht die Angaben überprüfen. Aus diesem Grund bieten immer wieder betrügerische Verkäufer ein Produkt an, der Käufer ersteigert es, zahlt, und prompt verschwindet der Anbieter spurlos aus der Cyberworld. Welche Vorsichtsmassnahmen beachten Sie, wenn Sie an einer Internetauktion teilnehmen?

Aufgabe 15 Beantworten Sie folgende Fragen:

Die meisten Viren, Würmer und Trojaner werden per E-Mail verbreitet. Welche Sicherheitsmassnahmen treffen Sie darum?

_____

_____

_____

Warum ist beim Download von Software aus dem Internet Vorsicht geboten?

_____

_____

_____

Aufgabe 16

Erläutern Sie in einer kurzen PowerPoint-Präsentation, was einen guten Internetauftritt ausmacht. Punkte Ihrer Präsentation können sein:

- Vorbereitung eines Internetauftritts
- Name der Site
- Was gehört auf die Homepage (Startseite) und was auf die folgenden Webseiten?
- Sitemap (Inhaltsverzeichnis, Übersicht)
- Navigation
- Bilder
- Kontaktaufnahme via E-Mail
- Gästebuch
- Gestaltung der Seiten
- Sünden eines Webgestalters
- Gute und schlechte Beispiele aus der Praxis
- Hilfsmittel, Links, Ratgeber

Sachmittel der Telematik erleichtern den Informationsaustausch

| Aufgabe 17 | **Wahl des Kommunikationsmittels** |

Sie müssen die Leiter der Agenturen Interlaken, Thun, Bern und Solothurn zu einer dringenden, kurzfristig einberufenen Sitzung einladen. Alle Agenturen sind mit Telefon, Internet/Intranet sowie E-Mail und Fax ausgerüstet. Die Agenturbüros sind aber oft unbesetzt, da die Leiter auch Kunden besuchen müssen. Ihr Standort ist Olten, und die Sitzung findet in drei Tagen in Bern statt.

Bitte wählen Sie das zweckmässigste Kommunikationsmittel für die Sitzungseinladung. Begründen Sie auch, weshalb Sie sich nicht für die anderen Möglichkeiten entschieden haben.

Ihre Wahl:
☐ Brief ☐ Internet/Intranet ☐ E-Mail ☐ Fax ☐ Telefon/Handy

Ihre Begründungen:

Brief _____

_____

_____

Internet/Intranet _____

_____

_____

E-Mail _____

_____

_____

Fax _____

_____

_____

Telefon/Handy _____

_____

_____

Mit Outlook Mails, Kontakte und Kalender verwalten

3

Mit Outlook Mails, Kontakte und Kalender verwalten

3.1 Einführung für die Lehrperson

Register	**Datei**
Befehl	Öffnen und Exportieren
Befehl	Outlook-Datendatei öffnen

Outlook-Datendatei öffnen

Dieses Kapitel zeigt die wichtigsten Funktionen von Outlook anhand eines durchgehenden Beispiels. Bei der Arbeit mit Outlook ist entscheidend, dass die Lernenden über ein eigenes Mailkonto verfügen und Kontakte (z. B. die Klassenkameraden) erfassen und damit arbeiten. Sofern die Lernenden im Unterricht immer wieder über das gleiche persönliche Profil verfügen und mit ihrer persönlichen Outlook-Oberfläche arbeiten, sollten sich im Unterricht keine Probleme ergeben. Jeder Lernende hat dann sein persönliches Outlook. Outlook speichert die aktuellen Daten (Kalender, E-Mails usw.) in der Datei Outlook.pst im persönlichen Profil. Sie können erkennen, wo Ihre Daten gespeichert werden, indem Sie im Register **Datei > Öffnen und Exportieren > Outlook-Datendatei öffnen** wählen:

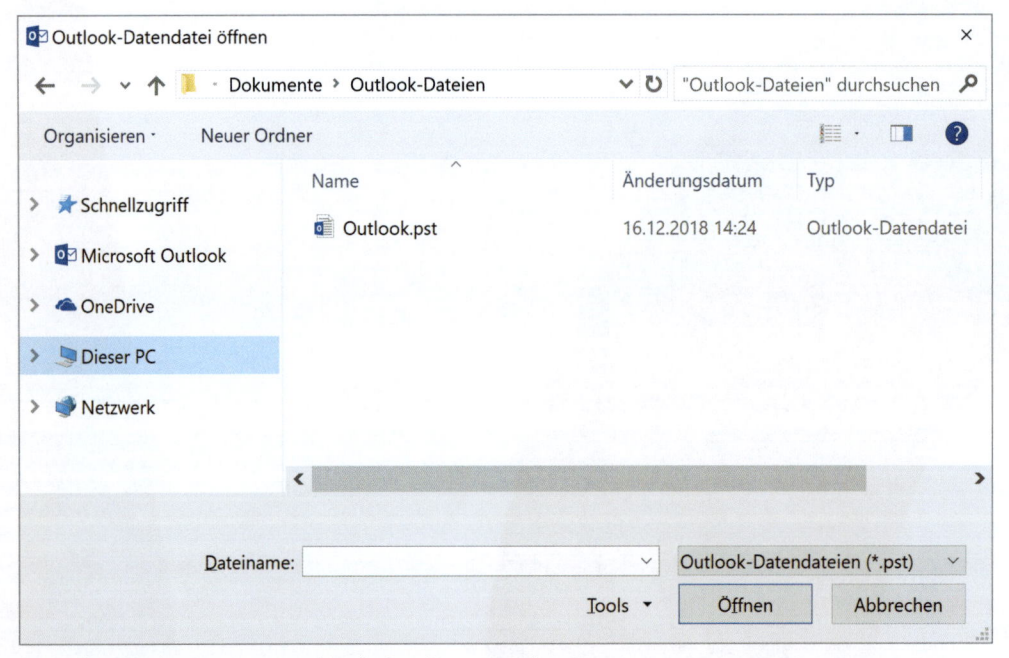

Outlook-Datendateien – wo werden die Dateien gespeichert?

Die Clients in Unterrichtsräumen sind sehr unterschiedlich eingerichtet, und es ist nicht immer so, dass die Outlook-Daten in der nächsten Lektion automatisch zur Verfügung stehen. In solchen Fällen werden die Daten z. B. auf einem Serverlaufwerk oder einem USB-Stick gesichert und bei der Fortsetzung des Unterrichts wieder eingelesen oder aktiviert.

Für Netzwerkadministratoren gibt es verschiedene Möglichkeiten, die Verwaltung von PST-Dateien einzurichten. Bevor Sie mit diesem Lehrmittel arbeiten, setzen Sie sich mit Ihrem Netzwerkadministrator in Verbindung. Er wird die entsprechenden Einrichtungen vornehmen. Eine Möglichkeit ist z. B., eine PST-Datei ins Datenverzeichnis der Lernenden zu legen und die PST-Datei von Outlook zu löschen. Sofern Outlook die PST-Datei nicht findet, wird nach der gewünschten Datei gefragt.

Wenn Sie eine leere PST-Datei benötigen, so kopieren Sie die vorhandene PST-Datei in einen andern Ordner. Beim Start von Outlook wird dann eine neue leere PST-Datei erstellt.
Da die Aufgaben individuell und je nach den gewählten Adressen verschieden gelöst werden können, haben wir auf Lösungsvorgaben verzichtet. Eine Ausnahme bildet die Aufgabe 18 auf Seite 65.

3.2 Grundlagen, Arbeitsoberfläche

3.2.1 Grundlagen

Outlook ist ein Programm, das aus verschiedenen Komponenten besteht, die Sie bei Ihrer täglichen Arbeit unterstützen. E-Mails schreiben, Termine organisieren und Adressen verwalten gehören nicht nur zu den täglichen Arbeiten im Büro – diese Tätigkeiten sind für jede Privatperson genauso wichtig und bedeutend.

Haben Sie erst einmal eine E-Mail-Adresse, so möchten Sie diese ja auch komfortabel abfragen. Dabei unterscheidet sich Outlook allerdings in der Bedienung deutlich von den anderen Office-Anwendungen. Viele PC-Anwender benutzen Outlook nicht nur zur Verwaltung ihrer E-Mail-Adressen – Outlook dient oft als persönlicher Assistent für die Kommunikation.

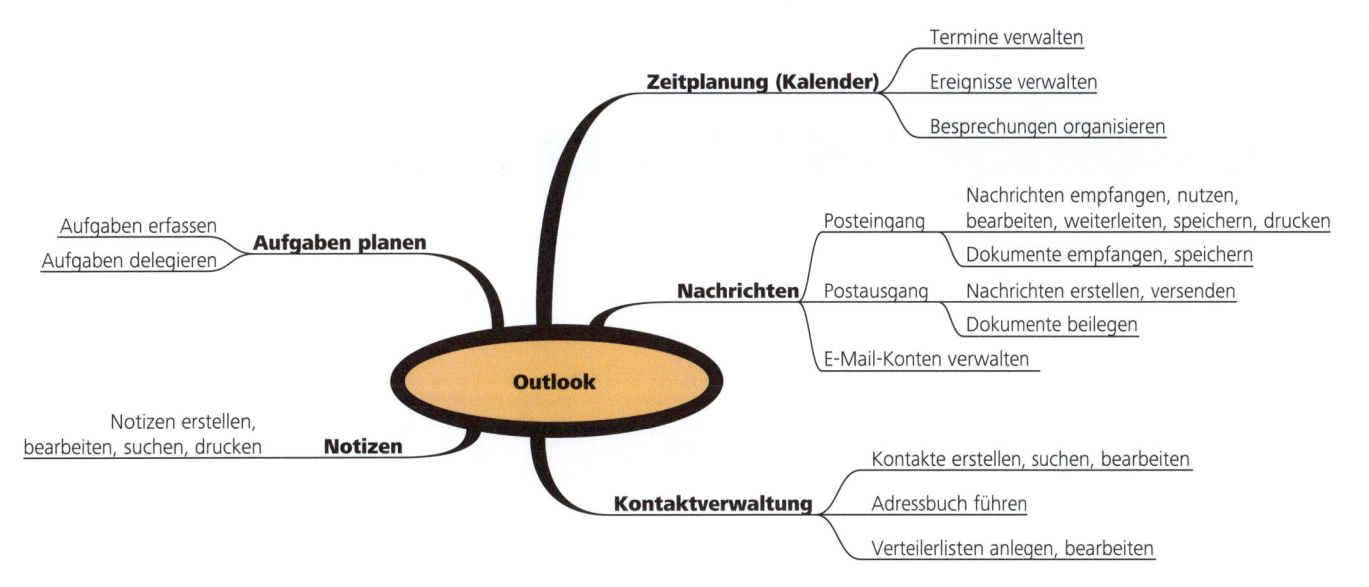

Outlook

- **Zeitplanung (Kalender)**
  - Termine verwalten
  - Ereignisse verwalten
  - Besprechungen organisieren
- **Aufgaben planen**
  - Aufgaben erfassen
  - Aufgaben delegieren
- **Nachrichten**
  - Posteingang: Nachrichten empfangen, nutzen, bearbeiten, weiterleiten, speichern, drucken; Dokumente empfangen, speichern
  - Postausgang: Nachrichten erstellen, versenden; Dokumente beilegen
  - E-Mail-Konten verwalten
- **Notizen**
  - Notizen erstellen, bearbeiten, suchen, drucken
- **Kontaktverwaltung**
  - Kontakte erstellen, suchen, bearbeiten
  - Adressbuch führen
  - Verteilerlisten anlegen, bearbeiten

Funktionen

Outlook dient nicht nur zur Verwaltung von E-Mails, sondern ist gleichzeitig ein **Organizer**. Oft nennt man Programme wie Outlook auch PIM – **Personal Information Manager**. Mit Outlook verwalten Sie Ihre Termine, führen Ihre Geburtstagsliste, tragen Ihre noch zu erledigenden Aufgaben ein, oder Sie verwalten im Outlook Ihre Notizen. Mit anderen Mitarbeitern synchronisieren Sie Ihre Termine im Netzwerk, oder Sie gleichen Ihren PC mit Ihrem Smartphone ab.

Viele Möglichkeiten von Outlook kommen allerdings erst beim Einsatz eines **Mailservers,** z. B. eines Microsoft-Exchange-Servers, zum Tragen. Der Microsoft-Exchange-Server unterstützt zahlreiche Aktivitäten für den Informationsaustausch zwischen Mitarbeitern. Dazu gehören unter anderem Zeitplanungsfunktionen für Gruppen, Diskussionsgruppen und Teamordner. Mit integrierten Funktionen zum Indizieren und Suchen nach Inhalten können die Benutzer Daten einfach und schnell suchen und gemeinsam nutzen. Arbeiten Sie im Büro und zu Hause mit Outlook, können Sie mit einem Exchange-Server Ihre Daten problemlos synchronisieren.

Wir verzichten in diesem Lehrmittel auf die Möglichkeiten von Outlook beim Einsatz eines Exchange-Servers, weil es den Rahmen der IKA-Ausbildung sprengen würde. Seien Sie sich aber bewusst, dass Outlook gelegentlich anders bedient werden muss, wenn ein Exchange-Server installiert ist, und auch Registereinträge sich in diesem Fall ändern können.

Mit Outlook Mails, Kontakte und Kalender verwalten

Outlook starten

Programmsymbol Outlook

Mit der Installation von Office wird in der Regel ein Verknüpfungssymbol von Outlook auf dem Desktop angezeigt. Ein Doppelklick auf dieses Symbol startet das Programm. Selbstverständlich können Sie das Programm auch wie gewohnt durch Klick auf die Schaltfläche **Start** aufrufen.

Sofern Sie Outlook auf einem Einzelrechner zum ersten Mal starten, erscheint automatisch der Outlook-Start-Assistent. Sie können in diesem Fall ein E-Mail-Konto konfigurieren (siehe Kapitel 3.4.3.). Sollten mehrere Benutzerprofile auf Ihrem PC eingerichtet sein, weil der PC von verschiedenen Benutzern verwendet wird, müssen Sie zusätzlich Ihren Profilnamen und Ihr Kennwort eingeben. Sofern Ihnen diese Angaben nicht bekannt sind, fragen Sie den Administrator Ihres PC. Selbstverständlich können Sie später auch weitere E-Mail-Konten im Outlook hinzufügen.

3.2.2 Die Arbeitsoberfläche

Die Arbeitsoberfläche von Outlook kann sich während Ihrer Arbeit ganz nach den individuell gewählten Einstellungen verändern.

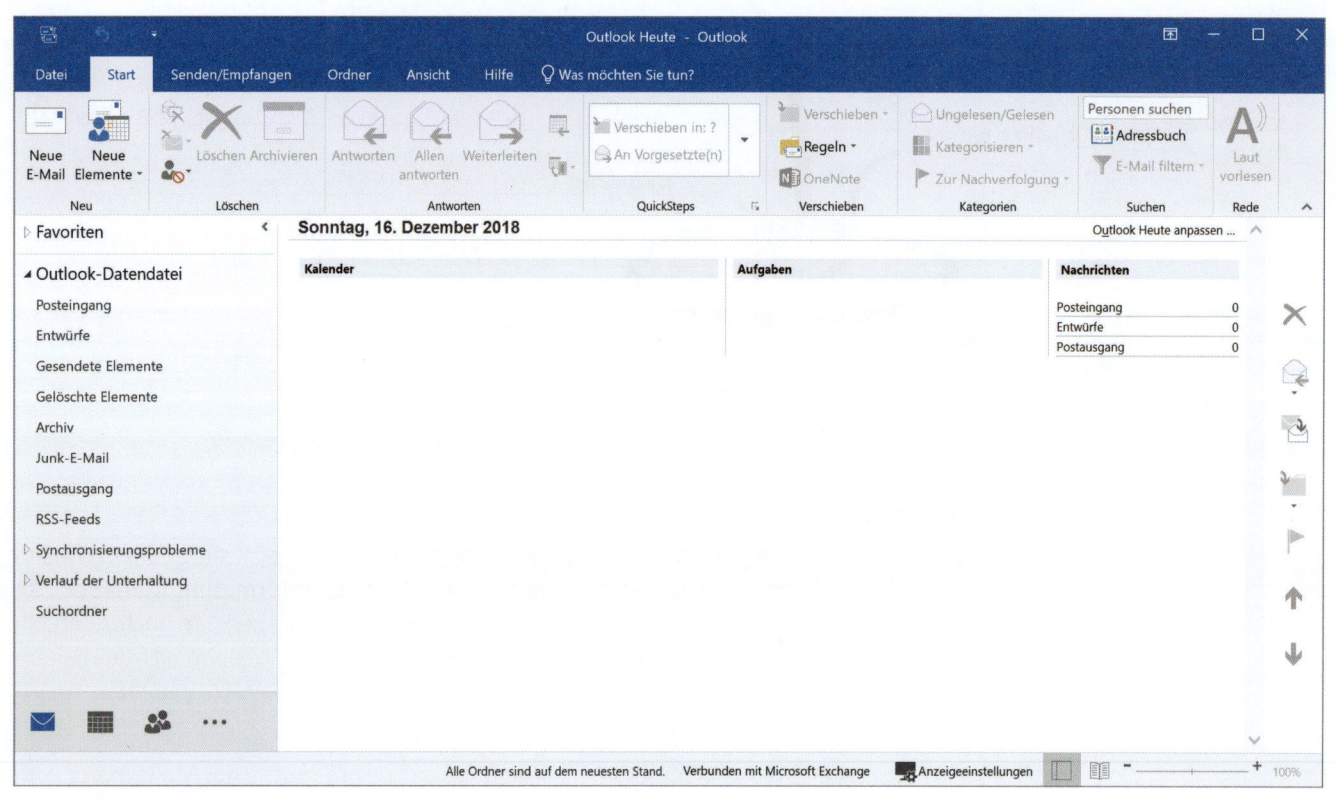

Arbeitsoberfläche von Outlook, Ansicht **Outlook Heute**

Grundlagen, Arbeitsoberfläche

Outlook Posteingang

Nach dem Programmstart öffnet sich in der Regel der Posteingang. Ihr Outlook-Fenster sieht etwa so aus:

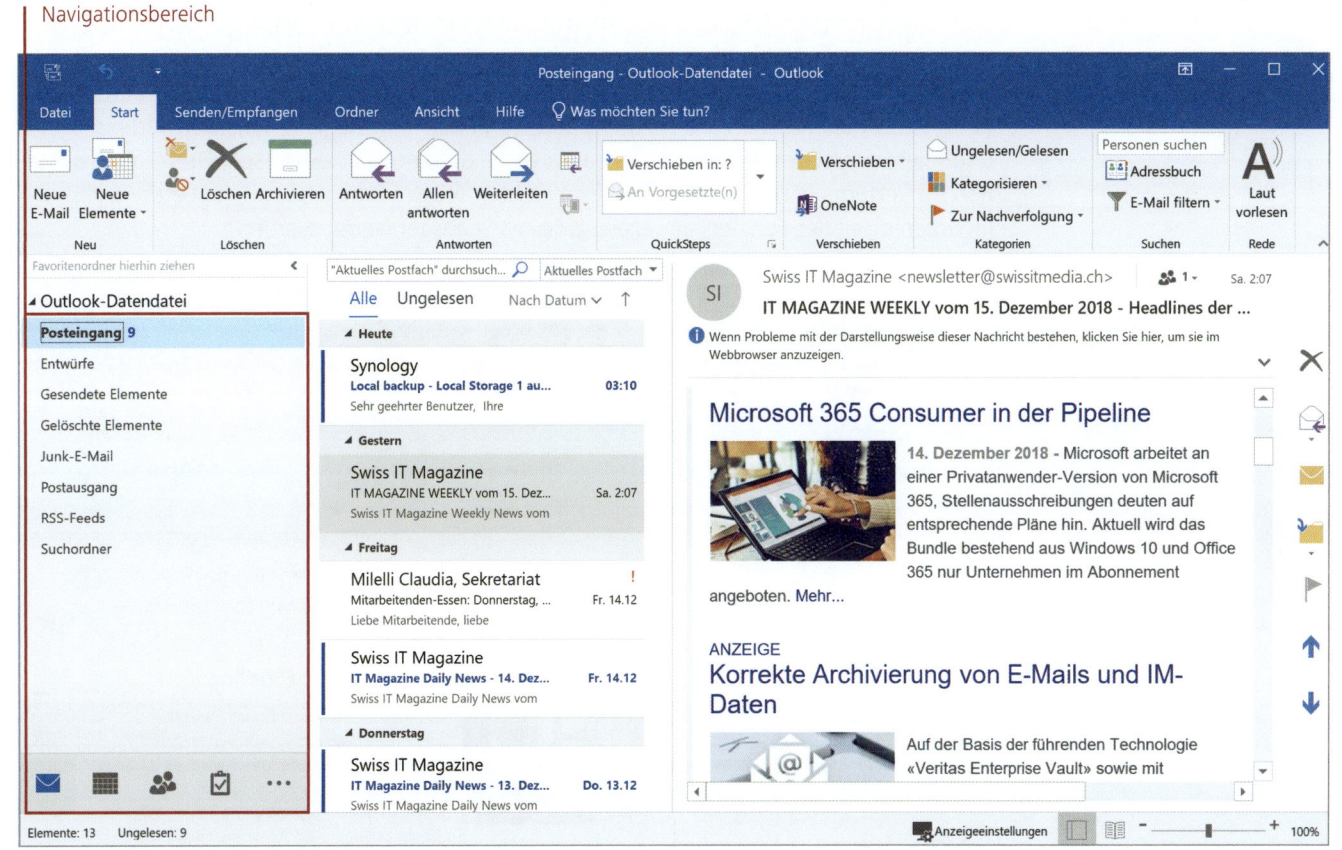

Bildschirm Outlook Posteingang

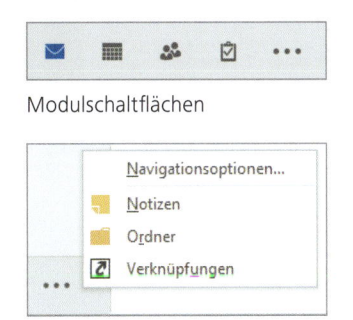

Modulschaltflächen

Schaltflächen konfigurieren

Navigationsbereich

Unterhalb des Navigationsbereichs sehen Sie grosse Schaltflächen (**Modulschaltflächen**) zum Wechseln zwischen den wichtigsten Outlook-Modulen E-Mail, Kalender, Personen und Aufgaben. Durch Anklicken der Schaltfläche **Schaltflächen konfigurieren** können Sie weitere Schaltflächen wie Notizen, Ordnerlisten und Verknüpfungen sichtbar machen. Outlook speichert alle Informationen in Ordnern, ähnlich der Verwaltungstechnik von Windows. Die Ordner wiederum sind in den verschiedenen Modulen zusammengefasst (E-Mail, Kalender, Personen, Aufgaben).

Lesebereich

Beim Anklicken bestimmter Ordner öffnet sich automatisch der Lesebereich.

Der Lesebereich wird standardmässig im rechten Teil des Anwendungsfensters angezeigt. Er zeigt die wichtigsten Angaben (Betreff, Absender, Empfänger) einer E-Mail-Nachricht. Zudem sehen Sie den gesamten Nachrichtentext. Sie können das Fenster der einzelnen Bereiche ganz einfach mit der Maustaste verändern, indem Sie mit dem Mauszeiger auf den Fensterrand fahren und durch Ziehen die Fenstergrösse verändern. Im Register **Ansicht** bestimmen Sie unter **Lesebereich** zudem, wo dieser auf dem Bildschirm erscheinen soll. Drei Optionen stehen zur Verfügung: neben der Anzeige im rechten Teil des Fensters kann der Lesebereich auch im unteren Teil des Fensters angezeigt oder ganz ausgeblendet werden.

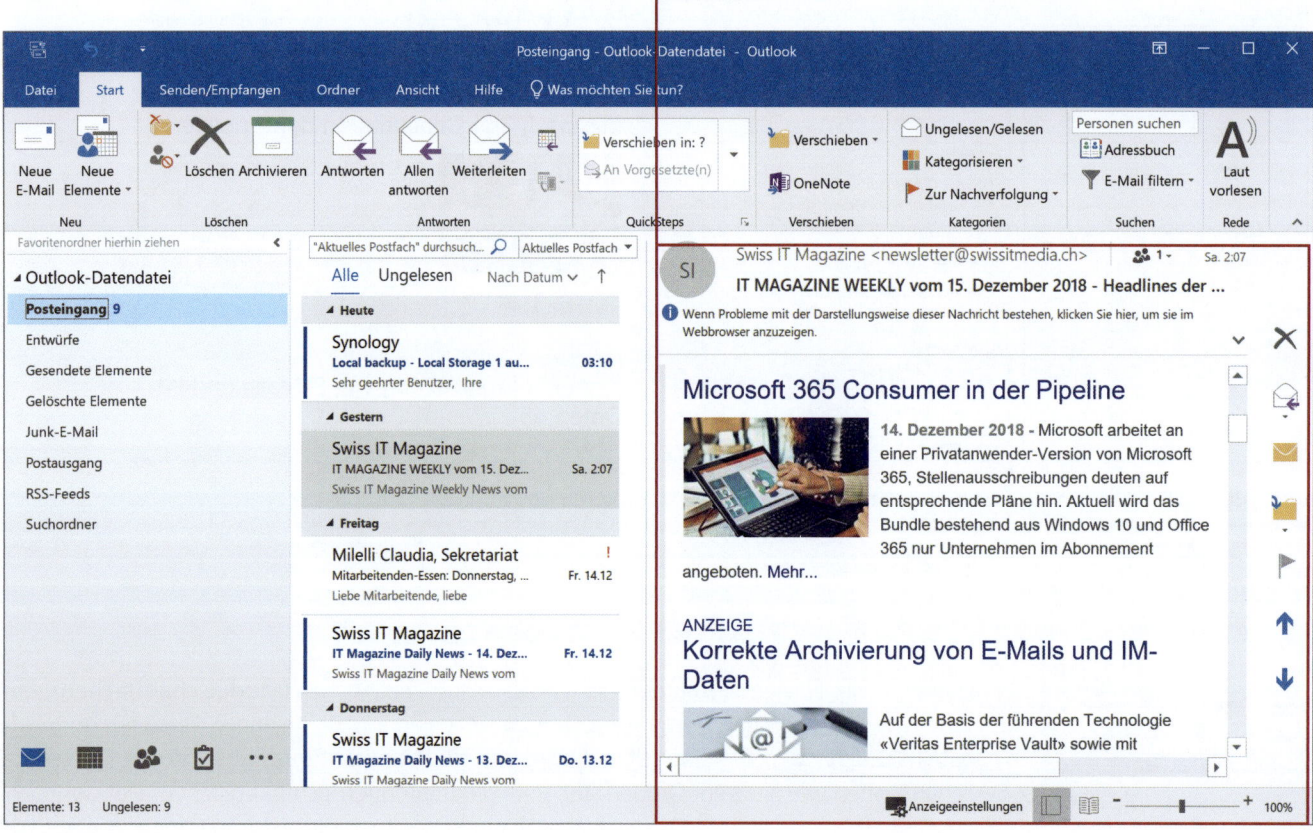

Der Lesebereich

Grundlagen, Arbeitsoberfläche

Aufgabe 18

Beantworten Sie folgende Fragen:

Aus welchen zwei Bereichen besteht die Outlook-Oberfläche?

_____

_____

_____

Welche Module kennt Outlook?

_____

_____

_____

_____

_____

Wo können Sie den Lesebereich auf dem Bildschirm platzieren?

_____

_____

_____

_____

3.3 Personen (Kontakte)

Zur Eingabe und Verwaltung von Kontakten klicken Sie im Navigationsbereich die Modulschaltfläche **Personen** an. Standardmässig ist dann der Ordner **Kontakte** aktiviert. Sie können selbstverständlich auch mehrere Kontaktordner erstellen.

3.3.1 Neue Kontakte anlegen

Unter dem Titel **Meine Kontakte** steht der Eintrag **Kontakte**. Sie legen einen neuen Kontakt an, indem Sie auf die Schaltfläche **Neuer Kontakt** klicken. Es öffnet sich das Kontaktformular mit dem Titel **Unbenannt – Kontakt**.

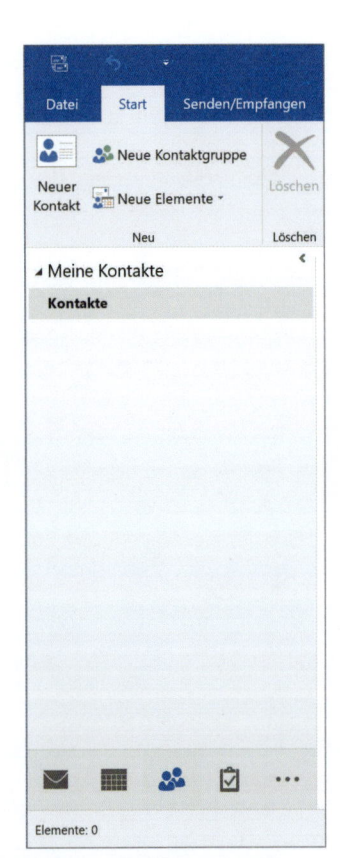

Im folgenden Kontaktformular zu Karl Muster wurden bereits einige Angaben eingetragen. Sie sehen, dass das Formular aus fünf Abschnitten besteht: Name, Internet, Telefonnummern, Adressen und Notizen. Wichtig für Ihre Arbeit sind zudem im Menüband in der Gruppe **Anzeigen** neben der Anzeige **Allgemein** vor allem die Anzeige **Details**.

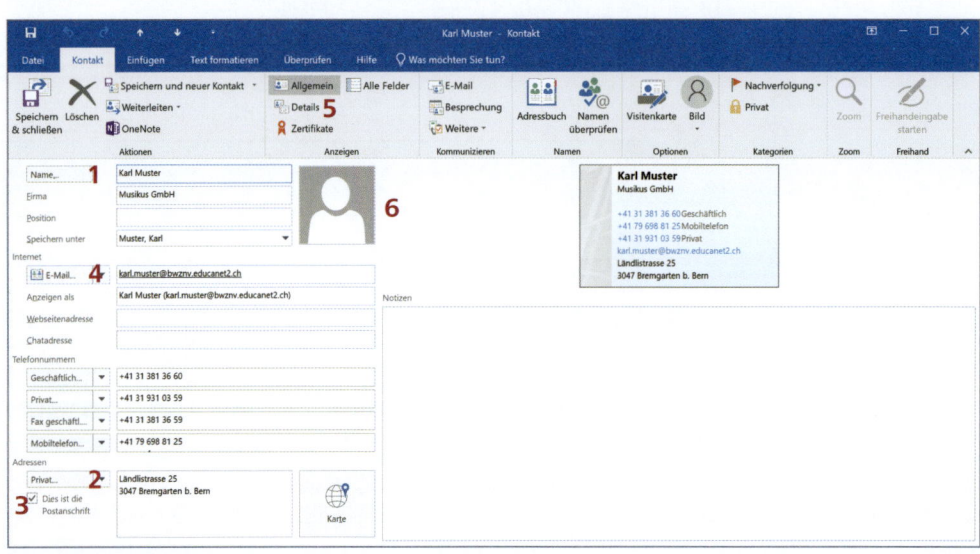

Navigationsleiste **Personen**

Kontaktformular

Tipp
Mit der Tastenkombination **Ctrl+Shift+C** können Sie das Kontaktfenster rasch aufrufen.

1 Wenn Sie die Schaltflächen anklicken, z. B. **Name…**, öffnet sich ein weiteres Dialogfeld, das Ihnen die Dateneingabe erleichtert.

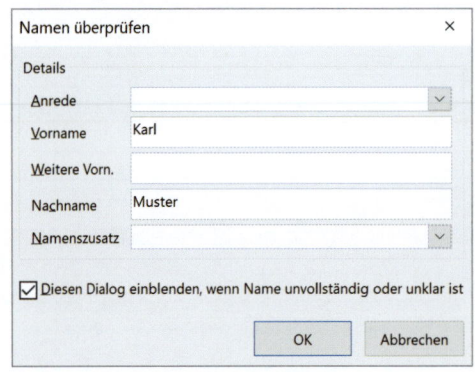

Dialogfeld zur einfachen Dateneingabe

Personen (Kontakte)

2 Über die Pfeilschaltflächen können Sie aus einem grossen Angebot weitere Eintragungen auswählen. Zum Beispiel können Sie unter dem Stichwort **Adressen** die Geschäftsadresse, die Privatadresse und eine weitere Adresse für einen Kontakt angeben.

3 Wenn Sie mehrere Adressen eingeben, setzen Sie ein Häkchen bei derjenigen Adresse, welche für die Postanschrift gilt.

4 In einem Kontakt lassen sich bis zu drei E-Mail-Adressen einfügen.

Register	**Kontakt**
Gruppe	Anzeigen
Befehl	Details

Details zu Kontakt anzeigen und bearbeiten

5 In der Anzeige **Details** können Sie weitere Eintragungen zum entsprechenden Kontakt vornehmen, wie z. B. die Abteilung, die Berufsbezeichnung, die Anrede.

Ein Eintrag unter dem Stichwort «Geburtstag» ergibt automatisch einen Eintrag im Terminkalender als wiederkehrendes Ereignis (ganzjähriger Termin).

Partner/in	Elisa
Geburtstag	Do. 22.04.1954
Jahrestag	Ohne

Ein Geburtstagseintrag im Kontakt führt zu automatischem Eintrag im Kalender:

◄ ► **22. Apr**   Kalender (Nur dieser Comput... 🔍

FREITAG
22
Geburtstag von Karl Muster

08

6 Einem Kontoeintrag können Sie ein Bild hinzufügen. Klicken Sie dazu im Kontaktformular auf das Bildsymbol und wählen Sie im gewünschten Ordner das entsprechende Bild aus. Klicken Sie mit der rechten Maustaste auf das Bild, können Sie es wieder löschen.

Nach der Eingabe der Daten ins Kontaktformular drücken Sie auf **Speichern & schliessen** oder Sie verwenden die Tastenkombination **Ctrl+S.** Der eingegebene Kontakt wird sofort als Adresskarte angezeigt.

Mit Outlook Mails, Kontakte und Kalender verwalten

Aufgabe 19

Erfassen Sie die Adressen Ihrer Klassenmitglieder. Füllen Sie die Formularfelder so weit als möglich aus, mindestens jedoch die Felder **Vorname, Nachname, Telefonnummer privat, Privatadresse, E-Mail-Adresse.** Wenn möglich, füllen Sie auch die Felder **Firma, Geschäftsadresse, geschäftliche Telefonnummer** und **Geburtsdatum** aus. Als Postanschrift wählen Sie die Privatadresse. Jeder Kontakt sollte unbedingt über eine E-Mail-Adresse verfügen, damit Sie mit den Kontaktadressen sinnvolle E-Mail-Übungen durchführen können. Sofern ein Klassenmitglied noch nicht über eine E-Mail-Adresse verfügt, können Sie bei vielen Anbietern (z. B. gmx.ch, gmx.net, bluewin.ch) gratis eine E-Mail-Adresse einrichten.

Übrigens: Es schadet nichts, wenn man über zwei oder drei E-Mail-Adressen verfügt.

Nach dem Erfassen der Adressen sollte der Bildschirm **Kontakte** im Arbeitsbereich etwa so aussehen:

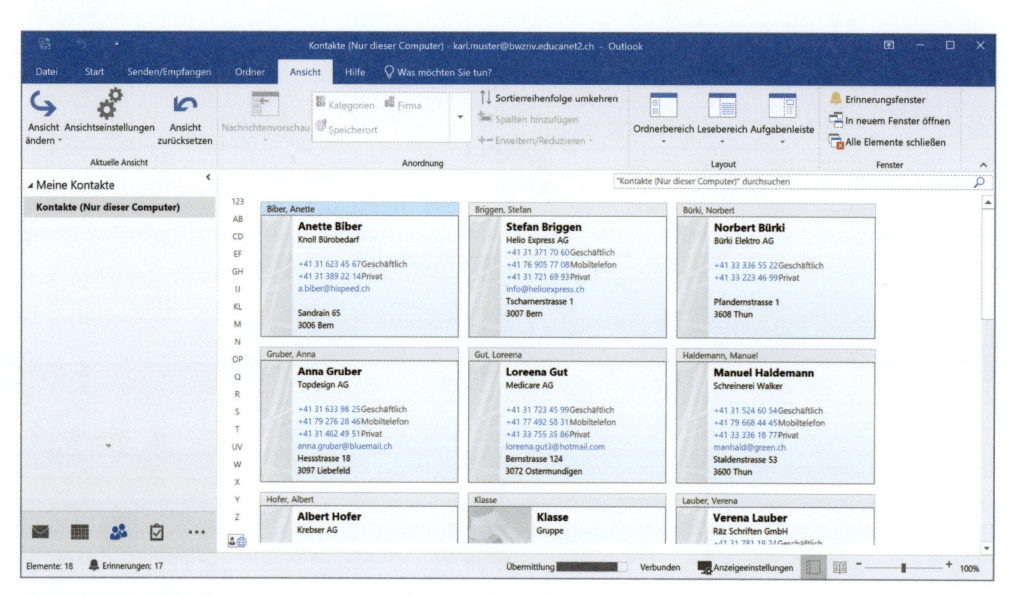

Eingetragene Kontakte

Personen (Kontakte)

3.3.2 Kontakte in Listen anzeigen

Die Kontakte lassen sich in Outlook auf vielfältige Weise darstellen. Es stehen Ihnen verschiedene Ansichten zur Verfügung. Listen können den eigenen Bedürfnissen angepasst oder neu erstellt und ausgedruckt werden.

Zwischen Listen- und Visitenkartenansicht wechseln

In der Standardansicht werden im Adressbereich die Kontakte in Form von Visitenkarten angezeigt. Ist dies nicht der Fall, klicken Sie im Register **Ansicht** unter **Aktuelle Ansicht** > **Ansicht ändern** auf **Visitenkarten**. Ändern Sie nun die Ansicht folgendermassen: Wählen Sie statt der Ansicht **Visitenkarte** die Ansicht **Liste**. Die Ansicht im Adressbereich ändert sich. Sie sehen nun die Einträge in einer Listenansicht. Alle Kontakte erscheinen nach Unternehmen geordnet. Mehrere Kontaktpersonen innerhalb desselben Unternehmens werden gruppiert. In unserem Beispiel sieht die Auflistung nun so aus:

Register	**Ansicht**
Gruppe	**Aktuelle Ansicht**
Befehl	**Ansicht ändern**

Die aktuelle Ansicht in eine andere Ansicht ändern

Tipp
Die Breite der Spalten können Sie verändern, indem Sie bei gedrückter Maustaste die senkrechten Spaltentrenner verschieben.

Gewünschte Ansicht wählen

Listenansicht der eingetragenen Kontakte, nach Unternehmen geordnet

Mit Outlook Mails, Kontakte und Kalender verwalten

Listen den eigenen Bedürfnissen anpassen

Die Flexibilität von Outlook zeigt sich, wenn Listen den eigenen Bedürfnissen angepasst werden sollen. Wählen Sie nun statt der Ansicht **Liste** die Ansicht **Telefon**.

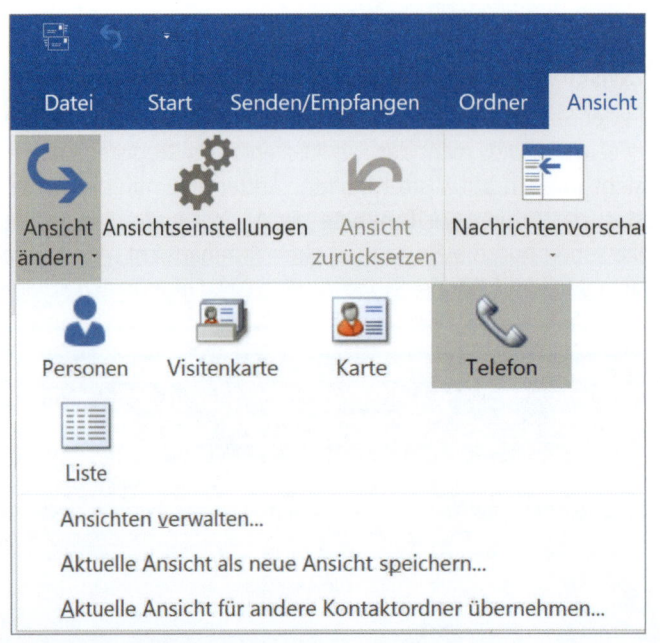

Gewünschte Ansicht wählen

In unserem Beispiel sieht nun die Liste so aus:

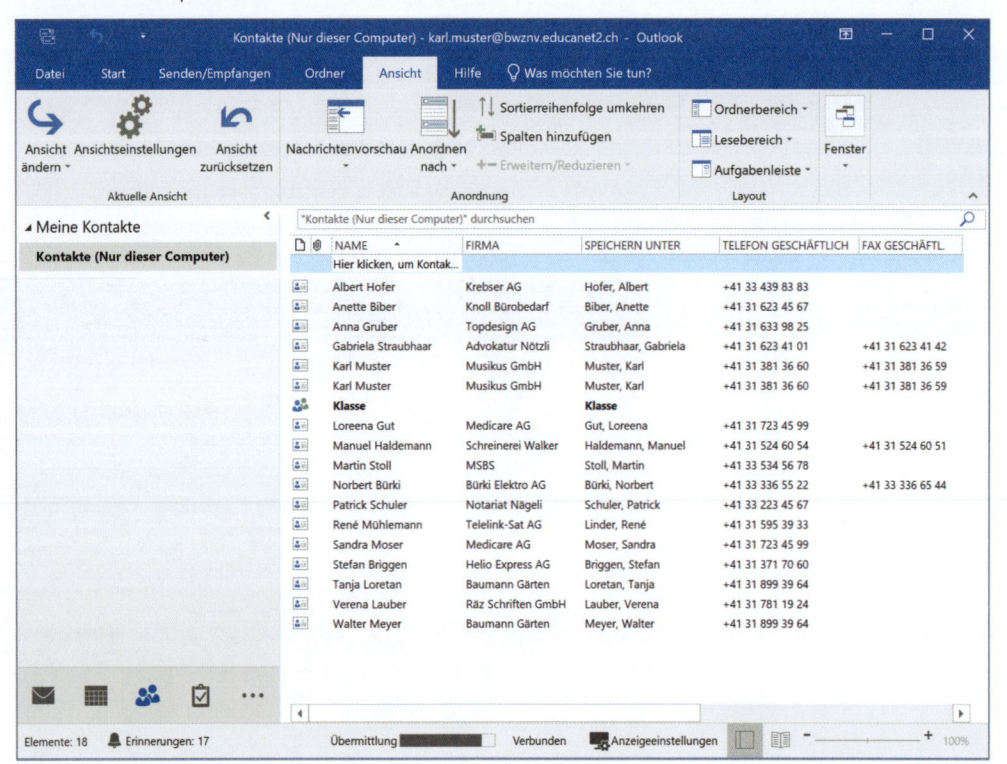

Optionen zu einer Spalte

Ansicht Telefonliste

Sie sehen, dass die Namen zweimal erscheinen: einmal unter dem Titel **Name** und einmal unter dem Titel **Speichern unter**. Zudem sind verschiedene Felder vorhanden, die Sie wahrscheinlich in einer Telefonliste gar nicht benötigen. Nehmen wir an, Sie möchten nun von Ihren Klassenkameraden eine Liste, die nur den Namen, die private Telefonnummer, die geschäftliche Telefonnummer und die Handynummer enthält. Das können Sie einfach erzielen. Klicken Sie mit der rechten Maustaste in die Spaltenüberschrift **Firma**. Auf dem Bildschirm erscheint eine Reihe von Optionen. Wählen Sie nun **Diese Spalte entfernen**. Wiederholen Sie diesen Vorgang mit allen Spalten, die Sie für Ihre Telefonliste nicht benötigen. Ihre Telefonliste sieht nun etwa so aus:

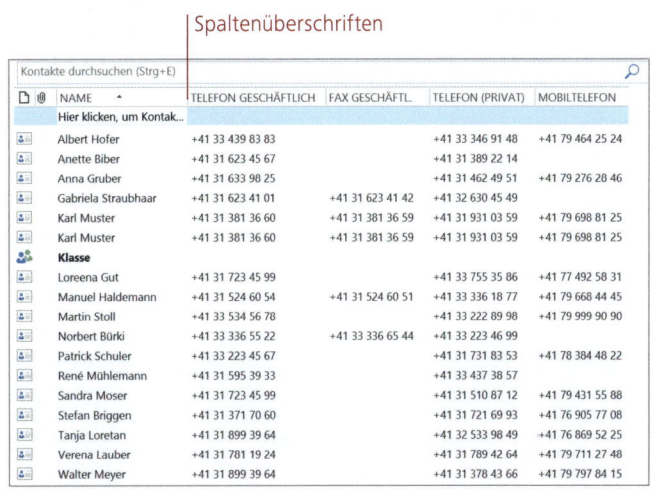

Telefonliste mit reduzierter Spaltenanzahl

Sie können die Liste mit einem Klick auf die linke Maustaste in der Spaltenüberschrift einfach sortieren. Mit einem Klick auf die rechte Maustaste in der Spaltenüberschrift können Sie weitere Einstellungen vornehmen oder Felder wieder sichtbar machen.

Register	Ansicht
Gruppe	Aktuelle Ansicht
Befehl	Ansicht ändern
Befehl	Ansichten verwalten

Alle Ansichten verwalten

Neue Listen anlegen

Das Beispiel Telefonliste hat Ihnen gezeigt, wie Sie bestehende Listen anpassen. Sie können jedoch auch neue Listen anlegen und speichern. Als Beispiel soll uns eine Geburtstagsliste dienen.

1. Klicken Sie im Register **Ansicht** auf **Aktuelle Ansicht** > **Ansicht ändern** > **Ansichten verwalten**.

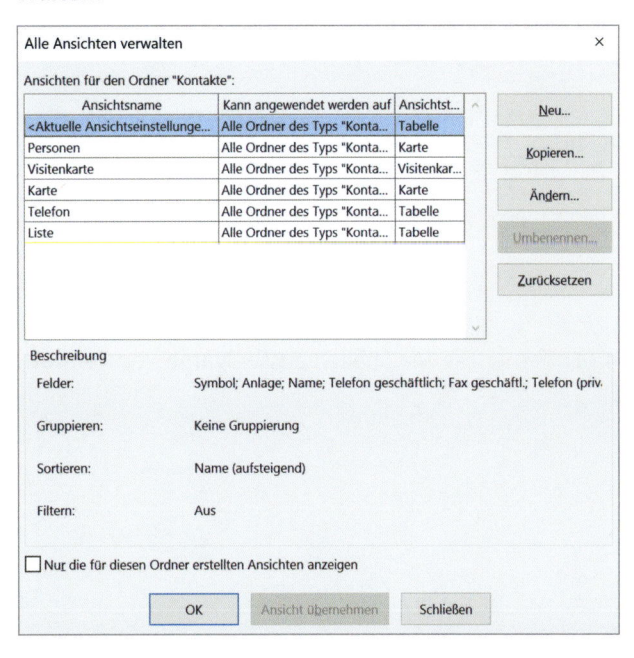

2. Klicken Sie auf **Neu** und geben Sie unter **Name der neuen Ansicht** den Begriff «Geburtstagsliste» ein. Als Ansichtentyp wählen Sie Tabelle. Klicken Sie auf **OK**.

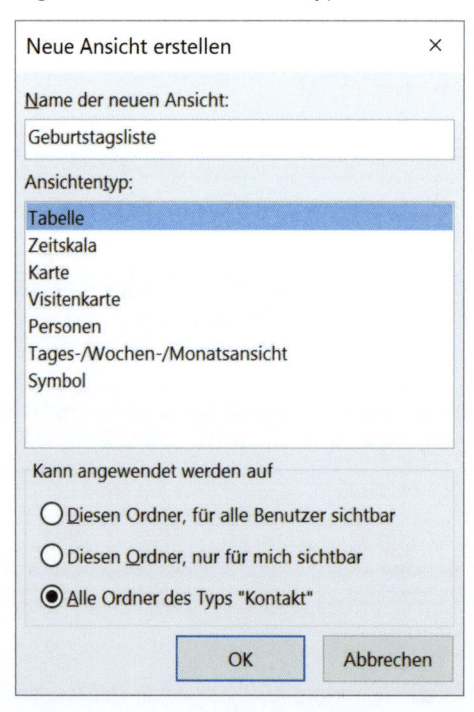

3. Es erscheint das Fenster **Erweiterte Ansichtseinstellungen: Geburtstagsliste**. Klicken Sie auf **Spalten**, um die Spalten festzulegen, die später in der Geburtstagsliste erscheinen sollen.

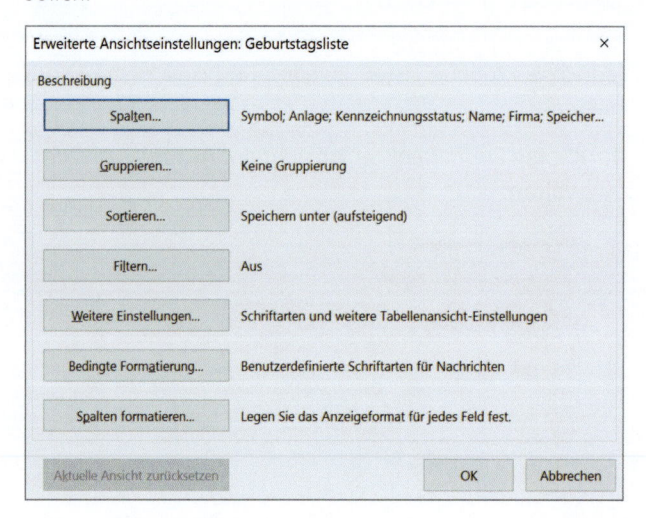

4. Entfernen Sie alle Spalten ausser **Name** und **Telefon privat**.

Personen (Kontakte)

5. Wählen Sie unter **Verfügbare Spalten auswählen** den Eintrag **Persönliche Felder** aus. Aus der Liste der verfügbaren Felder wählen Sie **Geburtstag** aus und klicken auf **Hinzufügen**. Klicken Sie dann auf **OK**.

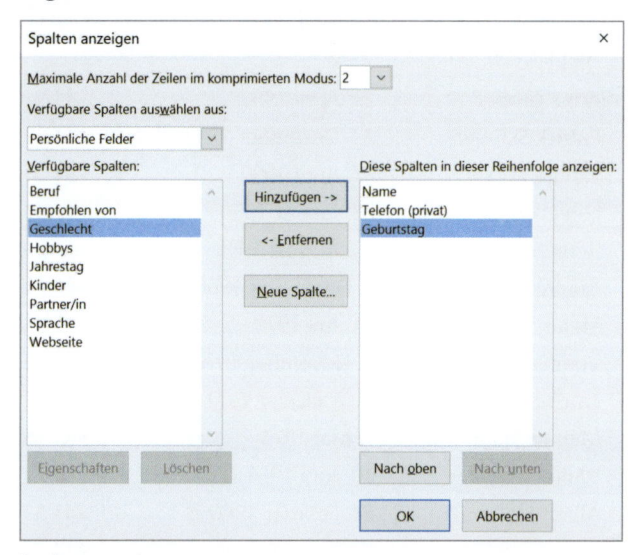

Spalten anzeigen

6. Bestätigen Sie zweimal mit **OK**.

Die neue Ansichtsmöglichkeit ist nun im Register **Start** unter **Aktuelle Ansicht** eingetragen. Mit Klick auf den Spaltentitel können Sie die Liste sortieren:

Aktuelle Ansicht

NAME	TELEFON (PRIVAT)	GEBURTSTAG
Hier klicken, um Ko...		
Anna Gruber	+41 31 462 49 51	23. April 1993
Patrick Schuler	+41 31 731 83 53	23. Dezember 1992
Sandra Moser	+41 31 510 87 12	27. April 1990
Loreena Gut	+41 33 755 35 86	28. Januar 1989
René Mühlemann	+41 33 437 38 57	30. August 1985
Anette Biber	+41 31 389 22 14	6. Dezember 1980
Stefan Briggen	+41 31 721 69 93	24. Juli 1979
Verena Lauber	+41 31 789 42 64	1. November 1976
Tanja Loretan	+41 32 533 98 49	19. Oktober 1972
Manuel Haldemann	+41 33 336 18 77	7. Mai 1971
Walter Meyer	+41 31 378 43 66	10. Juni 1967
Albert Hofer	+41 33 346 91 48	24. Februar 1966
Norbert Bürki	+41 33 223 46 99	14. März 1963
Gabriela Straubhaar	+41 32 630 45 49	2. Mai 1955
Karl Muster	+41 31 931 03 59	22. April 1954
Karl Muster	+41 31 931 03 59	22. April 1954
Martin Stoll	+41 33 222 89 98	4. Oktober 1949

Geburtstagsliste

Mit Outlook Mails, Kontakte und Kalender verwalten

Aufgabe 20

Ergänzen Sie die Geburtstagsliste mit dem Eintrag der Mobiltelefonnummer und ändern Sie die Reihenfolge der Spalten wie vorgegeben:

NAME	GEBURTSTAG ▼	TELEFON (PRIVAT)	MOBILTELEFON
Hier klicken, um Ko...			
Anna Gruber	23. April 1993	+41 31 462 49 51	+41 79 276 28 46
Patrick Schuler	23. Dezember 1992	+41 31 731 83 53	+41 78 384 48 22
Sandra Moser	27. April 1990	+41 31 510 87 12	+41 79 431 55 88
Loreena Gut	28. Januar 1989	+41 33 755 35 86	+41 77 492 58 31
René Mühlemann	30. August 1985	+41 33 437 38 57	
Anette Biber	6. Dezember 1980	+41 31 389 22 14	
Stefan Briggen	24. Juli 1979	+41 31 721 69 93	+41 76 905 77 08
Verena Lauber	1. November 1976	+41 31 789 42 64	+41 79 711 27 48
Tanja Loretan	19. Oktober 1972	+41 32 533 98 49	+41 76 869 52 25
Manuel Haldemann	7. Mai 1971	+41 33 336 18 77	+41 79 668 44 45
Walter Meyer	10. Juni 1967	+41 31 378 43 66	+41 79 797 84 15
Albert Hofer	24. Februar 1966	+41 33 346 91 48	+41 79 464 25 24
Norbert Bürki	14. März 1963	+41 33 223 46 99	
Gabriela Straubhaar	2. Mai 1955	+41 32 630 45 49	
Karl Muster	22. April 1954	+41 31 931 03 59	+41 79 698 81 25
Karl Muster	22. April 1954	+41 31 931 03 59	+41 79 698 81 25
Martin Stoll	4. Oktober 1949	+41 33 222 89 98	+41 79 999 90 90

3.3.3 Kontakte drucken

Wenn Sie den Wunsch haben, Kontakte auszudrucken, bietet Ihnen Outlook je nach gewählter Ansicht verschiedene Möglichkeiten des Ausdrucks. Standardmässig werden alle Kontakteinträge im Kartenformat gedruckt. Sofern Sie nur bestimmte Kontaktadressen ausdrucken wollen, müssen Sie diese zuerst im Anzeigebereich markieren.

Beim Drucken im Kartenformat und im Heftformat druckt Outlook zusätzlich zwei Blankoformate. Damit können Sie Kontaktinformationen unterwegs von Hand erfassen und sie später in den Ordner Kontakte aufnehmen. Sie können über die Schaltfläche **Seite einrichten** des Druckdialogs festlegen, wie viele Blankoformate ausgedruckt werden sollen.

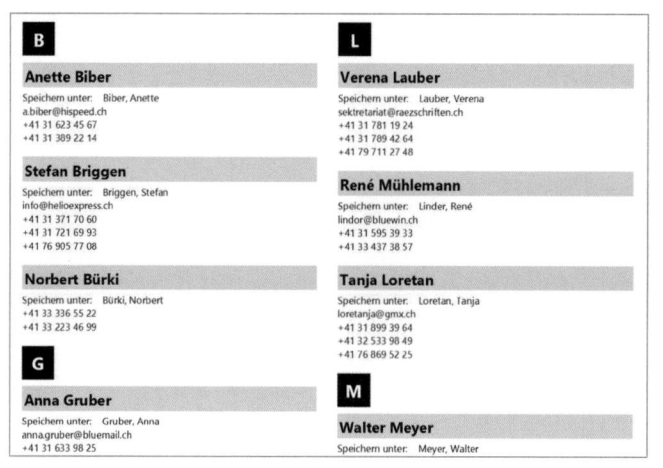

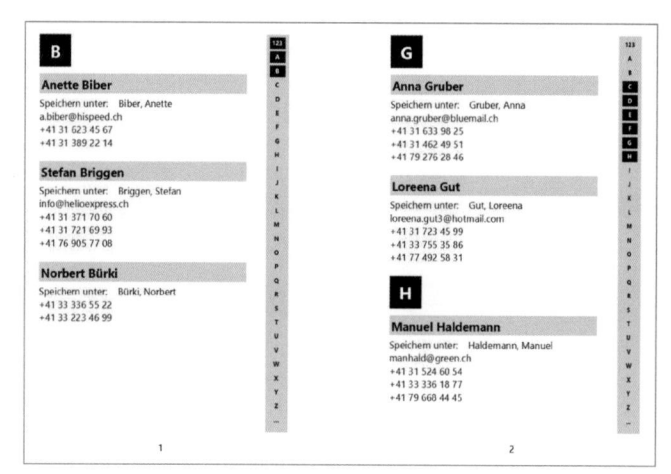

Kartenformat

Heftformat

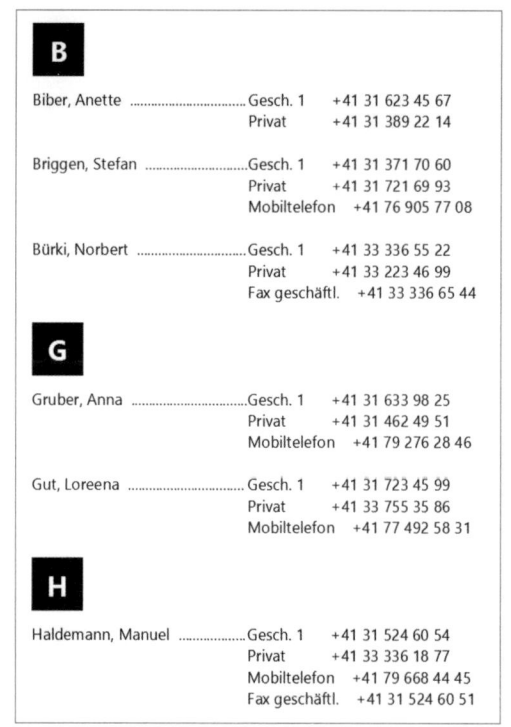

Telefonbuchformat

Memo-Format

3.3.4 Das Adressbuch

Im Adressbuch werden Adresslisten gesammelt. Es hilft Ihnen zum Beispiel, E-Mail-Adressen nachzuschlagen und E-Mails zu adressieren. Das Adressbuch ist keine eigenständige Adressdatenbank. Es bietet lediglich eine für die Kommunikation optimierte Darstellung der Kontaktinformationen. Allerdings können Sie über das Adressbuch Kontakte und Verteilerlisten hinzufügen und entfernen, Kontakte bearbeiten und Verteilerlisten erstellen.

Register	Start
Gruppe	Suchen
Befehl	Adressbuch

Adressbuch öffnen

Adressbuch: Kontakte

Sie können das Adressbuch öffnen, indem Sie im Register **Start** in der Gruppe **Suchen** das Icon **Adressbuch** anklicken. Standardmässig wird nun der Inhalt des Adressbuchs Kontakte angezeigt. Haben Sie mehrere Kontaktordner angelegt, wählen Sie den gewünschten Ordner im Feld **Adressbuch anzeigen** aus. In einem Adressbuch sehen Sie nur die Felder Name, Anzeigename und E-Mail-Adresse.

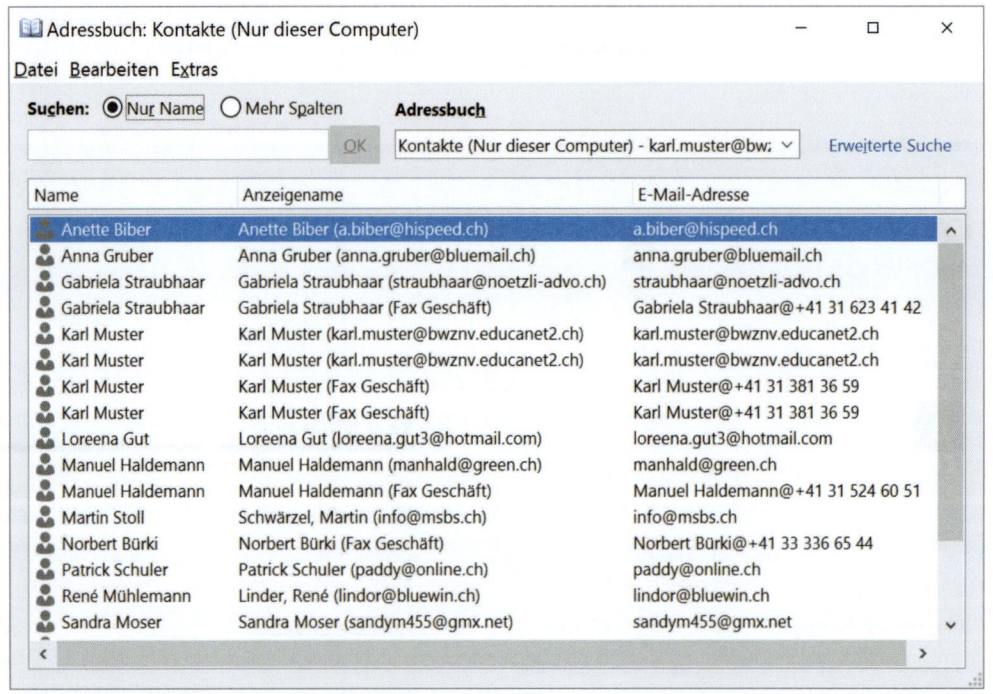

Adressbuch: Kontakte

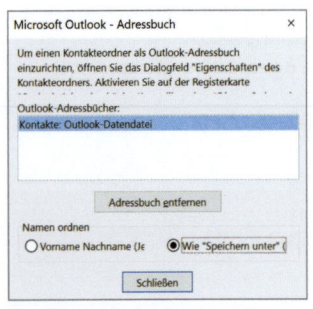

Adressbuch verwalten

Das Adressbuch wird standardmässig nach dem Vornamen sortiert. Hinter dem Anzeigenamen steht jeweils die E-Mail-Adresse bzw. Fax Geschäft oder Fax privat. Beachten Sie, dass Kontakteintragungen, die sowohl eine E-Mail-Adresse als auch eine Faxnummer beinhalten, zweimal im Adressbuch auftauchen.

Sie arbeiten leichter, wenn Sie die Adressen nach dem Nachnamen sortieren. Klicken Sie zu diesem Zweck im Register **Datei** den Befehl **Kontoeinstellungen** an. Wählen Sie die Registerkarte **Adressbücher.** Wählen Sie das gewünschte Adressbuch und klicken Sie auf **Ändern.** Aktivieren Sie das Kontrollfeld **Wie Speichern unter** und schliessen Sie die Dialogfelder. Die Adressen sind nun nach dem Nachnamen sortiert.

Personen (Kontakte)

Das Dialogfeld **Adressbuch: Kontakte** ist identisch mit dem Adressbuchteil des Dialogfelds **Namen auswählen: Kontakte,** das Sie in Nachrichtenformularen über die Schaltflächen An, Cc und Bcc öffnen (vgl. Seite 89/90).

Im Adressbuch steht Ihnen zudem eine Suchfunktion zur Verfügung.

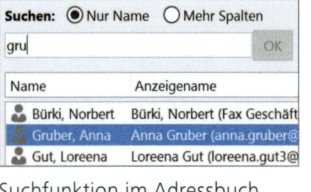

Suchfunktion im Adressbuch

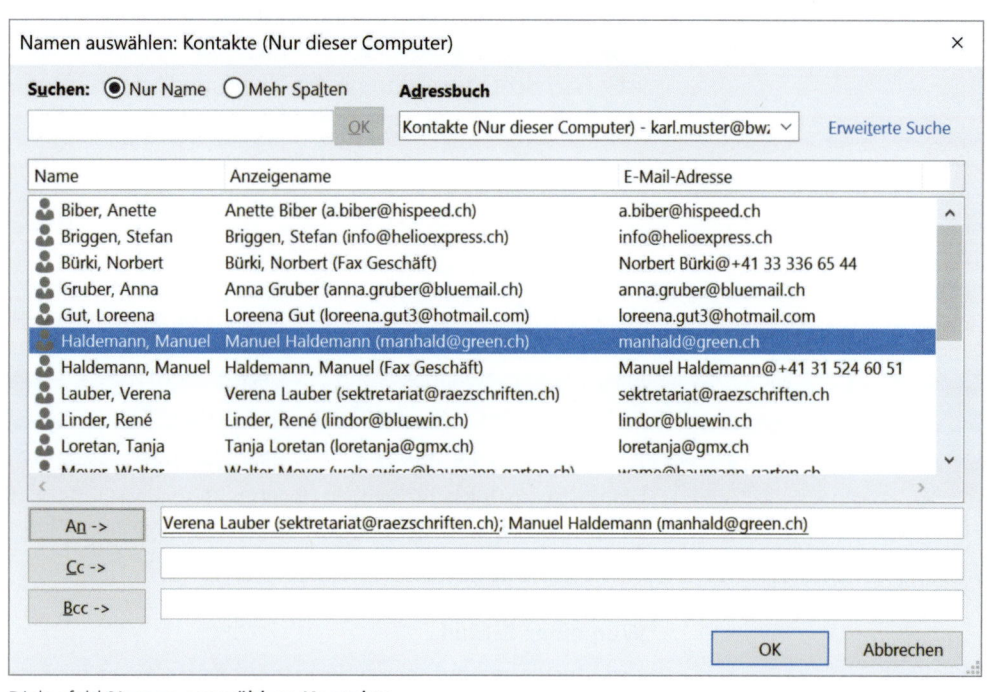

Dialogfeld **Namen auswählen: Kontakte**

Eintragungen hinzufügen und löschen

Sie können direkt aus dem Adressbuch neue Kontakte oder eine Verteilerliste erstellen, indem Sie mit der rechten Maustaste auf einen beliebigen Eintrag klicken und dann **Neuer Eintrag** auswählen.

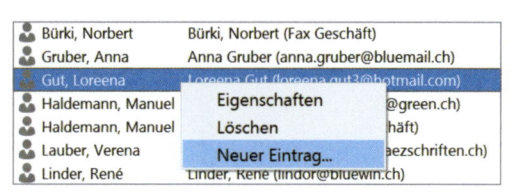

Eintragungen hinzufügen oder löschen

Wozu Verteilerlisten dienen, erfahren Sie im Kapitel 3.6 Organisationsintrumente in Outlook.

Wenn Sie einen Eintrag im Adressbuch löschen, dann wird er automatisch auch im Ordner Kontakte entfernt. Wenn Sie also beispielsweise den Eintrag für eine Faxnummer löschen, wird die Faxnummer auch im Kontaktformular entfernt. Benötigen Sie z. B. eine zweite oder dritte E-Mail-Adresse zu einem Kontakt nicht, löschen Sie den Eintrag ganz einfach im Adressbuch.

3.4 Grundlagen zur E-Mail

3.4.1 Wie funktioniert E-Mail?

Eine E-Mail ist eine auf elektronischem Weg in Computernetzwerken übertragene, briefähnliche Nachricht; der elektronische Daten- und Nachrichtenaustausch wird als wichtigster und meistgenutzter Dienst des Internets angesehen.

Mit E-Mail lassen sich Textnachrichten und auch digitale Dokumente (also z. B. Grafiken oder Office-Dokumente) in wenigen Sekunden rund um die Erde verschicken.

Voraussetzungen

Bevor Sie E-Mails versenden und empfangen können, benötigen Sie bei einem Provider (ISP – Internet Service Provider) eine E-Mail-Adresse (E-Mail-Konto). Die meisten Provider stellen E-Mail-Dienste webbasierend zur Verfügung (HTTP – Hypertext transport protocol). Damit können Sie überall auf der Welt Ihre eigenen Mails abrufen und versenden.

Zu Hause oder im Betrieb versenden und empfangen Sie E-Mails üblicherweise mit einer Mailsoftware (E-Mail-Client), in unseren Beispielen Outlook. Outlook ist die Benutzersoftware von Microsoft, welche die Oberfläche bereitstellt, um E-Mails erstellen und lesen zu können. Für den Transport von E-Mails sind verschiedene Protokolle notwendig.

Weg einer E-Mail

Karl Muster möchte seinem Bruder Sebastian eine Mail senden und ihn zu einem Abendessen einladen. Karl Muster verfügt als Mitglied unserer Beispielklasse über eine Mailbox bei Educanet[2], dem Bildungsserver. Sein Lehrer hat ihm diese Mailbox eingerichtet. Sebastian besitzt ein Konto bei Bluewin, welches er kostenlos einrichten konnte. Im Überblick läuft für diese E-Mail-Einladung Folgendes ab:

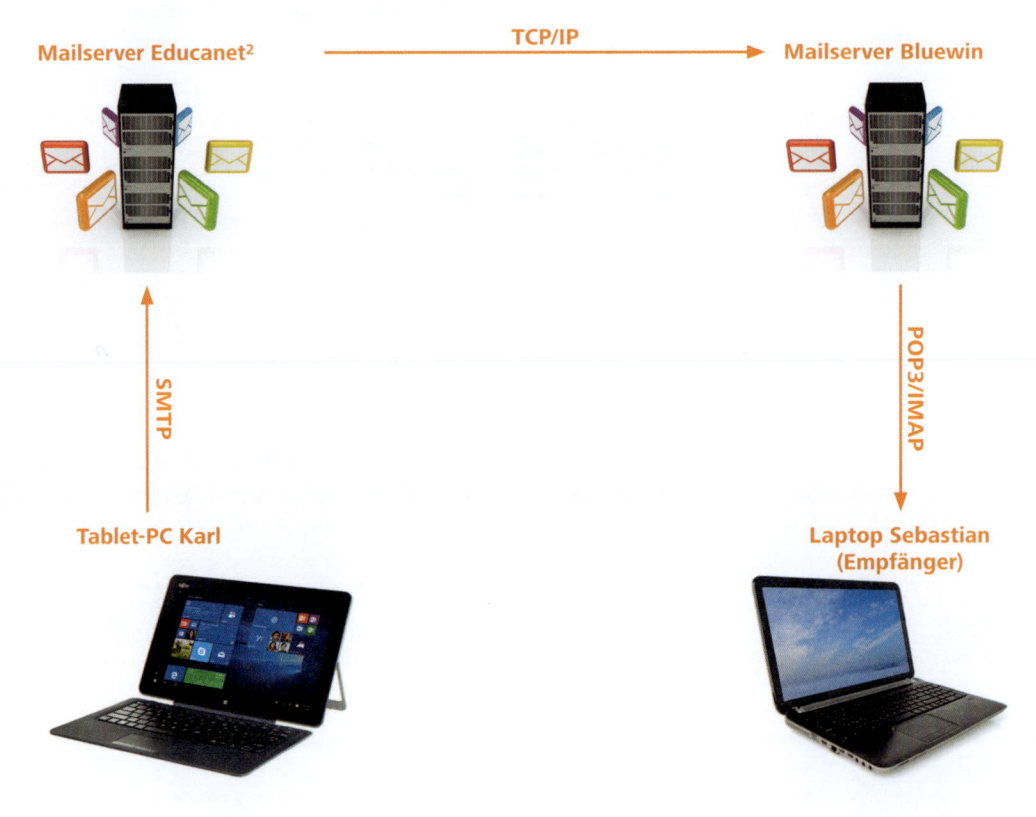

Die E-Mails, die Karl versendet, werden zuerst in den Outlook-Postausgang auf seinem PC abgelegt. Von dort aus werden sie über SMTP an den Mailserver des Providers von Karl (Educanet[2]) gesandt und an den Posteingangsserver von Sebastian weitergeleitet (in unserem Beispiel in den Mailserver von Bluewin). Sobald Sebastian mit Outlook Post empfängt, werden die E-Mails in den Outlook-Posteingang auf dem PC von Sebastian übertragen.

Es gibt verschiedene Arten von E-Mail-Servern, die sich in ihrem Leistungsumfang und in ihrer Funktionsweise unterscheiden. Von Outlook werden die Servertypen POP3, IMAP, Exchange Server und HTTP unterstützt.

Bedeutung der Begriffe

SMTP

Für die Übermittlung einer E-Mail von Karls PC zu seinem ISP (Internet Service Provider) wird das SMTP (Simple Mail Transfer Protocol) verwendet. Dieses Protokoll basiert auf TCP/IP (Transmission Control Protocol/Internet Protocol). Jeder E-Mail-Teilnehmer benötigt eine weltweit eindeutige Adresse. Sie setzt sich zusammen aus der Benutzererkennung der Teilnehmerin oder des Teilnehmers und dem Namen des Mailservers:

Username | Domain | Top Level Domain

sebastian.muster@bluewin.ch

Zwischen dem Namen des Teilnehmers und dem Namen des Mailservers steht das Zeichen @ («at» engl. = «bei»). In der Umgangssprache nennt man es gelegentlich Klammeraffe. Der Username ist der Name, unter dem der Internetnutzer dem Mailserver bei Bluewin bekannt ist. Bluewin ist der im Internet registrierte Name des Mailservers, der die Mailbox von Sebastian Muster verwaltet. Die Top Level Domain bezeichnet die übergeordnete organisatorische Einheit, in unserem Falle ch für die Schweiz.

TCP

Der Transport vom Mailserver Educanet[2] zum Mailserver Bluewin geschieht über das TCP/IP-Protokoll. Das Transmission Control Protocol (TCP) baut eine zuverlässige Verbindung zwischen zwei Rechnern auf. Die Hauptaufgabe von TCP ist die Fehlerkontrolle. Das Internet Protocol liefert einzelne Datenpakete, ist jedoch etwas unzuverlässig (Verluste, falsche Reihenfolge usw.).

POP

Zwischen dem Server von Bluewin und dem PC von Sebastian wird die E-Mail mit dem Post Office Protocol (POP) übertragen. Die auf dem Posteingangsserver eingehenden E-Mail-Nachrichten werden so lange auf dem Server aufbewahrt, bis sie von Sebastian abgerufen werden. Danach werden sie auf dem Posteingangsserver gelöscht.

IMAP

(Interactive message/mail access protocol). Arbeiten Sie auf mehreren Systemen und wollen Sie auf allen Systemen Zugriff auf Ihre E-Mail-Konten haben, z. B. an Ihrem Arbeitsplatz und zu Hause, dann ist ein IMAP-Konto sinnvoll. IMAP ermöglicht die Verwaltung von E-Mail-Nachrichten direkt auf dem Posteingangsserver. Sie arbeiten auf dem Posteingangs- und Postausgangsserver so, als befänden sich die Nachrichten im lokalen Postfach von Outlook. Dabei muss eine permanente Verbindung zum Internet bestehen.

3.4.2 Verhalten beim Mailen

Die Vorteile der elektronischen Briefe sind unbestritten: Man kann sie jederzeit abschicken, der Empfänger oder die Empfängerin der E-Mail muss nicht gleichzeitig am Computer sitzen – und es geht schnell. E-Mail ist in nahezu allen Unternehmen zu einem wichtigen Bestandteil der innerbetrieblichen Arbeitsorganisation geworden. E-Mail beschleunigt und automatisiert dabei nicht nur bisher manuell auf dem Postweg abgewickelte Prozesse, sondern ermöglicht auch neue Formen der Arbeitsorganisation wie virtuelle Teams, Telearbeit oder Dezentralisierung.

E-Mail führt aber auch zu einer Informationsflut; so treffen bei vielen Mitarbeitenden in einer kurzen Zeitspanne mehr Mails ein, als beantwortet werden können. Das Abarbeiten von E-Mails nach Feierabend ist darum keine Seltenheit. Überfüllte Mailboxen machen es schwierig, Prioritäten zu setzen und wichtige und unwichtige Nachrichten als solche zu erkennen. In der Folge werden wichtige E-Mails nicht oder zu spät zur Kenntnis genommen. Ablauforganisatorisch können Probleme entstehen, wenn Mitarbeitende ihre E-Mails nicht abrufen oder lesen. Es besteht auch keine Sicherheit, dass eine E-Mail gesehen, gelesen und korrekt interpretiert wurde.

Aufgrund der Geschwindigkeit und Direktheit von E-Mails entsteht ein erhöhter Erwartungsdruck bezüglich schneller Antworten und Entscheidungen. Eine rasche Rückmeldung wird erwartet, und zwar auch bei komplexen Fragestellungen – dies erhöht die Belastung der Mitarbeitenden und setzt sie einem erhöhten Stress aus. Zudem leidet die Kommunikationskultur, wenn persönliche Gespräche abnehmen und mehrheitlich via E-Mail kommuniziert wird.

Via Mail wird direkter und informativer kommuniziert. Diese Offenheit führt aber auch zu Problemen: Stimmungen und voreilige Meinungen werden zu schnell und unreflektiert weitergegeben.

Trotzdem ist E-Mail heute ein nicht mehr wegzudenkendes Hilfsmittel für die Kommunikation, Führung und Steuerung von Arbeitsprozessen. Die wichtigsten Anstandsregeln dürfen aber nicht vergessen werden – darum sind beim Einsatz von E-Mail die folgenden Regeln zu beachten:

- **Betreffzeile ausfüllen**
  Vergessen Sie nicht, dem Empfänger in der Betreffzeile Ihrer Mail einen kurzen Hinweis auf den Inhalt der Nachricht zu geben. So kann der Empfänger Ihre Meldung schon vor dem Öffnen richtig einordnen.

- **Anrede muss sein**
  Beginnen Sie Ihre Mail immer mit einer Anrede. Im geschäftlichen Bereich ist es mit «Hallo», «Hi» oder «Ciao» nicht getan; das wirkt schnell einmal zu salopp. Verwenden Sie besser «Guten Tag» oder die sonst üblichen Anreden.

- **Bitte keine Romane**
  E-Mail ist ein schnelles Medium: Fassen Sie sich daher kurz. Der optimale E-Mail-Stil sollte kurz, locker und freundlich sein.

- **Rechtschreibung beachten**
  Zeigen Sie dem Empfänger Ihre Wertschätzung, indem Sie Ihre Meldung vor dem Versenden gründlich durchlesen oder das Rechtschreibprogramm aktivieren. Besonders peinlich: falsch geschriebene Personen- oder Firmennamen.

- **Vorsicht mit Humor und Ironie**
  Humor ist Geschmackssache, Ironie wird selten verstanden. Seien Sie deshalb zurückhaltend, wenn Sie diese Mittel einsetzen wollen. Ironie funktioniert nur unter Leuten, die sich gut verstehen.

Grundlagen zur E-Mail

- **Signatur nicht vergessen**
  Fügen Sie am Ende jeder Mail Ihre Signatur quasi als Unterschrift ein. Diese sollte zumindest Ihren vollen Namen und Ihre E-Mail-Adresse enthalten. Zusätzlich können Sie Funktion, Adresse, Telefon- und Faxnummer angeben.

  Die Unterschrift sollte nicht länger sein als vier Zeilen. Verzichten Sie auf unnötigen Ballast wie Bilder oder Verzierungen. Selbst speziell schön gemachte Signaturen werden mit der Zeit langweilig oder werden beim Empfänger nicht korrekt dargestellt.

- **Keine Mail im Affekt!**
  Haben Sie eine Mail erst einmal abgeschickt, können Sie sie nicht mehr zurückholen. Es ist also nicht ratsam, Mails aus einer Wut heraus zu schreiben. Schlafen Sie besser noch einmal darüber und lesen Sie die Mail vor dem Versenden noch einmal durch.

- **«Schreien» Sie nicht**
  Schreiben Sie ganze Wörter in Grossbuchstaben, wird das allgemein als Schreien interpretiert. Sie sollten auf alle Fälle darauf verzichten, ganze Passagen in Grossbuchstaben zu schreiben. Bei einzelnen Wörtern ist es gerade noch tolerierbar.

- **Keine umfangreichen Attachments**
  Sie haben die Möglichkeit, Ihren Mails Dateien (auch Bilder) als sogenannte Attachments anzuhängen. Verzichten Sie wenn immer möglich auf sehr umfangreiche Attachments. Lassen sich solche nicht verhindern, sprechen Sie sich vorher mit dem Empfänger ab. Klären Sie zudem vorgängig, ob der Adressat über die notwendigen Programme verfügt, um Ihre Attachments zu öffnen.

- **Daten komprimieren**
  Wollen Sie die Datenmenge einer Mail reduzieren, können Sie für Ihre Attachments sogenannte Komprimierungsprogramme (z. B. Winzip) verwenden. Das kann sinnvoll sein, weil Sie so die Übertragungszeit verkürzen. Aber: Der Empfänger muss fähig sein, das Attachment auch wieder zu dekomprimieren. Sie ersparen sich und dem Empfänger Ärger, wenn Sie sich zuerst erkundigen.

- **Antwortmails kürzen**
  Falls Sie eine empfangene Mail mit dem Befehl «Antwort» erwidern: Kürzen Sie die ursprüngliche Mail und lassen Sie nur jene Zeilen stehen, auf die Sie Bezug nehmen. Löschen Sie insbesondere auch die Signatur des ersten Senders. Mehrfachsignaturen sind ärgerlich.

- **Vorsicht bei «Antwort an alle»**
  Wenn Sie dem Absender eine Mail beantworten wollen, die an mehrere Empfänger gerichtet war: Achten Sie darauf, dass Sie Ihre Antwort nicht versehentlich an den ganzen Empfängerkreis schicken.

- **Vorsicht bei Mails an mehrere Empfänger**
  Verschicken Sie eine Mail an mehrere Empfänger, dann achten Sie darauf, dass nicht jeder Empfänger automatisch die Mailadressen aller anderen Empfänger erhält. Nicht jeder Internetnutzer ist begeistert, wenn seine Mailadresse beliebig weitergegeben wird. Verwenden Sie die Bcc-Funktion Ihres Mailprogramms für eine sogenannte Blindkopie. Tragen Sie die E-Mail-Adressen der Empfänger einfach in die entsprechende Zeile ein. So sehen die Empfänger nicht, wer die Mail auch noch erhalten hat.

- **Weiterleiten**
  Beim Weiterleiten ist Vorsicht angebracht. Wortwahl und Stil sind manchmal nur für ein ganz bestimmtes Augenpaar gedacht. Formulieren Sie in diesem Fall den Inhalt sinngemäss um.

- **Kopien**
  Kopien sparsam einsetzen: Eine persönlich adressierte Mail mit den wichtigsten Punkten ist oft sinnvoller.

Mit Outlook Mails, Kontakte und Kalender verwalten

- **Prioritäten und Lesebestätigungen**
  Die Möglichkeit, die Dringlichkeit von E-Mails zu verdeutlichen, ist durchaus praktisch. Denken Sie jedoch an den Empfänger und seine Prioritäten, bevor Sie ein rotes Ausrufezeichen platzieren. Beim Anfordern von Lesebestätigungen ist ebenfalls Zurückhaltung geboten. Wenn Sie nach einer Nachricht stets noch eine Aufforderung für eine Lesebestätigung erhalten, kann das auf die Dauer nerven.

- **Verbreiten Sie keine Spams**
  Als Spam bezeichnet man unverlangte kommerzielle Massenwerbung. Spam ist äusserst lästig. Er kostet den Empfänger Zeit und Geld. Nach Ansicht von Juristen handelt es sich bei Spam sogar um unlautere und damit illegale Werbung.

- **Schicken Sie Ketten-E-Mails nicht weiter**
  Für Ketten-E-Mails gilt dasselbe wie für Spam. Sie gehören in den Papierkorb. Ketten-E-Mails erkennen Sie daran, dass sie häufig einen reisserischen Titel aufweisen, als Anreiz leichtes Geldverdienen versprechen, ultimativ zum Weiterleiten auffordern oder an Ihr Mitleid appellieren.

- **Gehen Sie niemals auf Anforderungen in Phishingmails ein**
  Phishing ist eine Abwandlung des englischen Begriffs für Fischen und steht für eine spezielle Form der Cyberattacke. Der Angreifer versucht, das Opfer mittels gefälschter E-Mail auf eine ebenfalls gezinkte Website zu leiten und ihm persönliche Daten wie Passwörter, Kreditkartennummern und Benutzernamen zu entlocken. Häufig werden Gründe wie Sicherheitsanpassungen oder verlorene Daten vorgehalten. Die gefälschten Mails und Websites sind nahezu perfekte Kopien des Originals, sodass der Benutzer kaum Verdacht schöpft. Auf solche Aufforderungen soll nie eingegangen werden!

Aufgabe 21   Welche sieben Fehler finden Sie in dieser Mail?

> An...: info@musterfirma.ch
> Cc...:
> Betreff: AW:
>
> Hier das gewünschte Dok. Hoffe ess genügbt. ICH ERWARTE SOFORT RÜCKERSTATTUNG DES BETRAGS, MELDE ES SONST DEM KASSENSTURZ. Ihre lausige Supperfirma werde ich weiterempfehlen, nur weiss ich nicht wem!!!!!
> Frdl. Grüsse
> K. Raggenbass

1 _____

2 _____

3 _____

4 _____

5 _____

6 _____

7 _____

Sie erhalten folgende Mail:

Wie werden solche Mails bezeichnet?

_____

Was beachten Sie im Umgang mit diesen Mitteilungen?

_____

_____

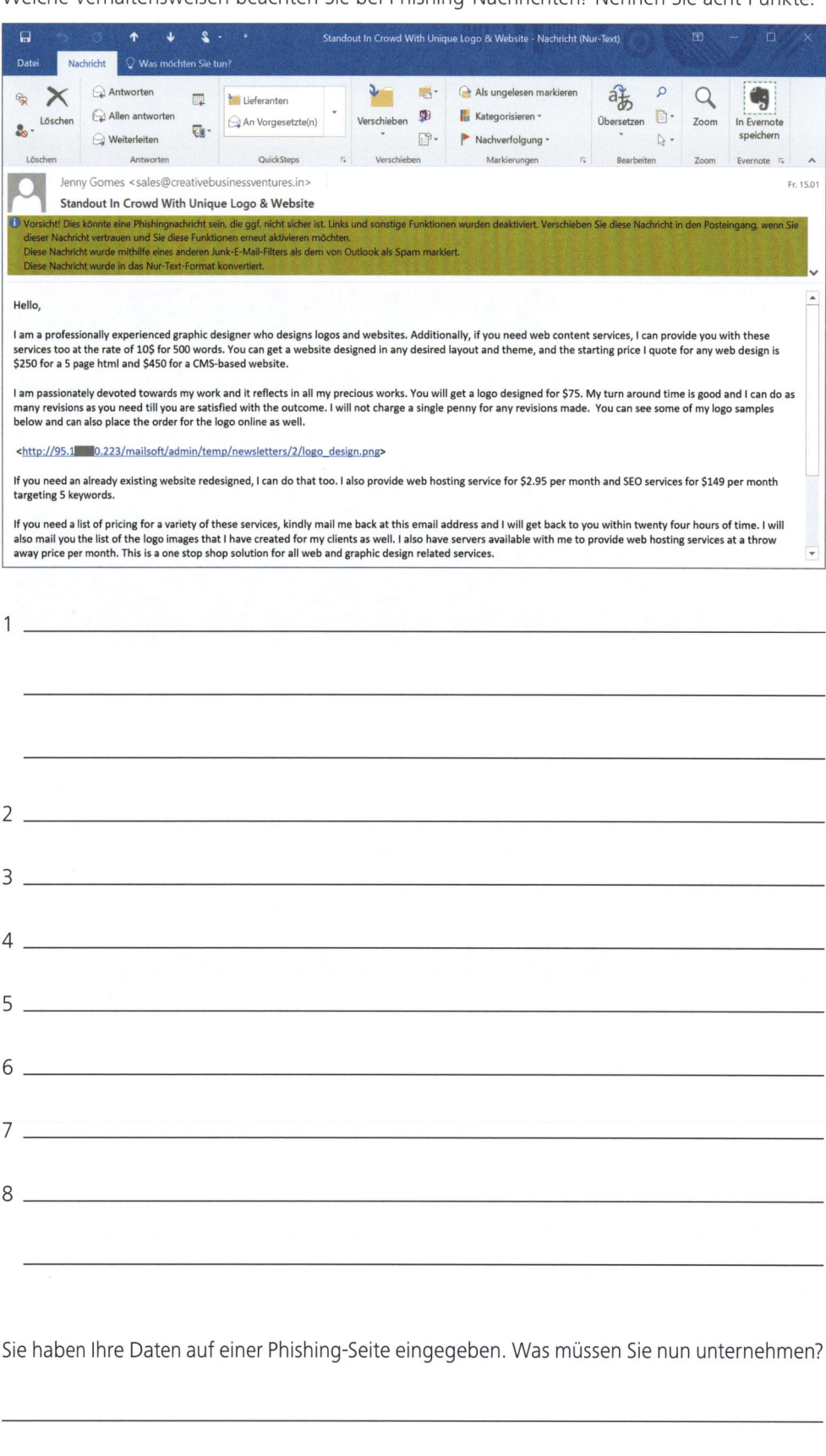

Mit Outlook Mails, Kontakte und Kalender verwalten

Welche Verhaltensweisen beachten Sie bei Phishing-Nachrichten? Nennen Sie acht Punkte.

1 _____

_____

_____

2 _____

3 _____

4 _____

5 _____

6 _____

7 _____

8 _____

_____

Sie haben Ihre Daten auf einer Phishing-Seite eingegeben. Was müssen Sie nun unternehmen?

_____

_____

3.4.3 Ein E-Mail-Konto einrichten

Damit Sie E-Mails senden und empfangen können, müssen Sie in Outlook ein Konto einrichten.

Grundeinstellungen

Register	**Datei**
Befehl	**Informationen**
Befehl	**Konto hinzufügen**

E-Mail-Konto einrichten

Die Angaben zum Konto erhalten Sie bei der Anmeldung Ihres E-Mail-Kontos von Ihrem Provider. Achten Sie also darauf, dass Sie vor dem Einrichten über alle notwendigen Angaben verfügen. Selbstverständlich können Sie auch mehrere Konten, die von Outlook verwaltet werden sollen, führen.

Wählen Sie im Outlook-Register **Datei** den Befehl **Informationen > Konto hinzufügen**. Nehmen Sie für alle Konten die Einstellungen nach folgendem Schema vor:

E-Mail-Konto hinzufügen

▶ Wählen Sie **Manuelle Konfiguration oder zusätzliche Servertypen** aus und klicken Sie auf **Weiter**.

▶ Geben Sie Ihre E-Mail-Adresse ein. Outlook ist heute in der Lage, die Konfiguration der gängigsten E-Mail-Provider selbstständig vorzunehmen. Haben Sie beispielsweise einen Account bei Bluewin, Sunrise, Salt, GMX oder Outlook.com, klicken Sie auf **Verbinden**.

Neues E-Mail-Konto hinzufügen

Mit Outlook Mails, Kontakte und Kalender verwalten

▶ Geben Sie das Passwort zum E-Mail-Konto ein, setzen Sie das Häkchen bei **Anmeldedaten speichern**:

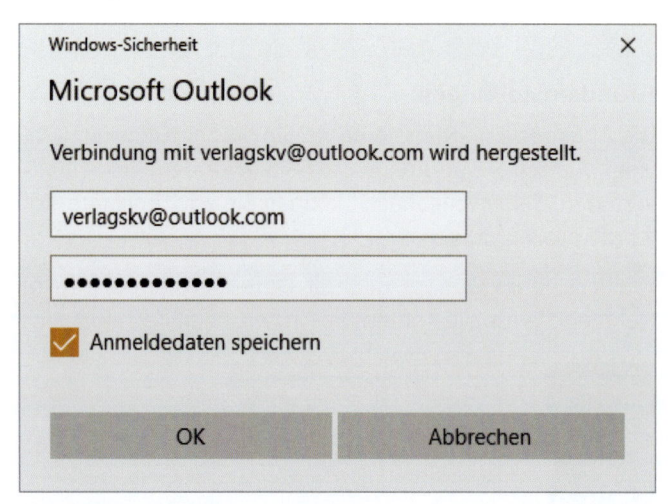

Anmeldedaten eingeben und speichern

▶ Schliessen Sie den Vorgang ab:

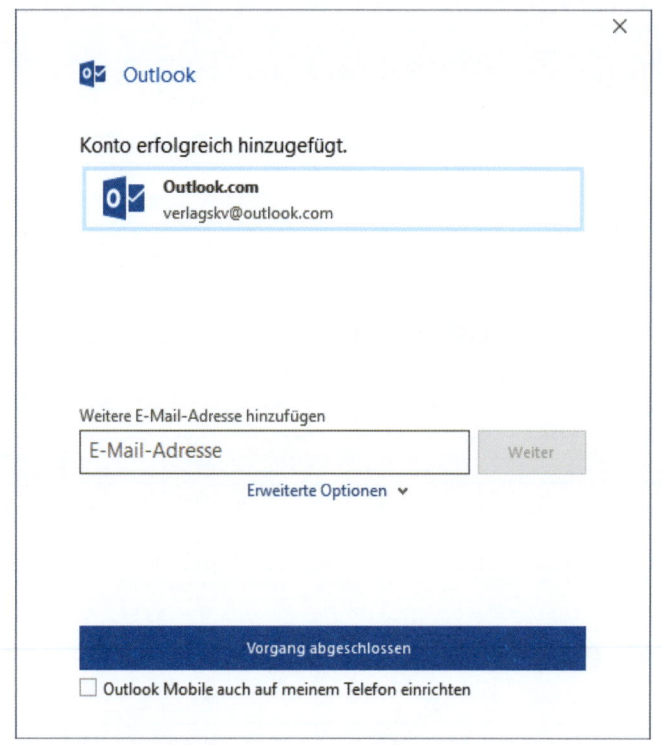

Installationsabschluss

Grundlagen zur E-Mail

Register	**Datei**
Befehl	**Informationen**
Befehl	**Kontoeinstellungen**

IMAP-Konto bearbeiten

E-Mail-Konten bearbeiten

Gelegentlich müssen Sie Ihr E-Mail-Konto bearbeiten. Dies wird z. B. notwendig, wenn Sie Ihr Kennwort bei Ihrem Provider ändern oder den Namen Ihres E-Mail-Kontos verändern wollen.

E-Mail-Konto anpassen

Das Vorgehen ist ähnlich wie bei der Neueinrichtung eines Kontos. Wählen Sie im Register **Datei** die Schaltfläche **Kontoeinstellungen.** Klicken Sie im Fenster **Kontoeinstellungen** auf das zu ändernde Konto und fahren Sie mit einem Klick auf **Ändern** weiter.

Das Standard-E-Mail-Konto ändern

Sofern Sie mehrere Konten in Outlook eingerichtet haben, wird das Standard-E-Mail-Konto für den Versand von E-Mails verwendet. Gehen Sie folgendermassen vor, wenn Sie ein anderes Konto bestimmen möchten:

Klicken Sie im Register **Datei** auf **Kontoeinstellungen.** Markieren Sie im Register **E-Mail** das Konto, das fortan als Standard dienen soll, und wählen Sie **Als Standard festlegen.**

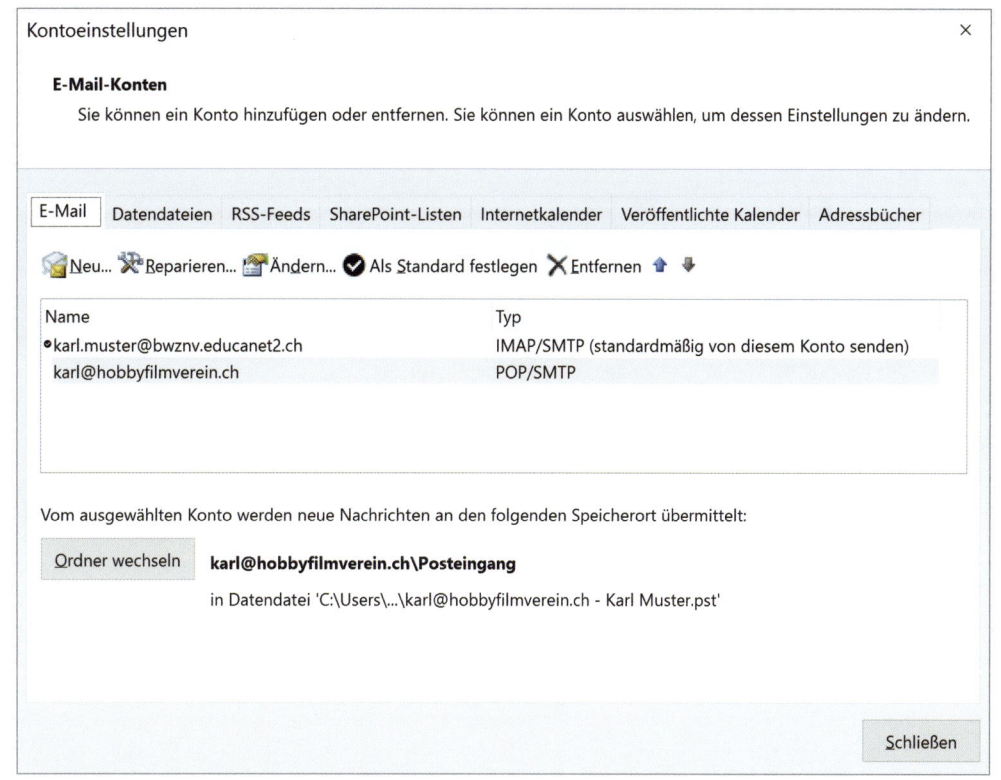

Alle installierten E-Mail-Konten im Überblick

Aufgabe 22   Möglicherweise können Sie in einem Klassenzimmer nicht Ihr persönliches Mailkonto in Outlook einrichten. An Ihrem privaten Computer können Sie Ihre Mails in einem E-Mail-Client anstatt über das Web verwalten. Richten Sie in Outlook Ihr persönliches E-Mail-Konto ein.

3.5 Der Nachrichtenaustausch in Outlook

3.5.1 Nachrichten erstellen, versenden und empfangen

Auswahl eines geeigneten E-Mail-Formats

Denken Sie daran, dass nicht jeder Empfänger Ihrer E-Mail jedes Format empfangen kann. Einige Unternehmensnetzwerke gestatten beispielsweise den Empfang von HTML-Mails nicht, weil sie anfällig gegen Viren sind. Wenn Sie also sicher sein wollen, dass Ihr Geschäftspartner Ihre Mails lesen kann, wählen Sie mit Vorteil das «Nur-Text-Format».

- **Nur-Text:** Wenn Sie «Nur-Text» wählen, sind in der E-Mail keine Formatierungen erlaubt. Eine Gestaltung des Textes durch entsprechende Formatierungen ist also nicht möglich. Sie sind jedoch sicher, dass der Empfänger Ihre Nachricht korrekt lesen kann.

- **HTML:** Mails im HTML-Format können beliebig formatiert werden. Sie können unterschiedliche Schriftarten, Hervorhebungen usw. einsetzen. Nachrichten im HTML-Format können jedoch unter Umständen nicht gelesen werden.

- **Rich-Text:** Das Rich-Text-Format besteht aus einer Nur-Text-Version der Nachricht mit einer binären Anlage (winmail.dat). Es ermöglicht ähnliche Formatierungen wie das HTML-Format. Bei diesem Format besteht die grosse Gefahr, dass der Empfänger die E-Mail gar nicht lesen kann, ausser er arbeitet ebenfalls mit Outlook. Es ist deshalb empfehlenswert, auf dieses Format zu verzichten.

Register	**Datei**
Befehl	**Optionen**
Befehl	**E-Mail**
Abschnitt	**Nachrichten verfassen**

Ändern des Nachrichtenformats

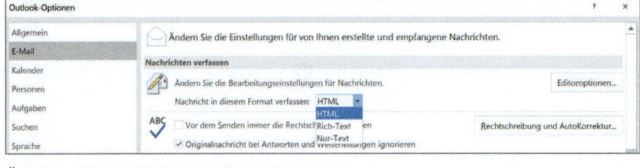

Ändern des Nachrichtenformats

Das Nachrichtenformat können Sie auch im Nachrichtenfenster auswählen.

Register	**Text formatieren**
Gruppe	**Format**
Befehl	**HTML**

Wahl des Nachrichtenformats

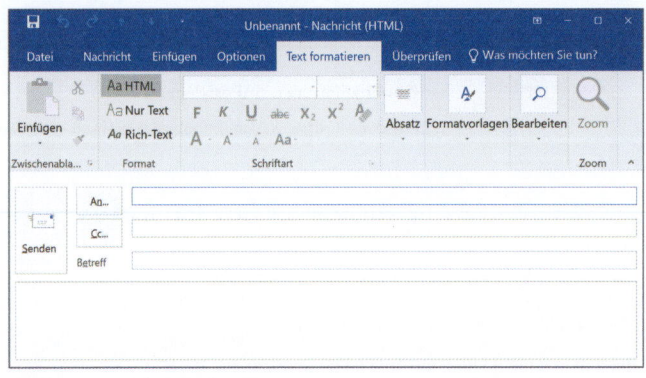

Wahl des Nachrichtenformats

Der Nachrichtenaustausch in Outlook

Nachrichten erstellen und versenden

Nachrichten erstellen Sie in Outlook über ein Nachrichtenfenster. Dieses enthält Felder für den Empfänger, einen Cc-Empfänger, den Betreff und den Nachrichtentext, so wie dies auch bei einem normalen Brief üblich ist.

Register	**Start**
Gruppe	**Neu**
Befehl	**Neue E-Mail**

Neue E-Mail erstellen

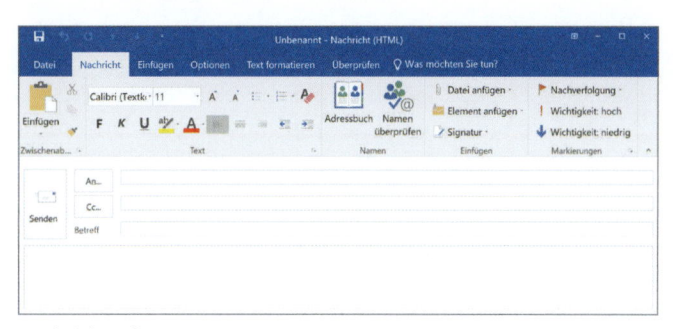

Nachrichtenfenster

- Die Einfügemarke befindet sich im Feld **An…**. Hier geben Sie die E-Mail-Adresse des Empfängers ein.
  Sofern Sie sich vertippt haben, markieren Sie das Feld und löschen Sie den Eintrag. Bei der Eingabe von E-Mail-Adressen können Sie die Funktion **AutoVervollständigen** nutzen. Haben Sie dem Empfänger bereits einmal eine E-Mail gesendet, speichert Outlook die E-Mail-Adresse. Bei der nächsten Eingabe öffnet Outlook nach dem ersten Buchstaben ein Feld mit Adressvorschlägen. Klicken Sie die gewünschte Adresse an.

- Soll Ihre E-Mail-Nachricht an mehrere Personen gesendet werden, führen Sie die Empfänger nacheinander auf und trennen Sie die Eintragungen mit einem Semikolon (;) voneinander.

- Ist der Empfänger bereits in Ihren Kontakten eingetragen, wählen Sie die E-Mail-Adresse am einfachsten aus Ihrem Adressbuch. Klicken Sie dazu auf die Schaltfläche **An…,** markieren Sie die Adresse im Adressbuch und klicken Sie auf **OK**. Sie können auch mehrere Empfänger auswählen, indem Sie bei nicht aufeinanderfolgenden Eintragungen die Ctrl-Taste bei der Auswahl drücken. Bei aufeinanderfolgenden Eintragungen drücken Sie die Umschalttaste. Zur Übernahme der Adressen klicken Sie auf die Schaltfläche **An…**.

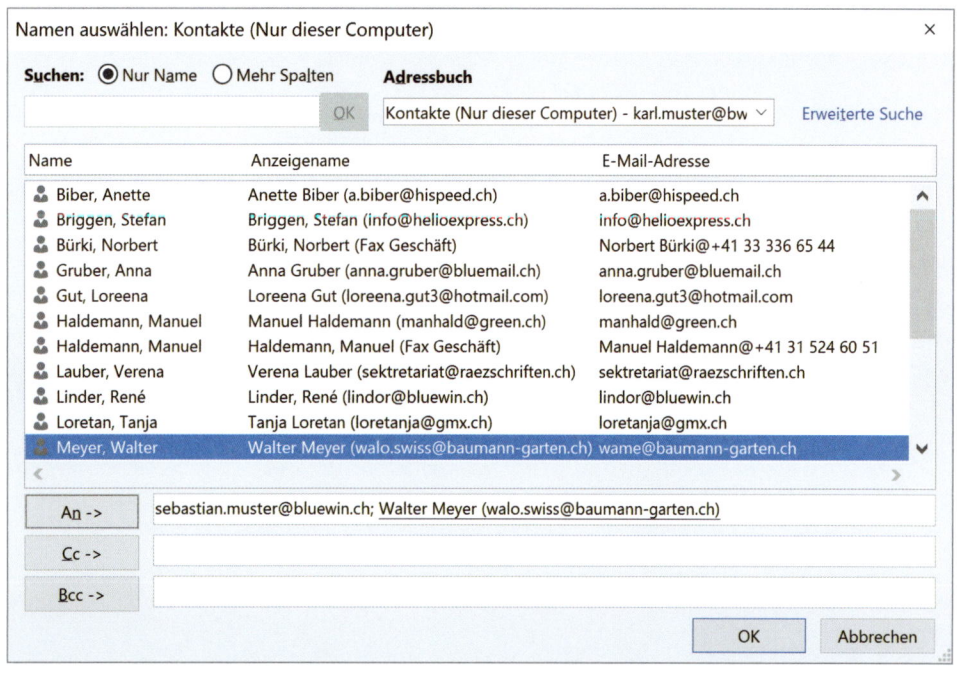

Empfänger aus der Adressliste wählen

89

Mit Outlook Mails, Kontakte und Kalender verwalten

- Soll Ihre E-Mail-Nachricht als Kopie an eine oder mehrere Personen gesendet werden, geben Sie deren E-Mail-Adresse ins Feld **Cc** (für englisch Carbon Copy = Durchschlag) ein.

- Wollen Sie von Ihrer Nachricht eine versteckte Kopie versenden, also eine Kopie, von der die eigentlichen Nachrichtenempfänger nichts wissen, so tragen Sie die Empfänger unter **Bcc** (Blind Carbon Copy) ein. Beachten Sie jedoch, dass dieses Vorgehen zwar technisch möglich ist; im Geschäftsalltag ist es aber sinnvoller, mithilfe der Serienbrieffunktion von Word via Outlook jedem Empfänger eine separate Mail zu senden. Diese Mails enthalten im An-Feld nur die einzelne Empfängeradresse, und auch im Text können individuelle Elemente (wie persönliche Anrede) enthalten sein.

- Geben Sie als Nächstes ins Feld **Betreff** einen kurzen, aber aussagekräftigen Betreff ein. Statt der Angabe «Unbenannte Nachricht (HTML)» in der Titelleiste ist nun Ihr Betreff eingetragen.

- Ändern Sie bei Bedarf das Nachrichtenformat. Standardmässig ist dieses Format auf HTML gestellt.

- Nun können Sie Ihre Nachricht eintippen oder Text über die Zwischenablage aus einem anderen Dokument übernehmen. Outlook verwendet wie Word die automatische Korrekturfunktion und die Rechtschreib- und Grammatikprüfung. Sofern Sie den Text im HTML-Format oder im Rich-Text-Format erstellen, können Sie den Text auch formatieren.

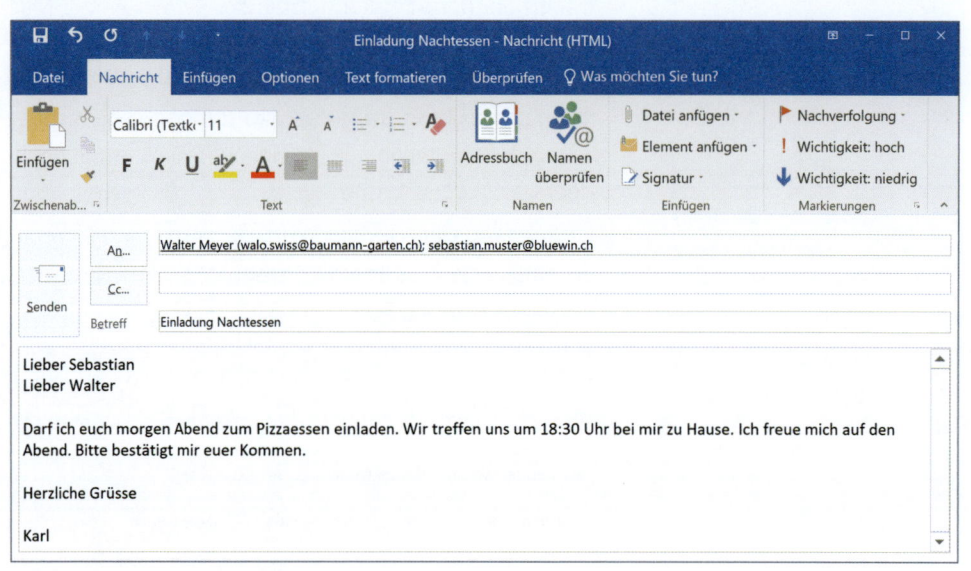

Texteingabe im Nachrichtenfenster

Der Nachrichtenaustausch in Outlook

Register	**Datei**
Befehl	Optionen
Befehl	Erweitert
Abschnitt	Senden und Empfangen

E-Mail-Nachrichten senden und empfangen

- Klicken Sie zum Abschluss auf die Schaltfläche **Senden**. Die Nachricht wird nun in den **Postausgang** verschoben. In Outlook können Sie einstellen, ob bei bestehender Verbindung die Nachricht sofort versendet werden soll **(Datei > Optionen > Erweitert > Senden und Empfangen)**.

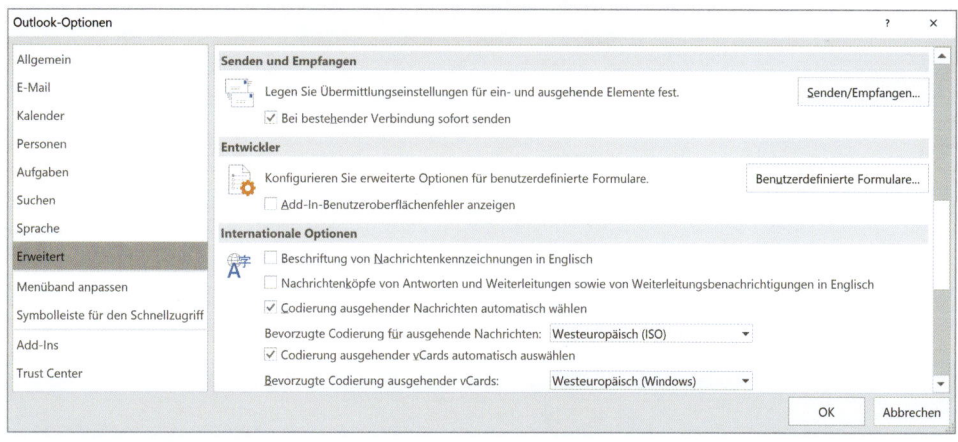

Übermittlungseinstellungen

- Sobald die Nachricht im Postausgang liegt, wird sie in der Outlook-Leiste durch eine Zahl hinter dem Ordner **Postausgang** angezeigt. Diese Zahl zeigt die Anzahl der E-Mails, die im Postausgang auf den Versand warten. Im Ansichtsbereich wird die Meldung in kursiver Schrift angezeigt, wenn sie zum Versand bereit ist. Sofern Sie nun an der Meldung noch etwas ändern wollen, klicken Sie zweimal auf den Eintrag und erneut auf **Senden**. Ein Eintrag, der nicht in kursiver Schrift angezeigt wird, wird nicht abgesandt.

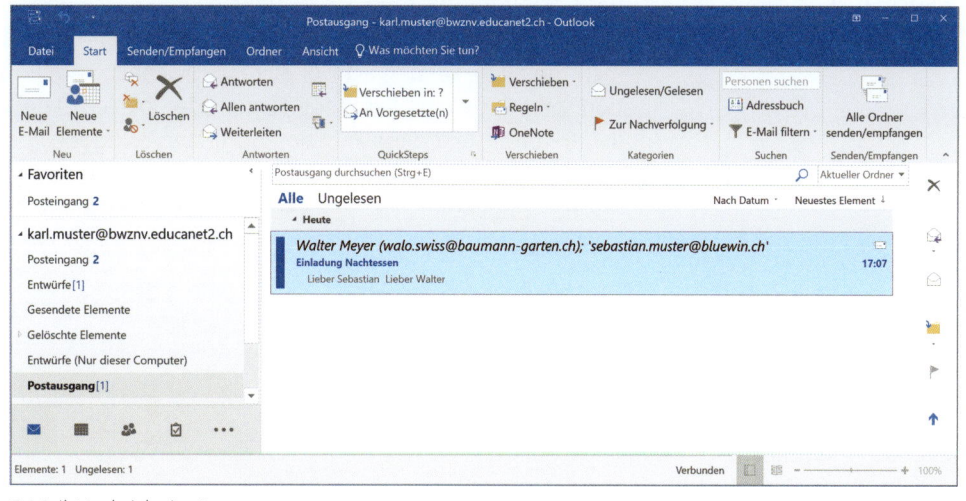

E-Mail-Nachricht im Postausgang

- Sobald die E-Mail-Nachricht versendet ist, wird die Meldung im Ordner **Gesendete Objekte** abgelegt.

Nachrichten empfangen

Die versandte Nachricht liegt nun bei Sebastian Muster im Postfach seines Providers Bluewin.ch. Er kann seine E-Mails abrufen, indem er auf **Alle Ordner senden/empfangen** klickt.

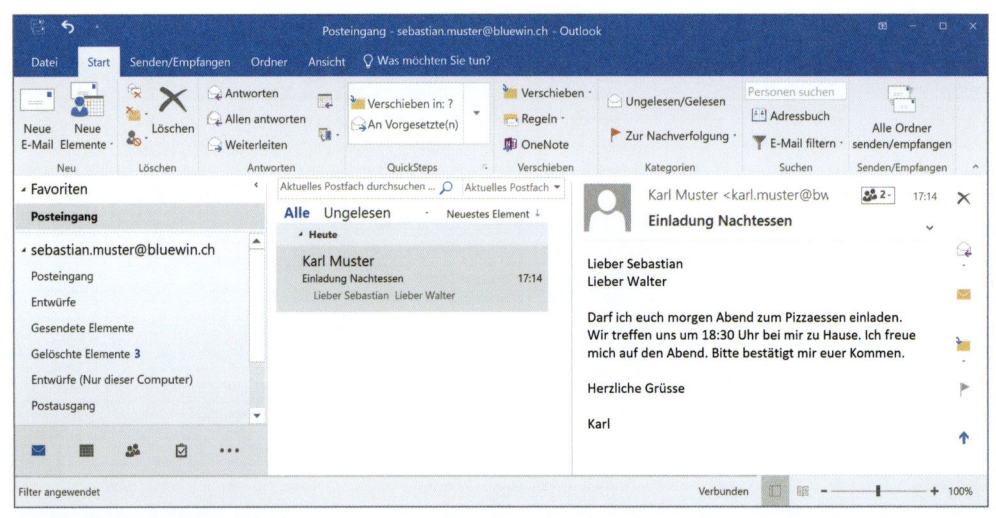

Nachricht im Posteingang

Register	Start
Gruppe	Verschieben
Befehl	Verschieben
Befehl	Zielordner auswählen

Nachrichten in Ordner verschieben

Beim Eintreffen der E-Mail-Nachricht wird diese hinter dem Ordner **Posteingang** mit einer Zahl angezeigt. Im Lesebereich wird die Nachricht sichtbar. Ein Doppelklick auf die Nachricht im Posteingang öffnet das Nachrichtenfenster, womit die Meldung als gelesen vermerkt wird. Beim Löschen der Meldung wird die Nachricht im Ordner **Gelöschte Objekte** abgelegt, bis sie dort endgültig entfernt wird. Um die Übersicht zu behalten, kann es sinnvoll sein, im Ordner **Posteingang** Unterordner zu erstellen. E-Mails können so nach Sachgebieten abgelegt werden (mit drag and drop oder via Befehl). Wenn mehrere Personen auf das gleiche Postfach zugreifen, kann es sinnvoll sein, die Nachrichten mit Farben zu kategorisieren. Diese Option steht mit einem Exchange-Konto oder lokalen Datendateien zur Verfügung. Mit einem IMAP-Konto steht diese Funktion nicht zur Verfügung.

Register	Start
Gruppe	Kategorien
Befehl	Kategorisieren
Befehl	Kategorie auswählen

Kategorie einer Nachricht im Posteingang festlegen

Register	Nachricht
Gruppe	Markierungen
Befehl	Kategorisieren
Befehl	Kategorie auswählen

Kategorie einer geöffneten Nachricht festlegen

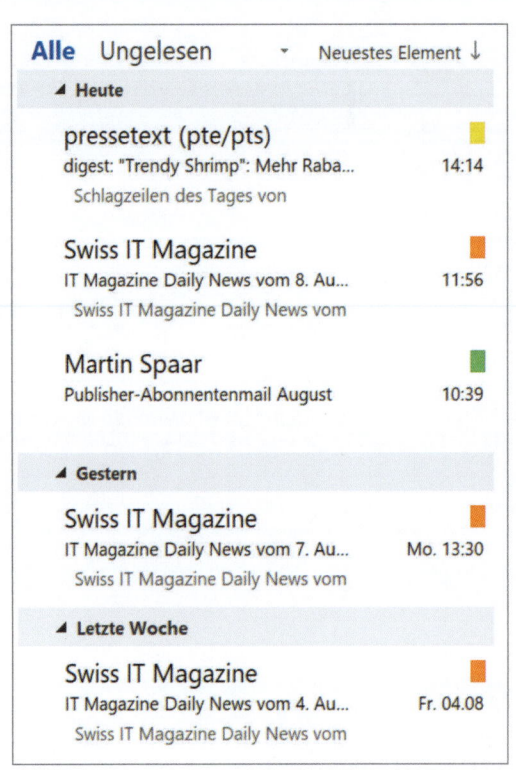

3.5.2 Nachrichten mit Anhängen versenden und empfangen

Ein wichtiger Vorteil von E-Mail-Nachrichten besteht darin, dass Sie Dateien anhängen können (Attachments); «to attach» bedeutet anbringen oder befestigen. Ein Attachment ist also eine an einer Nachricht befestigte Datei. Sie wird in Outlook mit einer Büroklammer signalisiert. Die Büroklammer ist das Symbol, um selber ein Attachment an eine Nachricht zu hängen, und auch das Symbol für eine angehängte Datei bei einer eingehenden Mail.

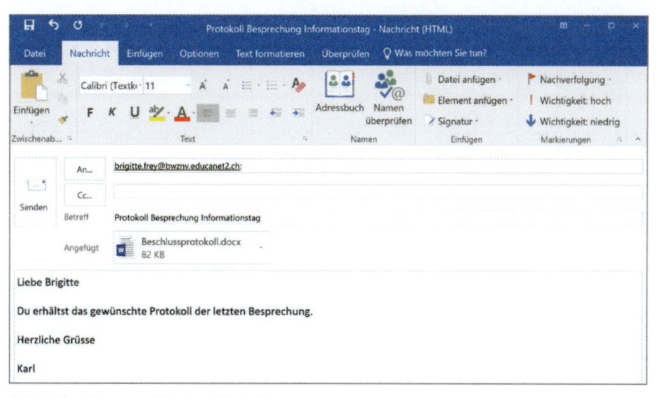

Symbol **Datei anfügen**

Register	**Nachricht**
Gruppe	**Einfügen**
Befehl	**Datei anfügen**

Datei anfügen

E-Mail mit angefügter Datei

Anlagen anhängen

Um eine oder mehrere Dateien einzufügen, klicken Sie auf die Schaltfläche mit der Büroklammer: Es öffnet sich die Auswahlliste: **Datei anfügen.**

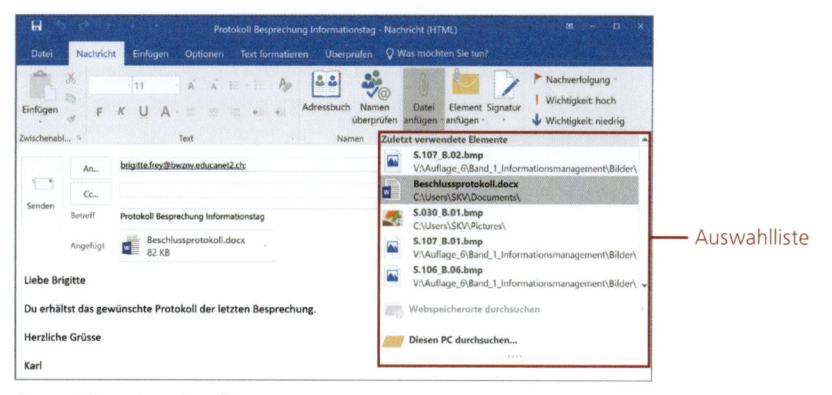

Auswahlliste **Datei anfügen**

Wählen Sie eines der zuletzt verwendeten Elemente aus der Auswahlliste aus oder klicken Sie auf **Diesen PC durchsuchen,** um die gewünschte Datei über den entsprechenden Ordner auszuwählen. Sie können auch mehrere Dateien auswählen. Halten Sie dazu die Ctrl-Taste gedrückt und klicken Sie auf alle Dateien, die Sie versenden wollen. Am Schluss klicken Sie auf die Schaltfläche **Einfügen.**

Damit wird die Datei oder werden die Dateien in die Nachricht eingefügt. Im Nachrichtenfenster finden Sie nun ein zusätzliches Feld **Angefügt.** Hier sind alle Anlagen aufgeführt. Für jede Anlage wird die Dateigrösse in Klammern angegeben. Mehrere Anlagen werden durch Semikolon voneinander getrennt.

Nicht anhängen sollten Sie:

- **Zu grosse Anhänge**
  Oft werden in Unternehmen Dateien ab einer bestimmten Grösse – sie liegt in der Regel zwischen 10 und 20 MB – nicht mehr zugestellt. Wenn Sie unter diesen Voraussetzungen eine Mail versenden, erhält der Empfänger im besten Fall eine Fehlermeldung. Ob Sie als Absender informiert werden, hängt von den Einstellungen beim Empfänger ab. Das Glei-

Mit Outlook Mails, Kontakte und Kalender verwalten

che gilt natürlich auch, wenn Sie selbst an ein Unternehmensnetz angeschlossen sind und eine zu grosse Mail versenden möchten. In diesem Fall erhalten Sie in der Regel vom Administrator eine Meldung, dass eine so grosse Nachricht nicht versandt werden konnte.

- **Ausführbare Programme**
Solche Programme, die bei einem Doppelklick etwas ausführen und starten, werden nicht gern gesehen. Sollten Sie durch Outlook tatsächlich versandt werden, löscht der Empfänger in der Regel solche Anhänge unverzüglich.

  Bestimmte ausführbare Dateien wie z. B. EXE- (executable – ausführbar) und BAT-Dateien (Batch-Programme) werden jedoch von Outlook selber blockiert. Solche Dateien sind oft virenverseucht. Wollen Sie solche Dateien trotzdem versenden, so erstellen Sie eine ZIP-Datei (komprimierte Form einer Datei).

- **Ausführbare Skripte**
Dateien mit den Endungen com, bat, vs, wsb und viele andere deuten auf sogenannte Skriptdateien hin. Auch sie starten nach einem Doppelklick irgendwelche Befehle und führen sie aus. Das kann unerwünscht sein und Schäden hervorrufen. Solche Anhänge werden in vielen Unternehmen automatisch gelöscht.

- **Bildschirmschoner**
Auch bei Bildschirmschonern handelt es sich um ausführbare Dateien. Sie haben die Endung scr oder msi. Es gilt das Gleiche wie für die EXE-Dateien: Sie sind gefährlich und möglicherweise schädlich und darum unerwünscht.

- **Scherzprogramme**
Auch wenn Sie Fehlermeldungen, die laufend auf dem Bildschirm erscheinen, lustig finden – andere können meist nicht darüber lachen. Vor allem Administratoren von Netzwerken schätzen solche Programme nicht. Bei wenig geübten Computeranwendern führen solche Scherze oft zu unüberlegten Handlungen oder gar zum Löschen von Programmen. Datenverlust ist oft noch die mildeste Form des Ärgers.

Tipp
Es empfiehlt sich grundsätzlich, keine Dateien mit Doppelklick zu öffnen. Doppelklick bedeutet nämlich nicht nur öffnen, sondern heisst auch starten. Gehen Sie immer so vor: Speichern Sie die Datei im gewünschten Ordner auf der Festplatte. Dann prüfen Sie mit einem aktuellen Virenprogramm die Dateien auf Viren, und erst jetzt öffnen Sie die gespeicherte Datei.

Anlagen erhalten

Im Posteingang wird das Dokument unter Anlagen aufgeführt. Gespeichert wird das Dokument im Ordner Temporary Internet Files. Sobald Sie die Mail löschen, ist auch das beiliegende Dokument wieder weg. Es ist nicht sinnvoll, Anhänge im Outlook-Ordner zu belassen. Dokumente finden Sie leichter wieder, wenn Sie sie in Ihrer normalen Ablagestruktur auf der Festplatte speichern.

Durch einen Doppelklick auf die Datei können Sie die Datei öffnen. Dies ist nicht ganz ungefährlich: Eine Datei kann nämlich auch Viren enthalten, und ein Doppelklick auf einen Anhang beschert Ihnen im schlimmsten Fall eine Malware (bösartiger Virus, Trojaner oder Würmer).

Eventuell erhalten Sie deshalb eine Meldung, welche Sie auf die Gefahr aufmerksam macht.

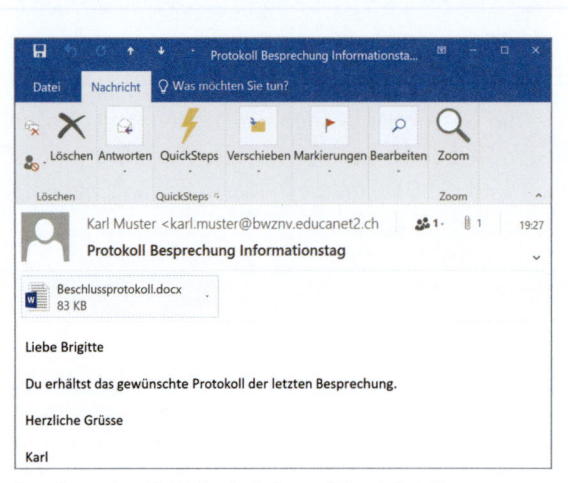

Empfang einer E-Mail mit Anhang (Word-Datei)

3.5.3 Nachrichten beantworten, weiterleiten und als Entwurf speichern

Nachrichten beantworten und weiterleiten

Sie können empfangene Nachrichten direkt im Nachrichtenfenster beantworten. Markieren Sie dazu die Nachricht im Posteingang und klicken Sie auf **Antworten** oder **Allen antworten**. Es erscheint ein neues Nachrichtenfenster mit der Abkürzung **AW:** mit bereits ausgefüllter Betreffzeile. Unterhalb der Schreibmarke wird standardgemäss die ursprüngliche Nachricht mit den Sendedaten wiedergegeben. Wenn die empfangene Nachricht eine Anlage enthalten hat, wird diese nicht mitgeschickt.

Eine Nachricht kann auch an eine andere Person weitergeleitet werden. Dabei wird die Anlage mitgeschickt. Wenn Sie eine Nachricht beantworten oder weiterleiten, behält die Nachricht das ursprüngliche Format.

Unter **Datei > Optionen > E-Mail > Antworten und Weiterleitungen** können Sie einstellen, ob der Ursprungstext einer Antwort beigefügt wird, und Sie können weitere Einstellungen zur Nachrichtenbehandlung vornehmen, beispielsweise, dass Antworten und Weiterleitungen jeweils in einem neuen Fenster geöffnet werden.

Register	**Datei**
Befehl	Optionen
Befehl	E-Mail
Abschnitt	Antworten und Weiterleitungen

Antworten und Weiterleitungen einrichten

E-Mail-Optionen

Nachrichten als Entwurf speichern

Eine Nachricht wird automatisch versandt oder in den Ordner **Postausgang** gelegt, bis Sie die Funktion **Senden/Empfangen** anklicken. Dies kann ärgerlich sein, wenn Sie eine Nachricht vor dem Versand nochmals überarbeiten wollten. Speichern Sie deshalb die Nachricht im Ordner Entwürfe. Dabei klicken Sie in der Symbolleiste des Nachrichtenformulars auf die Schaltfläche **Speichern**. Die Nachricht wird so im Ordner **Entwürfe** gespeichert. Wie im Posteingang wird die Nachricht im Lesebereich angezeigt. Um die Nachricht zu öffnen, klicken Sie sie doppelt an.

3.5.4 Lesebestätigung von Mails anfordern

Es kann sinnvoll sein, von wichtigen E-Mails eine Lesebestätigung zu erhalten. Eine Lesebestätigung erhalten Sie, wenn der Empfänger die Nachricht gelesen hat und die Lesebestätigung nicht unterdrückt. Es ist allerdings nicht sichergestellt, dass Sie eine Bestätigung erhalten.

Wenn Sie eine Lesebestätigung wünschen, stellen Sie Outlook an folgendem Ort ein: Register **Datei > Optionen > E-Mail > Verlauf**.

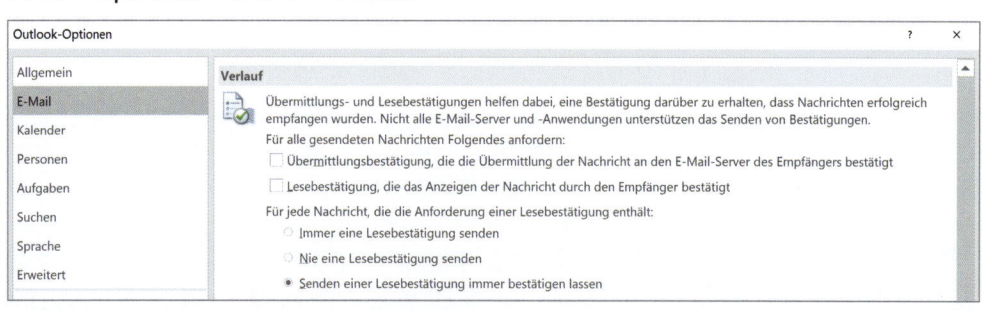

Register	**Datei**
Befehl	**Optionen**
Befehl	**E-Mail**
Abschnitt	**Verlauf**

E-Mail-Verlauf einstellen

Verhalten bei E-Mail mit angeforderter Lesebestätigung einstellen

Angenommen, Sebastian nimmt die Einladung von Karl an und antwortet ihm wie folgt:

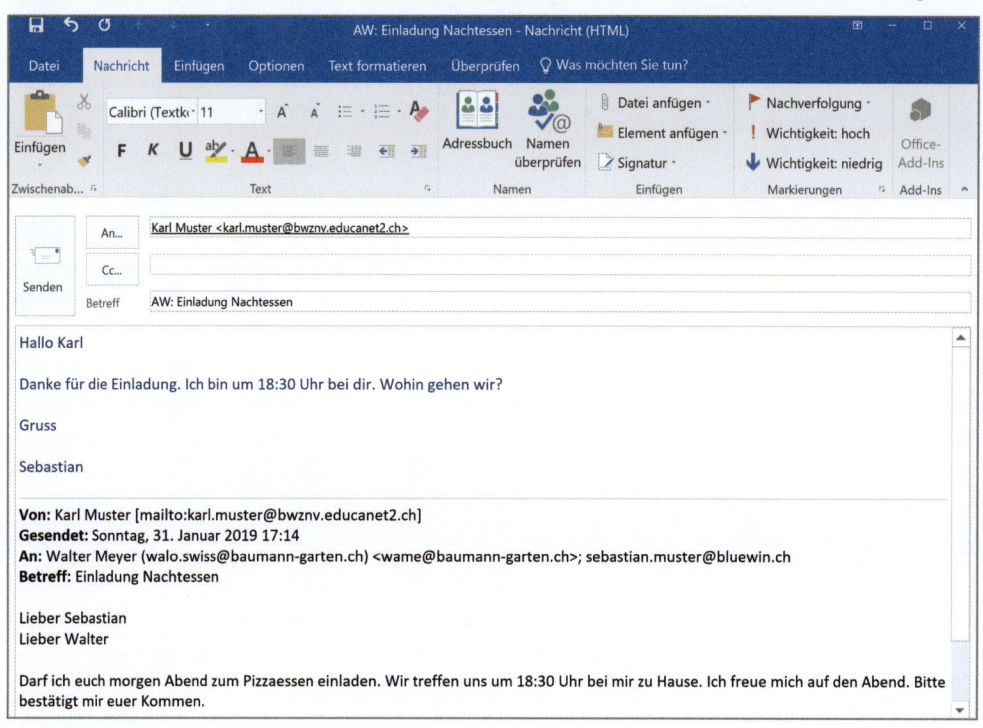

Nachrichtenfenster

Der Nachrichtenaustausch in Outlook

Register	**Optionen**
Gruppe	**Verlauf**
Befehl	**Lesebestät. anfordern**

Lesebestätigung anfordern

Karl antwortet Sebastian, verlangt diesmal jedoch eine Lesebestätigung:

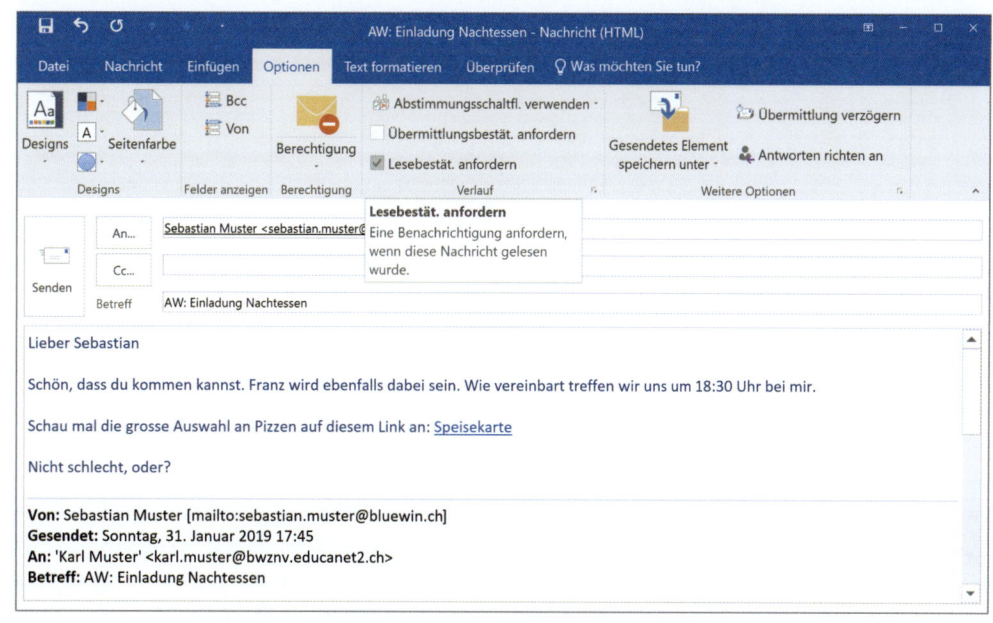

Nachricht, mit der eine Lesebestätigung verlangt wird, zusätzlicher Einbau eines Links

Sebastian erhält nun beim Öffnen der Nachricht folgende Meldung auf seinem Bildschirm. Er antwortet mit Ja, und die Lesebestätigung wird an Karl versandt.

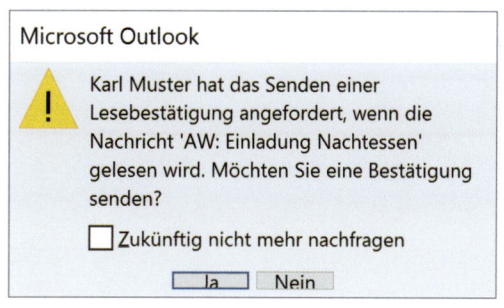

Fenster, mit dem die Lesebestätigung verlangt wird

Register	**Optionen**
Gruppe	**Verlauf**
Befehl	**Zustellungsbestät. anfordern**

Zustellungsbestätigung anfordern

Das ständige Bestätigen ist für den Empfänger nicht sehr angenehm und bedeutet für ihn auch eine kleine Mehrarbeit. Es ist deshalb sinnvoller, Lesebestätigungen ausschliesslich bei wichtigen Nachrichten zu definieren. Dazu gehen Sie so vor:

▶ Wählen Sie im Nachrichtenfenster Ihrer E-Mail das Register **Optionen.**

▶ Aktivieren Sie in der Gruppe **Verlauf** das Kontrollkästchen **Zustellungsbestät. anfordern** oder **Lesebestätigung anfordern.** Sie können auch beide Kontrollkästchen aktivieren.

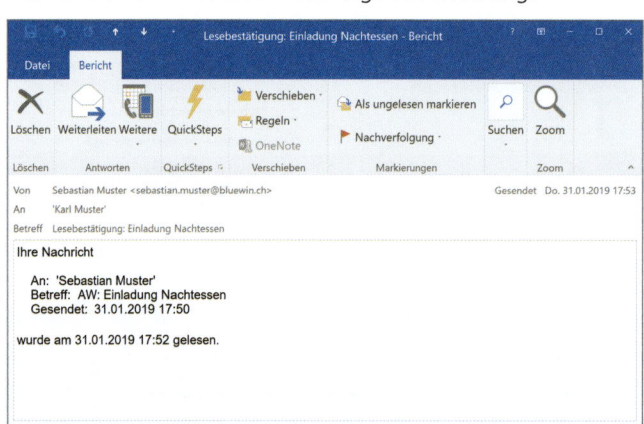

Mit Outlook Mails, Kontakte und Kalender verwalten

Karl erhält nun mit seiner Post folgende Meldung:

Eintreffen der Lesebestätigung

Aufgabe 23

1. Senden Sie an Ihre eigene E-Mail-Adresse eine Nachricht. Schalten Sie die Lesebestätigung nur für diese Meldung ein. Antworten Sie auf Ihre eigene Nachricht, indem Sie die Lesebestätigung mit Ja akzeptieren. Kontrollieren Sie, ob die Lesebestätigung wiederum auf Ihrer eigenen Mailbox eingegangen ist.

2. Schreiben Sie eine Meldung an sich selber oder an eine Kollegin/einen Kollegen. Nehmen Sie die Adresse aus dem Adressbuch (unter Umständen müssen Sie die Adresse noch im Adressbuch erfassen). Verwenden Sie unterschiedliche Schriftfarben und Schriftgrössen (geeignetes Format wählen!). Integrieren Sie eine Aufzählung mit Aufzählungszeichen in Ihre Mitteilung.

3.5.5 Wichtigkeit und Vertraulichkeit der Nachricht bestimmen

In der Regel werden Wichtigkeit und Vertraulichkeit einer Nachricht mit dem Eintrag **Normal** versendet. Die Priorität kann allerdings auch höher eingestellt werden. Es macht jedoch keinen Sinn, dies für alle E-Mail-Nachrichten zu tun.

Register	Nachricht
Gruppe	Markierungen
Befehl	Wichtigkeit

Priorität festlegen

Wichtigkeit

Sofern Sie jedoch tatsächlich eine wichtige Nachricht versenden, können Sie dies dem Empfänger signalisieren. Am einfachsten wählen Sie direkt im Nachrichtenfenster die Wichtigkeit «Hoch», was sich dann nur auf die aktuelle Nachricht bezieht. Klicken Sie auf das Symbol mit dem roten Ausrufezeichen. Dieses Symbol erscheint dann beim Empfänger ebenfalls im Arbeitsbereich. Im Lesebereich steht zusätzlich der Text «Diese Nachricht wurde mit Wichtigkeit ‹Hoch› gesendet».

! = Wichtigkeit «Hoch»   ↓ = Wichtigkeit «Niedrig»

Eine dringende Meldung, die Karl an Brigitte Frey sendet, kommt bei Brigitte so an:

Nachricht mit Wichtigkeit «Hoch»

Register	Optionen
Gruppe	Weitere Optionen
Befehl	Dialogfeld Nachrichtenoptionen

Vertraulichkeit einstellen

Vertraulichkeit

Mit der Vertraulichkeit können Sie dem Empfänger mitteilen, ob es sich um eine private, persönliche oder vertrauliche Mitteilung handelt. Wählen Sie das Register **Optionen**. In der Gruppe **Weitere Optionen** (oder **Verlauf**) klicken Sie zum Öffnen des Dialogfelds **Nachrichtenoptionen** auf den Pfeil rechts unten. Nun können Sie die gewünschte Vertraulichkeitsstufe auswählen.

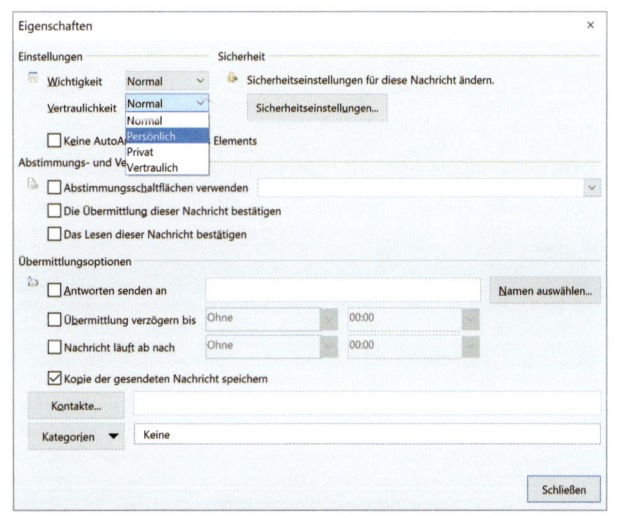

Auswahl der Vertraulichkeitsstufe «Persönlich»

Der Hinweis wird nur im Lesebereich bzw. bei geöffneter Nachricht in der Kopfzeile sichtbar.

Mit Outlook Mails, Kontakte und Kalender verwalten

3.6 Organisationsinstrumente in Outlook

3.6.1 Verteilerliste erstellen

Verteilerlisten sind ein einfaches Instrument, womit Sie Nachrichten an eine Gruppe von Personen senden können. Zur Hauptsache dient diese Einrichtung für den beruflichen Alltag. Sie können aber auch eine Verteilerliste erstellen, um ausgewählten Klassenkameradinnen und Klassenkameraden eine Mail zu senden, zum Beispiel bei einer Gruppenarbeit.

Nachrichten, die aufgrund einer Verteilerliste adressiert werden, erhalten alle in der Liste definierten Mitglieder. Den Empfängern wird in der **An-Zeile** die eigene Adresse und die aller anderen Empfänger angezeigt.

So erstellen Sie die Liste im Modul Personen (Kontakte):

Register	**Start**
Gruppe	**Neu**
Befehl	Neue Elemente
Befehl	Weitere Elemente
Befehl	Kontaktgruppe

Neue Kontaktgruppe erstellen (Modul Personen)

▶ Wählen Sie unter **Start** in der Gruppe **Neu** den Befehl **Neue Elemente > Weitere Elemente > Kontaktgruppe.**

▶ Bestimmen Sie den Namen der Verteilerliste (in unserem Beispiel Klasse).

Mitglieder hinzufügen

▶ Wählen Sie **Mitglieder hinzufügen**. Im Dialogfeld markieren Sie die gewünschten Kontakte; übernehmen Sie Ihre Auswahl mit Klick auf den Knopf **Mitglieder,** dann auf **OK**.

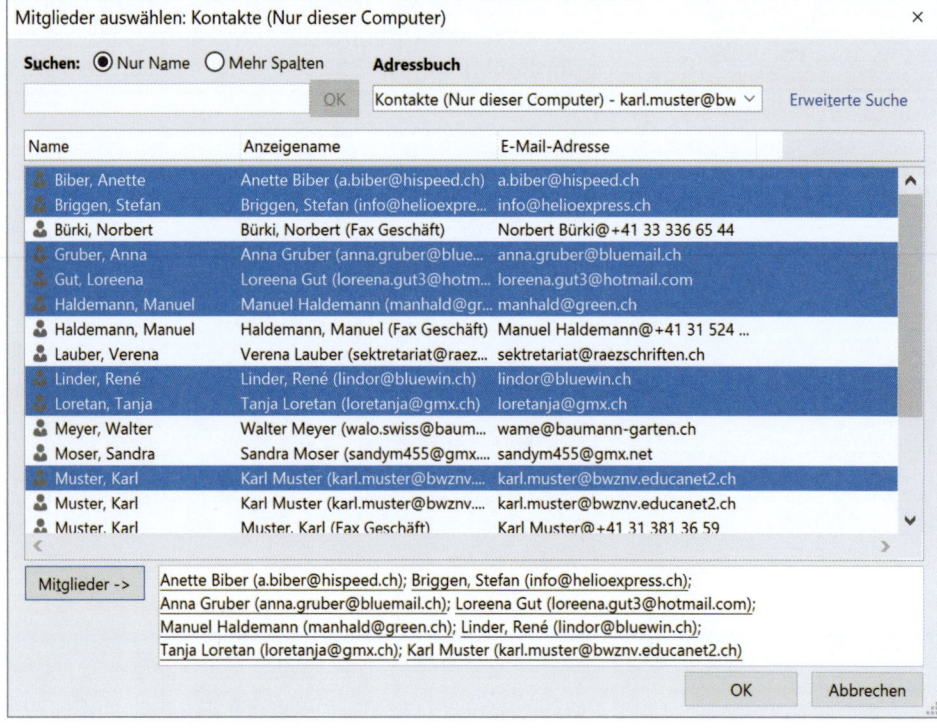

Mitglieder zur Kontaktgruppe hinzufügen

100

Im gleichen Dialogfeld können Sie auch später weitere Mitglieder hinzufügen oder Mitglieder entfernen. Sie können der Verteilerliste auch eine Notiz hinzufügen oder Verteilerlisten Kategorien zuweisen.

▶ Zum Speichern wählen Sie **Speichern & Schliessen**.

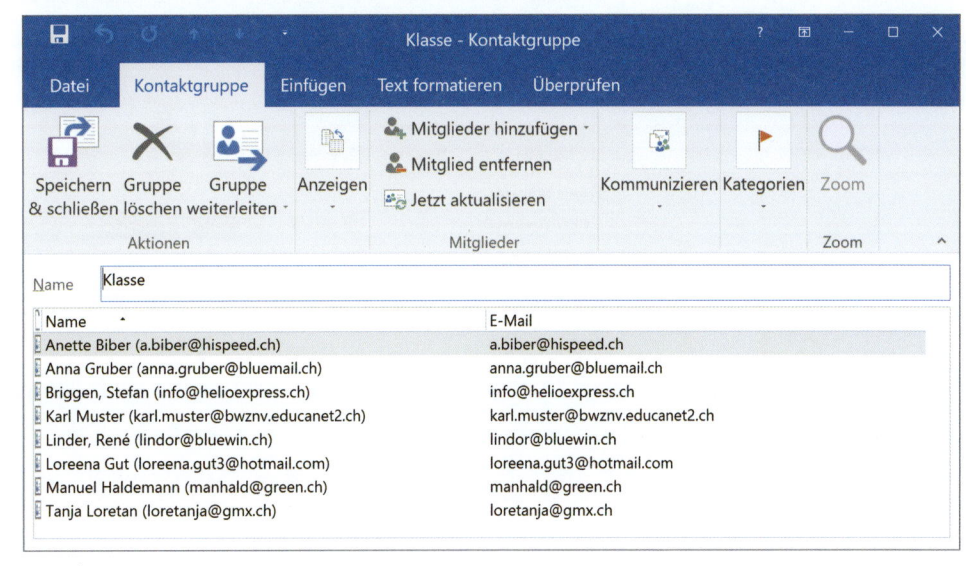

Kontaktgruppe

Verteilerlisten werden standardmässig im Ordner **Kontakte** gespeichert.

Um eine Nachricht an die Namen in der Verteilerliste zu senden, öffnen Sie eine neue Nachricht und tragen Sie den Namen der Verteilerliste in das **An**-Feld ein. Möglich ist auch, auf den **An**-Knopf zu klicken und die Verteilerliste aus dem Listenfeld auszuwählen:

Register	Verteilerliste
Gruppe	Mitglieder
Befehl	Jetzt aktualisieren

Verteilerliste aktualisieren

Wenn sich Daten eines Kontakts, der auch in einer Verteilerliste angelegt wurde, ändern, müssen Sie diese Änderungen nicht von Hand in die Verteilerliste eingeben. Nachdem Sie die Änderungen im Kontaktordner eingetragen haben, öffnen Sie die Verteilerliste und wählen **Jetzt aktualisieren**.

3.6.2 Signaturen und Visitenkarten erstellen

Signaturen

Signaturen dienen dazu, standardmässig einer E-Mail automatisch bestimmte Angaben beizufügen. Meist enthalten sind Namen, Telefonnummer und Anschrift des Absenders, und sie werden am Ende einer Nachricht eingefügt. Die in einer Signatur enthaltenen Daten können nicht automatisch ins Adressbuch eingefügt werden. Dazu dienen die Visitenkarten, vCards genannt.

Signaturen können in Outlook mittels eines Assistenten erstellt werden, oder Sie legen eine HTML-Datei an und verwenden diese als Signatur.

Register	Datei
Befehl	Optionen
Befehl	E-Mail
Befehl	Signaturen

Neue Signatur erstellen

So erstellen Sie eine neue Signatur:

▶ Wählen Sie **Datei > Optionen > E-Mail**. Klicken Sie im Bereich **Nachrichten verfassen** auf das Feld **Signaturen** und wählen Sie **Neu**. Weisen Sie der Signatur einen Namen zu.

▶ Nachdem Sie alle Formatierungen vorgenommen haben, klicken Sie auf **OK**.

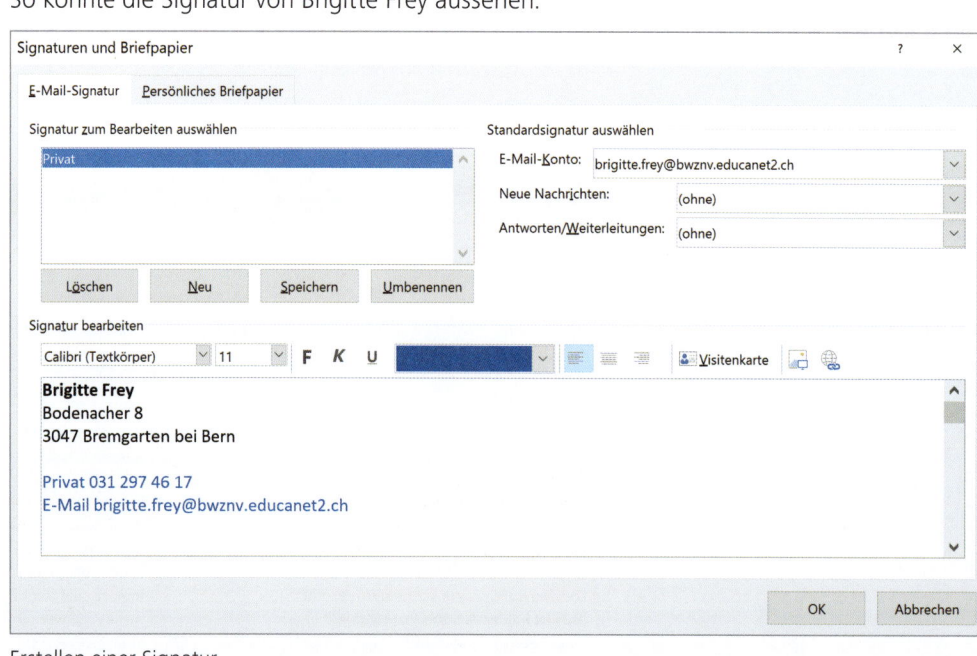

So könnte die Signatur von Brigitte Frey aussehen:

Erstellen einer Signatur

Nachdem Sie die Signatur erstellt haben, können Sie diese auf zwei Arten einfügen:

- Automatisches Einfügen: Sie geben unter **Standardsignatur auswählen** das entsprechende E-Mail-Konto an und geben an, wann die Signatur erscheinen soll (z. B. nicht bei Antworten/Weiterleitungen).
- Manuelles Einfügen: Vielleicht wollen Sie die Signatur nur bei bestimmten E-Mails einfügen. Klicken Sie im Textbereich der E-Mail-Nachricht an die Stelle, wo die Signatur eingefügt werden soll. Beim Register **Nachricht** unter der Gruppe **Einfügen** wählen Sie anschliessend den Befehl **Signatur**.

Visitenkarten (vCards)

Mit vCards können Sie die wichtigsten Informationen Ihrer Kontakte schnell in den Kontaktordner aufnehmen. Das Gleiche gilt für Ihre Partner. Wenn Sie eine vCard einer Nachricht beifügen, können die Empfänger diese Angaben ebenfalls problemlos in den Kontaktordner aufnehmen und müssen Ihre Daten nicht von Hand eintippen.

Wenn Sie eine vCard empfangen, sind Sie nie ganz sicher, ob sie nicht virenverseucht ist. Seien Sie also vorsichtig und überprüfen Sie vCards zuerst mit einem Virenscanner.

Visitenkarten können direkt aus dem Kontaktordner gesandt werden. Klicken Sie auf die entsprechende Visitenkarte. Wählen Sie **Start** > **Freigeben** > **Kontakt** > **Weiterleiten**. Klicken Sie auf **Als Visitenkarte**. Natürlich können Sie auch beim Verfassen einer neuen E-Mail-Nachricht direkt eine Visitenkarte anfügen.

Register	**Einfügen**
Gruppe	**Einschliessen**
Befehl	**Signatur**

Signatur einfügen

Register	**Start**
Gruppe	**Freigeben**
Befehl	Kontakt weiterleiten
Befehl	Als Visitenkarte

Visitenkarten aus Modul **Personen** versenden

Register	**Nachricht**
Gruppe	**Einfügen**
Befehl	Element anfügen

Visitenkarten einer E-Mail beifügen

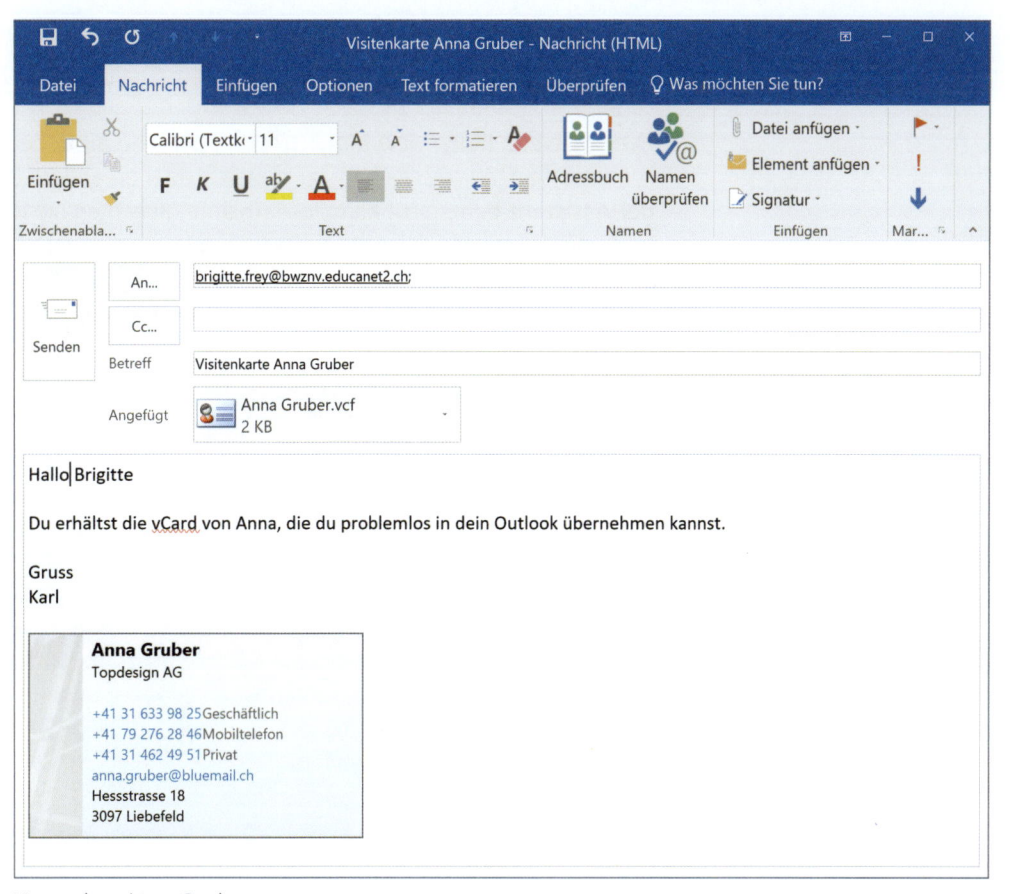

Versenden einer vCard

Aufgabe 24 Erstellen Sie eine Verteilerliste mit Adressen aus Ihrem Kontaktordner und senden Sie Ihre vCard an diese ausgewählte Gruppe.

3.6.3 Regeln erstellen und verwalten

Regeln erstellen

Outlook bietet Ihnen viele Möglichkeiten, ein- und ausgehende Nachrichten automatisch zu kennzeichnen, zu verschieben, zu kopieren oder an andere Benutzer weiterzuleiten. Der **Regel-Assistent** beherrscht komplexe Abläufe. Beachten Sie jedoch, dass falsch definierte Regeln im schlimmsten Fall dazu führen können, dass zugestellte Nachrichten automatisch gelöscht oder irrtümlicherweise an jemanden weitergeleitet werden, der diese Nachricht nicht erhalten sollte.

Der prinzipielle Aufbau bei der Regelerstellung sieht so aus:

- Sie legen fest, welche eingehenden oder abgehenden Nachrichten mit der Regel erfasst werden sollen. Also beispielsweise alle Mails von Ihrer Lehrerin oder Ihrem Lehrer.
- Sie bestimmen, was mit der Nachricht geschehen soll – z. B. soll eine Nachricht auf dem Bildschirm erscheinen und in einem bestimmten Ordner abgelegt werden.
- Sie regeln die Ausnahmen, z. B. wenn es sich um eine Abwesenheitsmeldung handelt.
- Sie geben der Regel einen möglichst aussagekräftigen Namen.

Register	**Start**
Gruppe	**Verschieben**
Befehl	**Regeln**
Befehl	**Regel erstellen**

Neue Regel erstellen

Eine neue Regel erstellen Sie, indem Sie in den Posteingang wechseln und im Register **Start** auf **Regeln** klicken. Drücken Sie im sich öffnenden Dialogfeld auf das Symbol **Regel erstellen**. Es öffnet sich der **Regel-Assistent**.

Regel festlegen

In diesem Fenster legen Sie fest, wann die definierte Regel angewandt werden soll. In unserem Beispiel wird eine Mail von Karl Muster automatisch in den Ordner Karl im Posteingang gelegt. Ein neuer Ordner kann während der Eingabe der Regel erstellt werden.

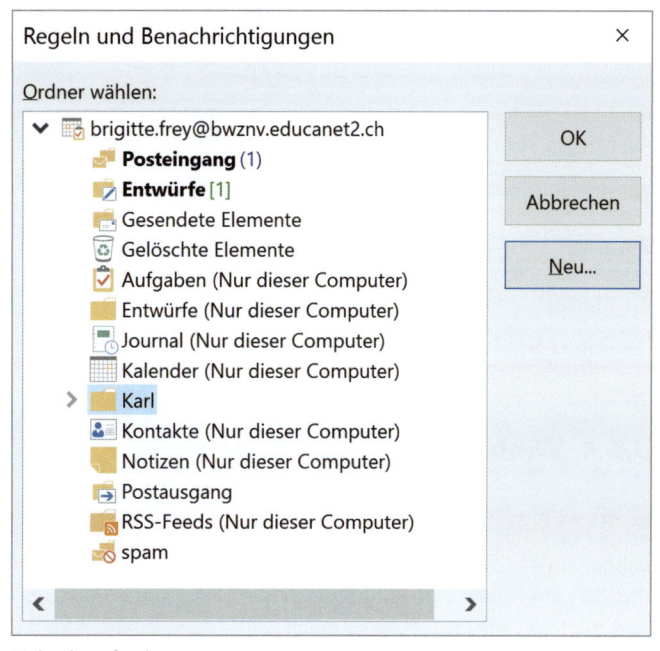

Zielordner festlegen

Regeln verwalten

Vorhandene Regeln können Sie in der Regelliste verwalten:

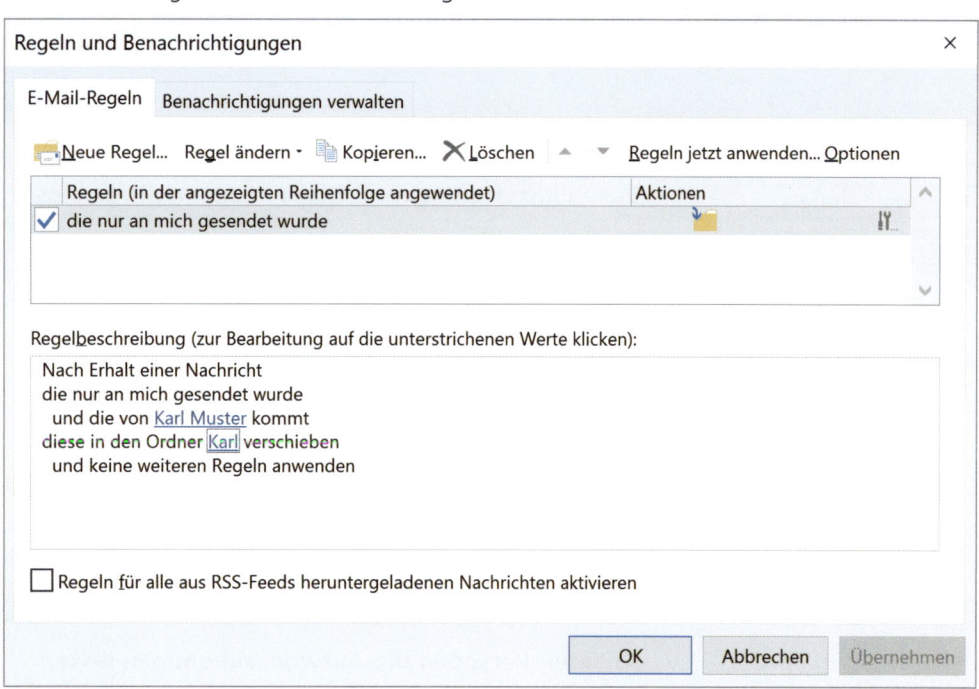

Register	**Start**
Gruppe	**Verschieben**
Befehl	**Regeln**
Befehl	**Regeln und Benachrichtigungen verwalten**

Regeln verwalten

Liste der Regeln

Soll vorübergehend eine der angezeigten Regeln nicht angewandt werden, deaktivieren Sie das vor der Regel angezeigte Kontrollkästchen. Über die Schaltfläche **Regeln ändern** können Sie die Regel anpassen. Haben Sie die Regel nur für ein Konto erstellt, können Sie diese über die Schaltfläche **Kopieren** anpassen. Wählen Sie nach der Erstellung einer Regel nacheinander **Übernehmen** und **OK**.

Mit Outlook Mails, Kontakte und Kalender verwalten

Nachrichten als Basis für eine Regel benutzen

Wenn Sie häufig E-Mails von gleichen Absendern bekommen und deren Nachrichten automatisch in einen Ordner verschieben wollen, können Sie eine der Nachrichten als Basis für eine neue Regel benutzen. Dazu öffnen Sie die betreffende Nachricht und klicken im Register **Verschieben** auf **Regeln**.

Aufgabe 25

Sie erhalten von einem Absender häufig wichtige Nachrichten. Erstellen Sie eine Regel, welche

▶ die Nachrichten in einen bestimmten Ordner legt,

▶ einen Sound wiedergibt (sofern dies auf Ihrem PC möglich ist),

▶ in einem Benachrichtigungsfenster den Text ausgibt: Wichtige Nachricht von …

3.6.4 Weitere nützliche Funktionen

Register	Einfügen
Gruppe	Link
Befehl	Link

Link einfügen

Links in Nachrichten einfügen

Häufig nutzt man in E-Mails die Möglichkeit, auf eine Website aufmerksam zu machen. Links müssen aber nicht unbedingt zu Webseiten führen. Auch E-Mail-Adressen oder Namen können mit Links unterlegt werden. Wenn Sie auf einen solchen Link klicken, öffnet sich das Nachrichtenformular. Die Empfängeradresse ist bereits eingetragen. Sie brauchen nur noch den Betreff und den Nachrichtentext einzufügen.

Aufgabe 26

Senden Sie einer Kollegin/einem Kollegen oder einer Klassenkameradin/einem Klassenkameraden eine Mail, in der Sie mit einem Link auf eine interessante Website aufmerksam machen.

Register	Datei
Befehl	Optionen
Befehl	E-Mail
Abschnitt	Nachrichten-eingang

Verhalten bei E-Mail-Eingang festlegen

Beim Eintreffen neuer E-Mails benachrichtigen lassen

Sie können sich von Outlook jederzeit informieren lassen, wenn neue Nachrichten eingehen. Entsprechende Einstellungen wählen Sie im Register **Datei > Optionen > E-Mail > Nachrichteneingang**. Aktivieren oder deaktivieren Sie die gewünschten Kontrollkästchen.

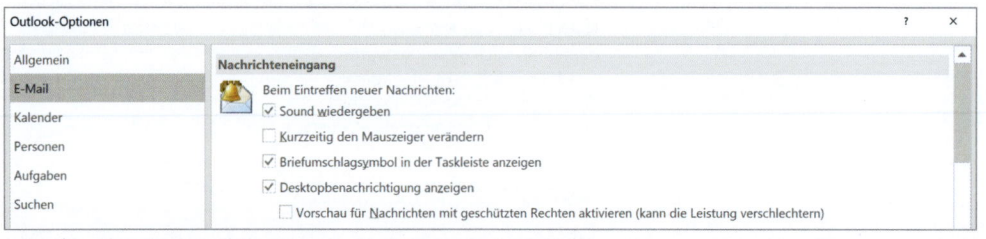

Einstellung von E-Mail-Optionen

Anderen Personen die Antwort zukommen lassen

Brigitte Frey hat sich bereit erklärt, die monatliche Klassenzusammenkunft im September zu organisieren. Karl bittet Brigitte, ein provisorisches Programm vorzulegen. Die Antwort sollen alle Klassenmitglieder erhalten. Im Dialogfeld **Nachrichtenoptionen** unter **Übermittlungsoptionen** trägt Karl alle Adressen der Klassenmitglieder aus dem Adressbuch ein:

Organisationsinstrumente in Outlook

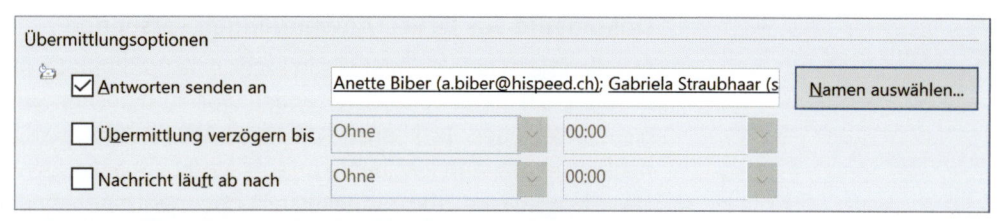

Nachrichten automatisch an andere Klassenmitglieder senden

Diese Nachricht geht nun von Karl an Brigitte:

E-Mail von Karl an Brigitte

Die Antwort von Brigitte geht automatisch an alle Klassenmitglieder:

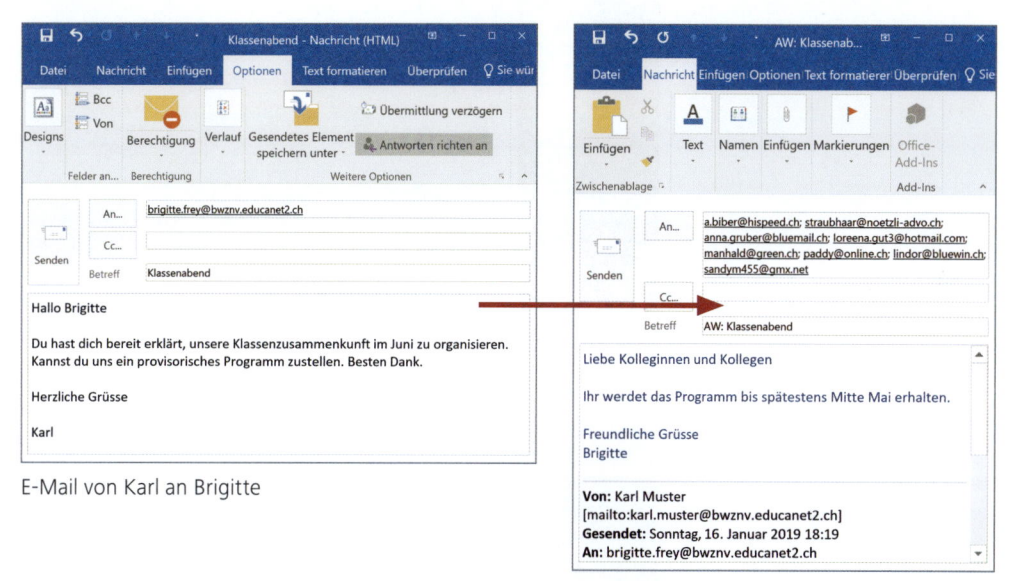

Antwort geht an alle Klassenmitglieder

| Aufgabe 27 | Senden Sie an Ihren Lehrer oder Ihre Lehrerin eine Anfrage. Die Antwort sollen automatisch alle Klassenmitglieder erhalten. Setzen Sie die Wichtigkeit dieser Nachricht auf «Hoch». |

Register	**Nachricht**
Gruppe	**Nachverfolgung**
Befehl	**Nachverfolgung**

Kennzeichen festlegen

Nachrichten kennzeichnen

In Outlook können Sie jede Nachricht mit der Option **Zur Nachverfolgung** kennzeichnen. Klicken Sie auf dieses Symbol: ⚑ Zur Nachverfolgung ▾ .

Ein Klick auf das Symbol ⚑ ändert dieses in ein Fähnchen, ein Klick auf das Fähnchen ändert das Symbol in ein Häkchen. So können Sie Ihre Nachrichten je nach Bearbeitungsstatus kennzeichnen.

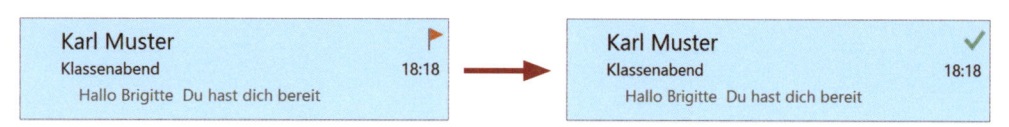

107

Dokumente aus Office-Anwendungen versenden

Erstellen Sie gerade eine Tabelle in Excel, eine Präsentation in PowerPoint oder ein Dokument in Word, das Sie per E-Mail versenden wollen, brauchen Sie die entsprechende Anwendung nicht zu verlassen. Sie können sich einige Arbeitsschritte ersparen, wenn Sie die E-Mail-Nachricht direkt aus dem Programm an eine Nachricht anhängen und in den Postausgang stellen. Nachdem Sie eine Office-Datei erstellt oder geöffnet haben, klicken Sie auf das Register Datei. Unter **Freigeben** öffnet sich folgende Auswahl:

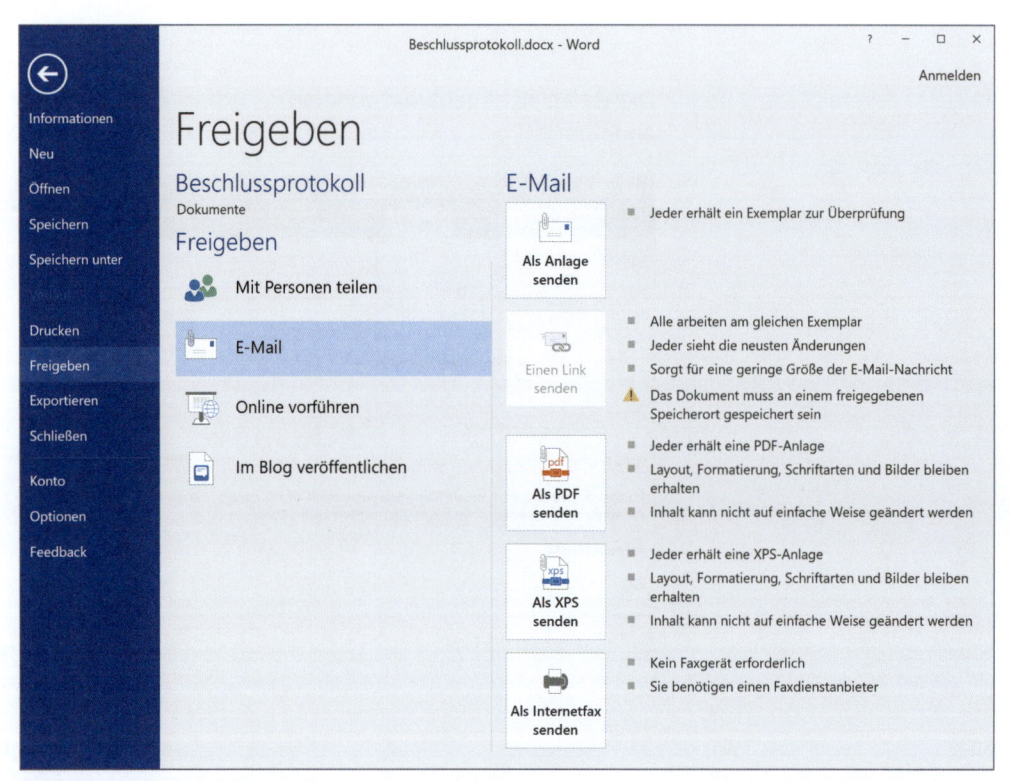

Dokument aus Word versenden

| Aufgabe 28 | Testen Sie die verschiedenen Möglichkeiten, indem Sie Mails direkt aus Office-Anwendungen an einen oder mehrere Klassenkameraden versenden. Benutzen Sie dazu Word, Excel und PowerPoint. |

3.7 Termin- und Aufgabenverwaltung

Mit Outlook können Sie Ihre Zeit und Ihre Arbeit optimal planen. Sie können einzelne oder sich wiederholende Termine im Kalender eintragen, Geburtstage, Sitzungstermine und Ähnliches vermerken oder Besprechungsanfragen versenden, die vom Empfänger per Mausklick beantwortet werden.

3.7.1 Termine im Kalender eintragen

Neben Terminen lassen sich in Outlook Ereignisse eintragen. **Ereignisse** können zum Beispiel Geburtstage oder Ferientage sein. Sie dauern mindestens einen Tag und werden nicht in Zeitblöcken im Kalender angezeigt, sondern als sogenannte Banner dargestellt. **Banner** sind kleine Einblendungen im Spaltenkopf.

Register	**Start**
Gruppe	**Gehe zu**
Dialogfeld	**Gehe zu Datum**

Zu einem bestimmten Datum springen

Termine direkt eintragen

Am einfachsten können Sie einen Termin direkt in der Tagesansicht eintragen. Dazu wählen Sie im Navigationsbereich den Ordner **Kalender**.

Gehen Sie zum gewünschten Datum, indem Sie den visuellen Kalender benützen oder den Befehl **Start > Gehe zu > Gehe zu Datum** wählen.

Geben Sie im entsprechenden Zeitintervall den Termin ein. Drücken Sie die **Enter-Taste**. Der Zeitblock ist nun als Termin markiert. Sie können die Zeitspanne jederzeit ändern, indem Sie mit der Maus den Rand erfassen und nach oben oder unten ziehen.

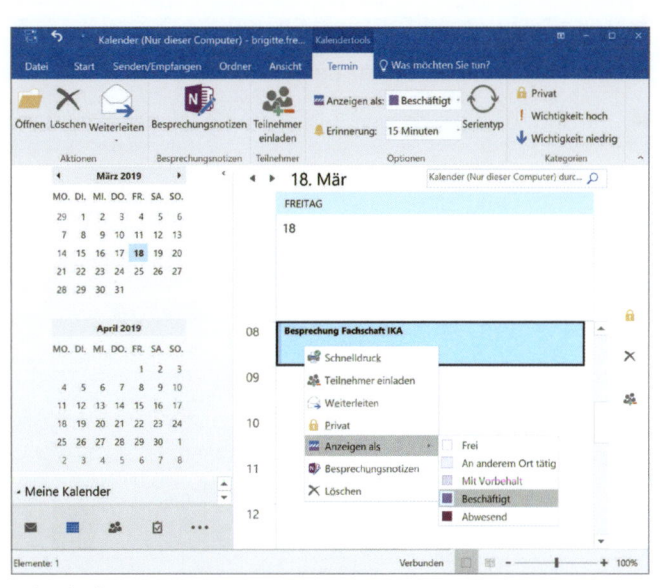

Kalenderfenster

Der Termin wird standardmässig als **Beschäftigt** eingetragen. Sie können einem Termin auch den Status **Frei, An anderem Ort tätig, Mit Vorbehalt** oder **Ausser Haus** zuweisen. Dazu klicken Sie mit der rechten Maustaste auf den Termin und wählen aus dem Kontextmenü **Anzeigen als** den gewünschten Eintrag. Die Kategorisierung von Zeitspannen ist vor allem dann nützlich, wenn andere Personen Zugriff auf Ihren Terminkalender haben.

Mit Outlook Mails, Kontakte und Kalender verwalten

Termine über das Terminformular eintragen

Wesentlich mehr Möglichkeiten stehen Ihnen offen, wenn Sie für Ihre Termineintragungen das Terminformular verwenden. Am einfachsten klicken Sie dazu in der Symbolleiste auf **Neuer Termin**. Dieses Beispiel zeigt einen einfachen Termineintrag:

Register	Start
Gruppe	Neu
Befehl	Neuer Termin

Neuen Termin eintragen

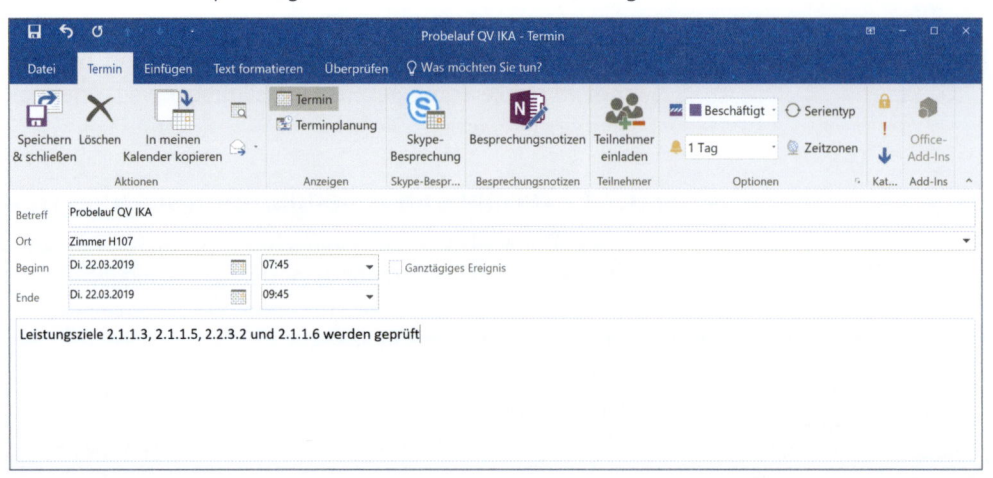

Fenster Terminformular

Aufgabe 29

- ▶ Geben Sie einen privaten Termin im Terminformular ein.
- ▶ Wählen Sie als Option, dass Sie zwei Tage vorher an den Termin erinnert werden.
- ▶ Zur Erinnerung soll der standardmässige Sound aus Outlook erklingen.
- ▶ Der Termin soll als **Ausser Haus** angezeigt werden.
- ▶ Der Termin soll als **Privat** bezeichnet sein.
- ▶ Ihr Eintrag soll auch eine Beschreibung (Notizen) enthalten.

3.7.2 Termine planen und verwalten

Mehrtägige Termine eintragen

Besuchen Sie einen mehrtägigen Weiterbildungskurs, sind Sie mehrere Tage bei einem Kunden im Ausland, so tragen Sie einen mehrtägigen Termin in Ihren Terminkalender ein. Im Feld **Beginnt um** tragen Sie den Starttag ein. Im Feld **Endet um** tragen Sie den Tag ein, an welchem der mehrtägige Termin endet. In der Ansicht **Woche** oder **Monat** sehen Sie, über welche Tage sich der Termin erstreckt. Der unten stehende mehrtägige Termin dauert vom 06.06., 08:00 Uhr, bis zum 10.06., 17:00 Uhr.

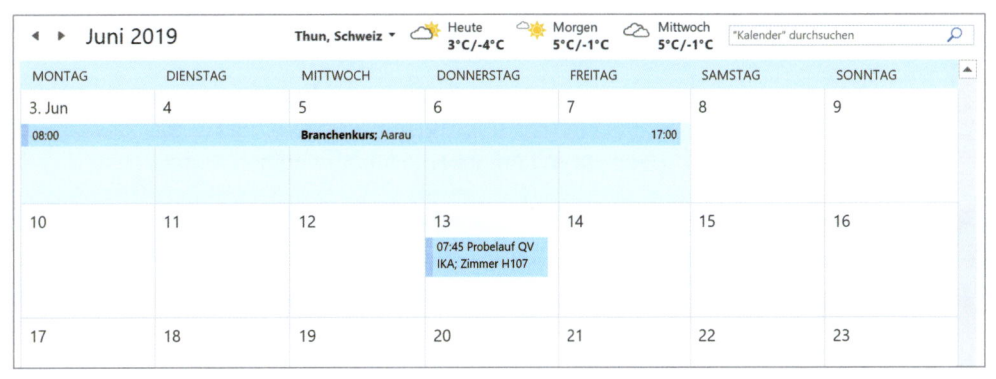

Mehrtägiger Termin

Das Erinnerungsfenster

Bei der Planung eines Termins können Sie die Erinnerung für einen Termin oder ein Ereignis einschalten und den gewünschten Zeitpunkt der Erinnerung eingeben. Zum gewählten Zeitpunkt öffnet sich ein Erinnerungsfenster:

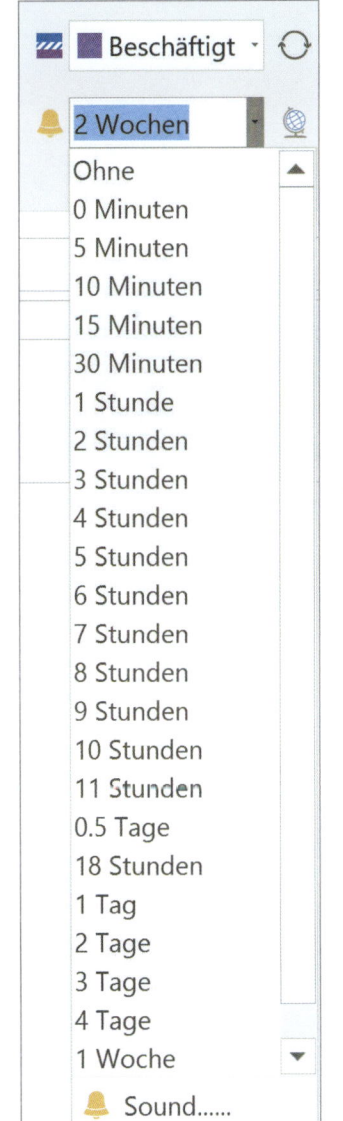

Erinnerungszeitpunkt festlegen 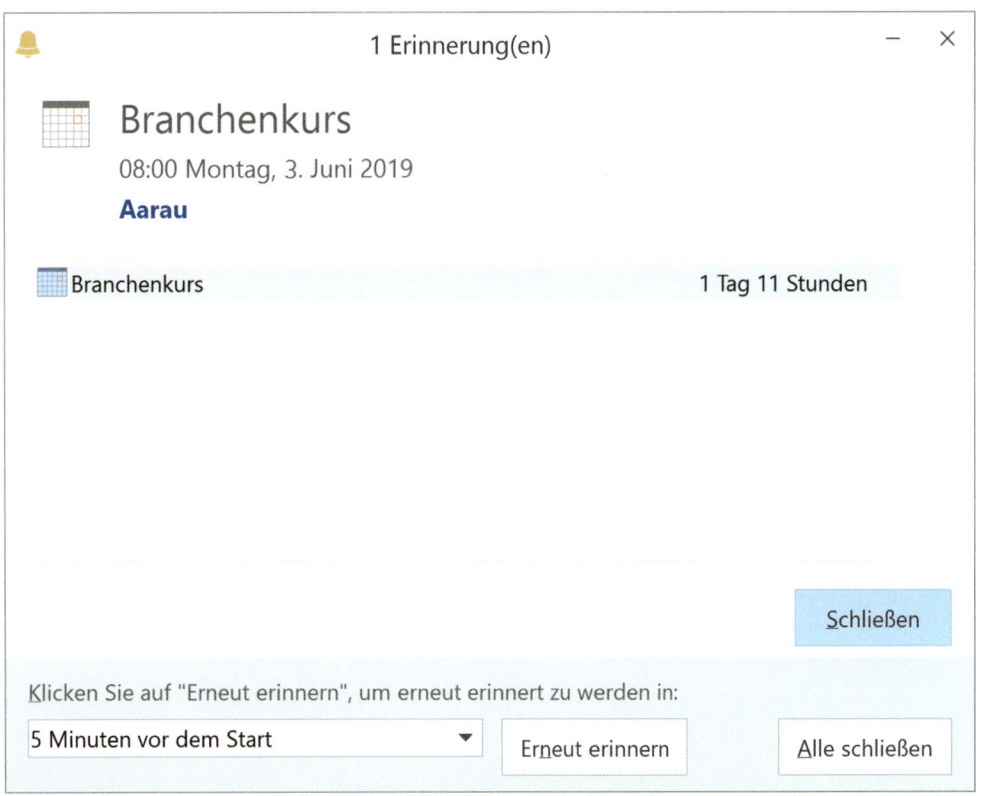   Erinnerungsfenster

Mit Outlook Mails, Kontakte und Kalender verwalten

Register	**Termin**
Gruppe	**Kategorien**
Befehl	**Kategorisieren**

Kategorie festlegen

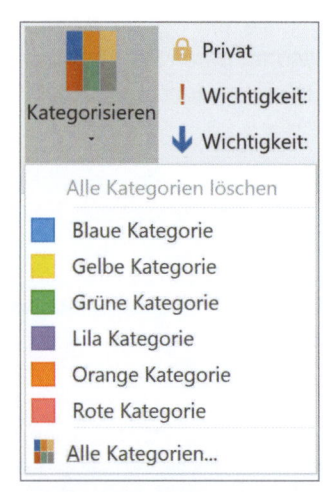

Fenster Kategorisieren

Termine mit Farben kategorisieren

Der Einsatz von Farben unterstützt Sie, Ihre Termine sinnvoll zu verwalten. Sie erkennen so auf einen Blick, um welche Art von Termin es sich handelt. Beim Klick auf das Symbol **Kategorien** öffnet sich eine Auswahl von sechs Farben. Unter **Alle Kategorien…** können Sie den einzelnen Farben einen eigenen Text beifügen oder auch weitere Farben hinzufügen. Outlook bietet Ihnen eine Palette von 25 Farben.

Die Kalenderfarben stehen nicht zur Verfügung, wenn die Standarddatendatei mit einem IMAP-Konto verknüpft ist. Mit einem Exchange-Konto oder einer lokalen Datendatei als Standard können Sie die Elemente mit Farben kategorisieren.

Terminserien planen

Regelmässig wiederkehrende Termine, z. B. wöchentliche Sporttrainings, können Sie im Terminformular als **Terminserie** eintragen. Dazu klicken Sie im Terminfenster auf das Symbol **Serientyp** und geben die notwendigen Angaben ein.

Ereignisse eingeben

Einen ganztägigen Termin (Ereignis) geben Sie ein, indem Sie ein Terminformular öffnen und bei **Ganztägiges Ereignis** ein Häkchen setzen. Nun nehmen Sie die gewünschten Eintragungen vor und klicken auf **Speichern & Schliessen.** Der Ereigniseintrag wird in der Datumskopfzeile angezeigt. Regelmässige Ereignisse können Sie wie die anderen Termine als Serientyp in Ihren Kalender eintragen.

Register	**Datei**
Befehl	**Optionen**
Befehl	**Kalender**
Abschnitt	**Arbeitszeit**

Persönliche Arbeitszeiten vorgeben

Persönliche Arbeitszeiten vorgeben

Die Standardanzeigen des Kalenders können Sie Ihren persönlichen Arbeitszeiten anpassen. Wählen Sie dazu **Datei > Optionen > Kalender > Arbeitszeit.** Legen Sie die regelmässigen Arbeitstage fest und geben Sie Arbeitsbeginn und Arbeitsende ein. Alle Zeiten, die ausserhalb Ihrer Arbeitszeiten liegen, werden in der Kalenderansicht in etwas dunklerer Farbe angezeigt.

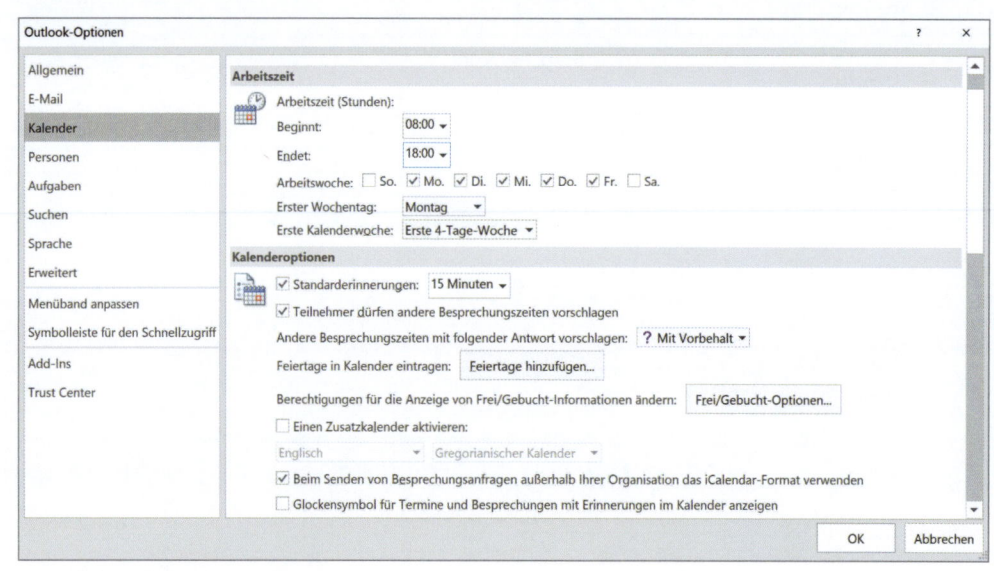

Persönliche Arbeitszeit vorgeben

Termin- und Aufgabenverwaltung

Anzeigen der Termine

In der Kalenderansicht können Sie die Anzeige der Termine wählen:

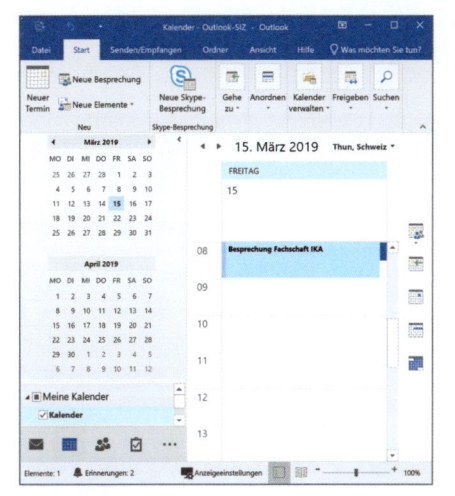

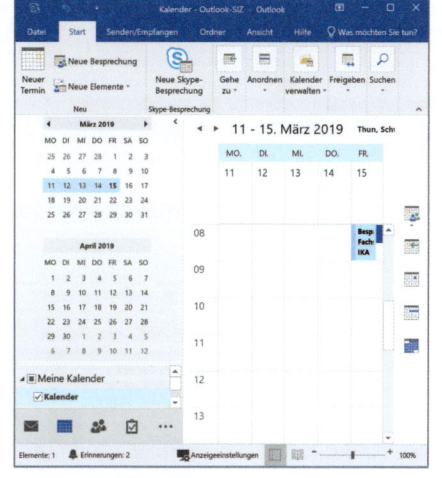

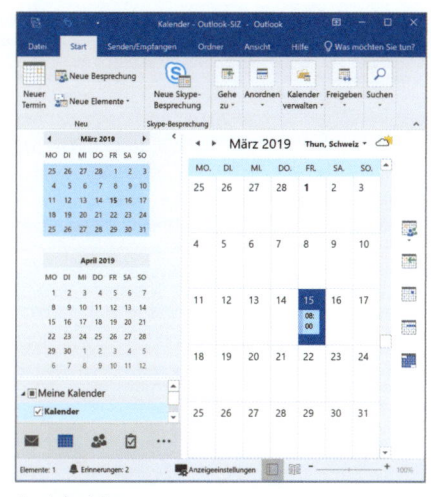

Ansicht Tag

Ansicht Arbeitswoche

Ansicht Monat

Termine ändern, verschieben, kopieren

Einen Termin können Sie jederzeit bearbeiten. Gehen Sie im Kalender zum entsprechenden Eintrag und öffnen Sie das Terminfenster. Ändern Sie die entsprechenden Eintragungen.

Wollen Sie einen Termin innerhalb eines Tages verschieben, wählen Sie am besten die **Ansicht Tag**, klicken mit der Maus auf den Termin und ziehen ihn mit gedrückter Maustaste auf die neue Uhrzeit. Mit den Drag-and-Drop-Funktionen können Sie einen Termin bei der Wochen- oder Monatsansicht auch ganz einfach auf einen anderen Tag ziehen. Wiederholt sich ein Termin, ziehen Sie ihn mit gedrückter Ctrl-Taste auf das entsprechende Datum.

Über die Schaltfläche **Heute** wechseln Sie zum aktuellen Datum.

Wollen Sie mehrere aufeinanderfolgende Tage anzeigen? Klicken Sie im Datumsnavigator auf den ersten Tag und dann mit gedrückter Umschalttaste auf den letzten anzuzeigenden Tag oder markieren Sie die Tage mit der Maustaste. Sie können auch unzusammenhängende Tage anzeigen, indem Sie die Ctrl-Taste drücken und die einzelnen Tage anklicken.

Datumsnavigator

Mit Outlook Mails, Kontakte und Kalender verwalten

Aufgabe 30	Der Kalender verfügt über weitere Ansichtsoptionen. Testen Sie die verschiedenen Möglichkeiten:

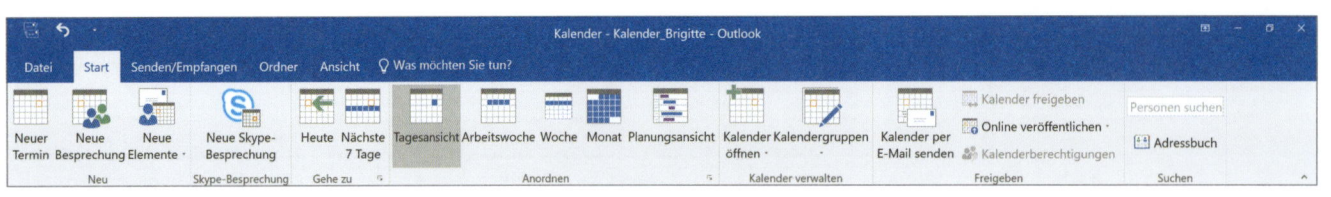

Ansichtsoptionen im Kalender

> Am 1., 3. und 5. eines **bestimmten Monats** bereiten Sie sich in einem Sportklub auf einen Wettkampf vor. Das Training findet jeweils von 19:30 bis 21 Uhr statt.
>
> Tragen Sie den Termin in Ihren Kalender ein.
> Verlängern Sie den Erinnerungszeitraum auf einen Tag.
> Bezeichnen Sie den Termin als **privat.**
> Beschriften Sie den Termin mit **wichtig.**

> Tragen Sie eine persönliche Terminserie in den Kalender ein (Musikunterricht usw.).

> Tragen Sie Ihre Ferien in den Kalender ein.

> Ändern Sie die Zeiteinteilung der Tagesansicht in 15-Minuten-Einheiten.

3.7.3 Besprechungsanfrage

Andere Personen können zu einer Besprechung oder einer anderen Aktivität eingeladen werden. Beim Erstellen einer Besprechung legen Sie die Personen fest, die eingeladen werden sollen, sowie die zu reservierenden Ressourcen und bestimmen die Besprechungszeit. Antworten auf Ihre Besprechungsanfrage werden im Posteingang angezeigt. Sie haben auch die Möglichkeit, einer bestehenden Besprechung Personen hinzuzufügen oder eine Besprechung neu anzusetzen.

Kalender	**Vorhandenen Termin öffnen**
Register	**Termin**
Gruppe	**Teilnehmer**
Befehl	**Teilnehmer einladen**
Befehl	**An…** **Teilnehmer auswählen**
Befehl	**Senden**

Teilnehmer einladen

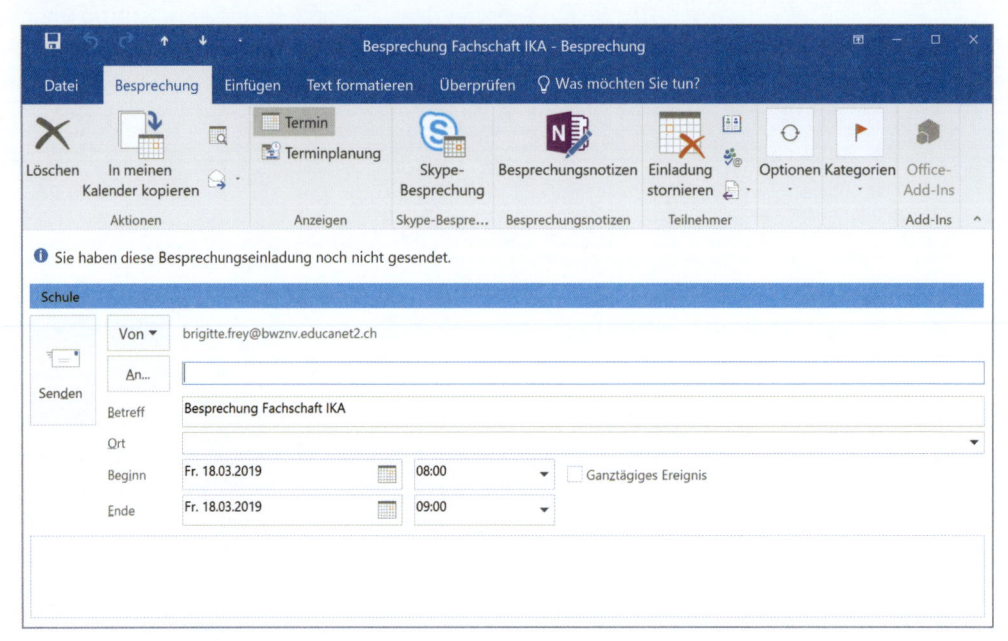

Einladung zu Besprechung

Doodle
Doodle Group Scheduling

Auch ohne Outlook lassen sich Terminumfragen durchführen. Sehr beliebt ist Doodle. In folgenden Schritten erstellen Sie in dieser Online-Anwendung eine Umfrage:

1. Klicken Sie auf der Startseite doodle.com auf **Einen Termin finden.**
2. Legen Sie die gewünschten Termine/Optionen fest. Verwenden Sie dazu die Kalenderansicht.
3. Sie können noch weitere Einstellungen vornehmen. Klicken Sie auf **Einstellungen,** um alle Optionen anzuzeigen und zu aktivieren.
4. Im letzten Schritt entscheiden Sie, ob Sie selber die Einladungen verschicken (klicken Sie auf **Fertigstellen**) oder ob Doodle die Einladungen verschicken soll (Felder ausfüllen und auf **Verschicken und Fertigstellen** klicken).

Die Umfrage ist nun erstellt. Haben Sie beim Erstellen der Umfrage eine E-Mail auf Schritt 1 angegeben, werden Ihnen zwei Links angezeigt und auch per E-Mail zugestellt. Kopieren und notieren Sie beide. Den Verwaltungs-Link/Admin-Link benötigen Sie zum Bearbeiten und Abschliessen der Umfrage. Den Teilnahme-Link senden Sie an alle gewünschten Teilnehmer, um an der Umfrage teilnehmen zu können.

3.7.4 Aufgabenverwaltung

Die Aufgabenverwaltung in Outlook ist mit dem Kalender eng verknüpft. Zwar ist eine eingetragene Aufgabe nicht wie ein Termin an einen genauen Zeitpunkt gekoppelt, doch sie sollte meist auch in einem gewissen Zeitraum erledigt sein. Dazu ist es gut, dass man sich an die Aufgabe zu einem bestimmten Zeitpunkt erinnern lassen kann. Ebenso ist eine Verknüpfung mit dem erforderlichen Text- und Bildmaterial möglich.

Aufgaben erfassen

▶ Klicken Sie im Navigationsbereich auf **Aufgaben.**

▶ Klicken Sie im Navigationsbereich auf die Schaltfläche **Neue Aufgabe.**

Es öffnet sich das Aufgabenformular:

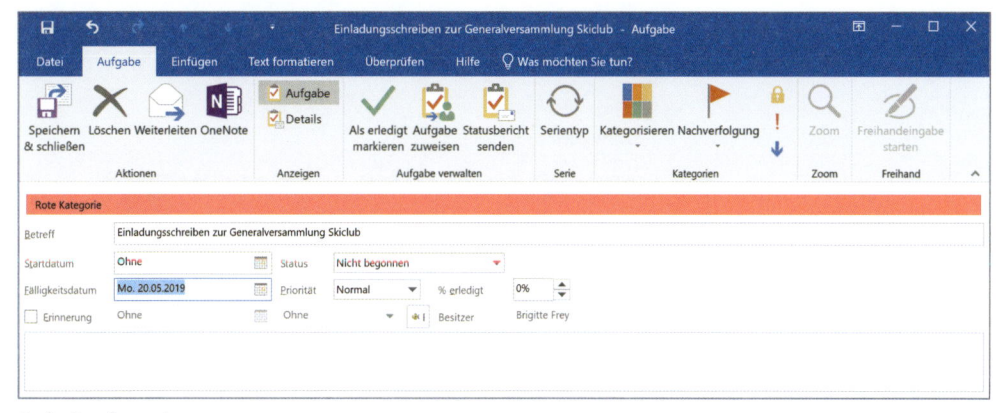

Aufgabenformular

▶ Ins Feld **Betreff** geben Sie einen aussagekräftigen Namen ein und drücken dann die Tabulatortaste. Der Betreff wird damit als Name übernommen und in der Titelleiste des Aufgabenformulars angezeigt. Das Feld **Fällig am** wird aktiviert. Sie können hier ein bestimmtes Datum eingeben oder über den Datumsnavigator auswählen.

Mit Outlook Mails, Kontakte und Kalender verwalten

Die weiteren Eintragungen in dieses Formular sind weitgehend selbsterklärend. Die Aufgabe wird nun ins Aufgabenfenster eingetragen.

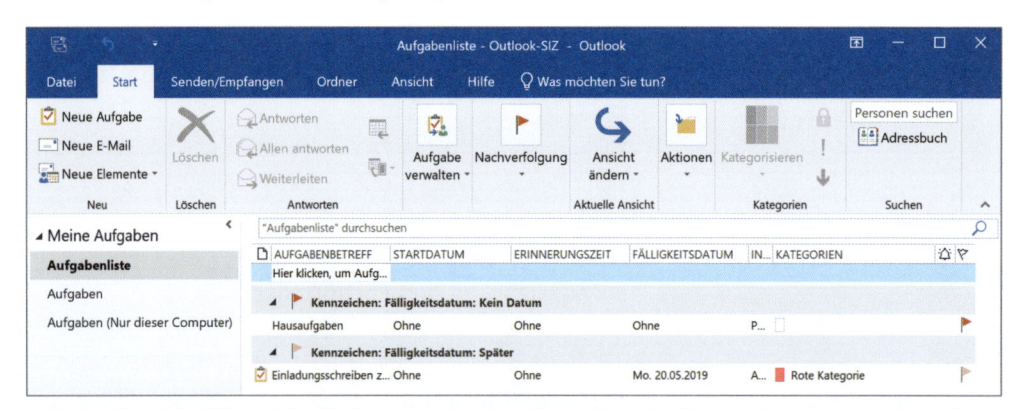

Aufgabenliste: Mit Klick auf den Titel der gewünschten Spalte kann die Liste sortiert werden, z.B. nach Aufgabenbetreff, Aufgabenbeginn, Fälligkeit oder Kategorie.

Register	**Start**
Gruppe	**Neu**
Befehl	**Neue Aufgabe**

Neue Aufgabe erstellen

Eine Aufgabe kann auch ohne Formular direkt eingetragen werden. Klicken Sie auf **Start > Neu > Neue Aufgabe**.

Wiederkehrende Aufgaben erfassen

Sich wiederholende Aufgaben tragen Sie als Aufgabenserie ein. Klicken Sie dazu im Aufgabenformular auf **Serientyp**. Sie erhalten folgendes Formular, in dem Sie die Aufgabe als Serie definieren können:

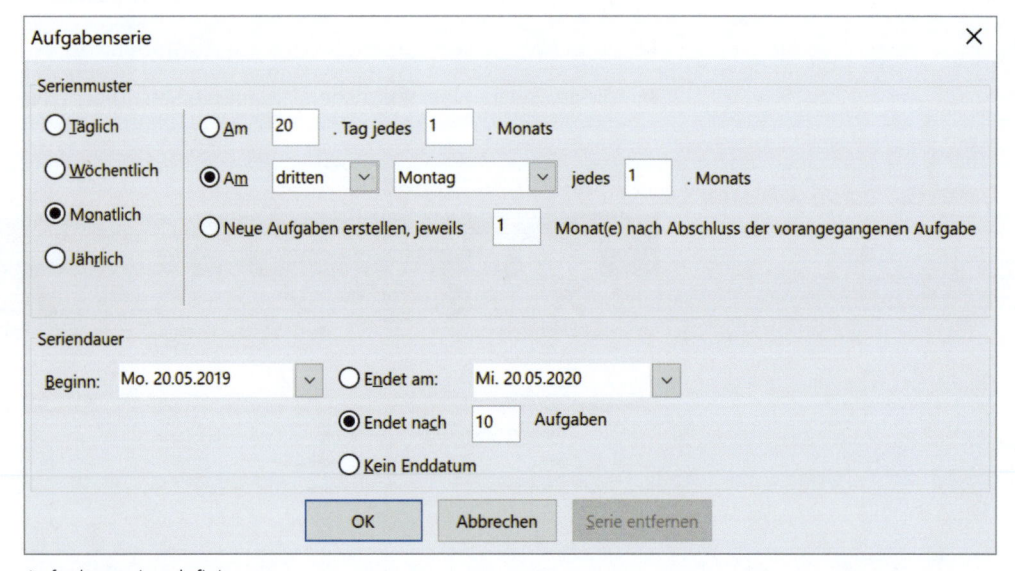

Serientyp

Serie: Regelmässige Wiederholungen planen

Aufgabenserien definieren

Aufgabe 31

Der Informatikverantwortliche an Ihrem Arbeitsort besucht ab nächster Woche jeweils am Freitag einen Weiterbildungskurs. Deshalb bittet er Sie, an diesen Tagen das Band für die Datensicherung am Server zu wechseln. Der Kurs dauert zwölf Wochen.

Tragen Sie diese Aufgabe als Terminserie ein.

Termin- und Aufgabenverwaltung

Aufgaben als erledigt kennzeichnen

Eine Aufgabe, welche Sie erledigt haben, können Sie einfach löschen. Sie können aber auch die Aufgabe stehen lassen und sie als erledigt kennzeichnen. Dazu aktivieren Sie ganz einfach in der Ansicht **Einfache Liste** das Kontrollkästchen **Erledigt**. Die Aufgabe wird durchgestrichen.

Aufgabe als erledigt kennzeichnen

Wenn Sie eine Aufgabe aus einer angelegten Aufgabenserie löschen, poppt zunächst ein Meldungsfeld auf. Bei diesem müssen Sie entscheiden, ob Sie die ganze Aufgabenserie löschen wollen oder nur die einzelne Aufgabe.

Abrechnungsinformationen eintragen

Im Aufgabenformular finden Sie ein Register **Details**. Hier können Sie den Arbeitsaufwand, die Reisekilometer, Hotelkosten usw. erfassen. Wenn Sie später die Abrechnung vornehmen, stehen Ihnen die Informationen in diesem Formular zur Verfügung.

Register	**Aufgabe**
Gruppe	**Anzeigen**
Befehl	Details

Details der Aufgabe anzeigen

Abrechnungsinformationen eintragen

Eine Aufgabe an eine andere Person delegieren

Mit Outlook können Sie eine angelegte Aufgabe auf einfachem Weg an eine andere Person delegieren. Nehmen wir an, Brigitte Frey sollte bis am 20.05. eine Einladung für die Generalversammlung des Skiclubs versenden. Vorab lässt sie den Entwurf durch die Präsidentin Silvia Kunz begutachten. Vor dem Versand müssen noch die Etiketten gedruckt werden. Brigitte Frey trägt die Aufgabe so ins Aufgabenformular ein:

Mit Outlook Mails, Kontakte und Kalender verwalten

Aufgabe delegieren

Register	**Aufgabe**
Gruppe	**Aufgabe verwalten**
Befehl	**Aufgabe zuweisen**

Aufruf des Dialogfelds **Aufgabe zuweisen**

Brigitte Frey erfährt nun, dass sie sich operieren lassen muss und die Aufgabe deshalb nicht erfüllen kann. Sie bittet Karl Muster, diese zu übernehmen. Nach einem Klick auf **Aufgabe zuweisen** sendet sie die Aufgabe per E-Mail an ihren Kollegen.

Karl Muster erhält nun folgende Meldung in seiner Post:

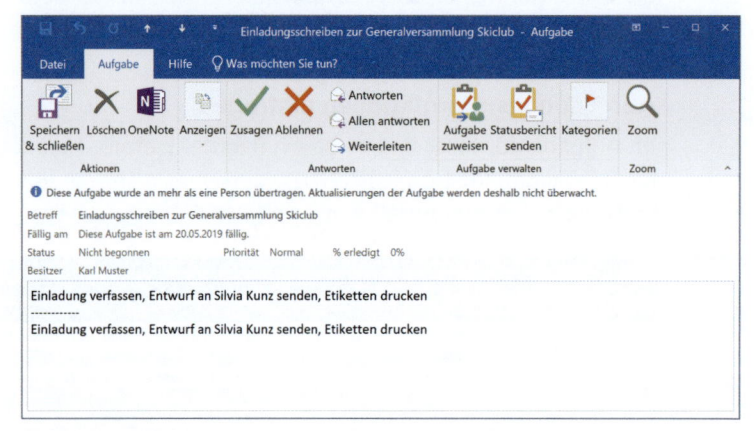

Aufgabe zuweisen

Die Aufgabe wird bei Karl eingetragen. Mit einem Klick auf **Zusagen** bzw. **Ablehnen** kann Karl Brigitte sofort mitteilen, ob er die Aufgabe übernehmen kann. Brigitte erhält im Kopf dieser E-Mail die Meldung, wie sich Karl entschieden hat.

Als Aufgabenbesitzer kann nun Karl den Fortschritt der Aufgabe im Formular eintragen. Sobald Karl den Aufgabenfortschritt oder das Fälligkeitsdatum ändert, erhält Brigitte eine Meldung. Es ist auch jederzeit möglich, dem Aufgabensteller einen Statusbericht zu senden.

Aufgabe 32

Tragen Sie eine Aufgabe in Outlook ein. Delegieren Sie die Aufgabe an eine Ihrer Klassenkolleginnen oder einen Ihrer Klassenkollegen.

3.7.5 Aufgaben in Listen anzeigen

Die Aufgaben lassen sich in Outlook auf vielfältige Weise darstellen. Es stehen Ihnen verschiedene Ansichten zur Verfügung. Listen können den eigenen Bedürfnissen angepasst oder neu erstellt werden.

Zwischen Ansichten wechseln

Register	**Ansicht**
Gruppe	**Aktuelle Ansicht**
Befehl	Ansicht ändern

Die aktuelle Ansicht in eine andere Ansicht wechseln

Die Wahl der Ansicht kann die Übersicht und damit die Arbeit mit Aufgaben vereinfachen. So ist es beispielsweise möglich, Aufgaben nach Priorität anzuzeigen, nur aktive oder erledigte Aufgaben anzeigen zu lassen.

Tipp
Die Breite der Spalten können Sie verändern, indem Sie bei gedrückter Maustaste die senkrechten Spaltentrenner verschieben.

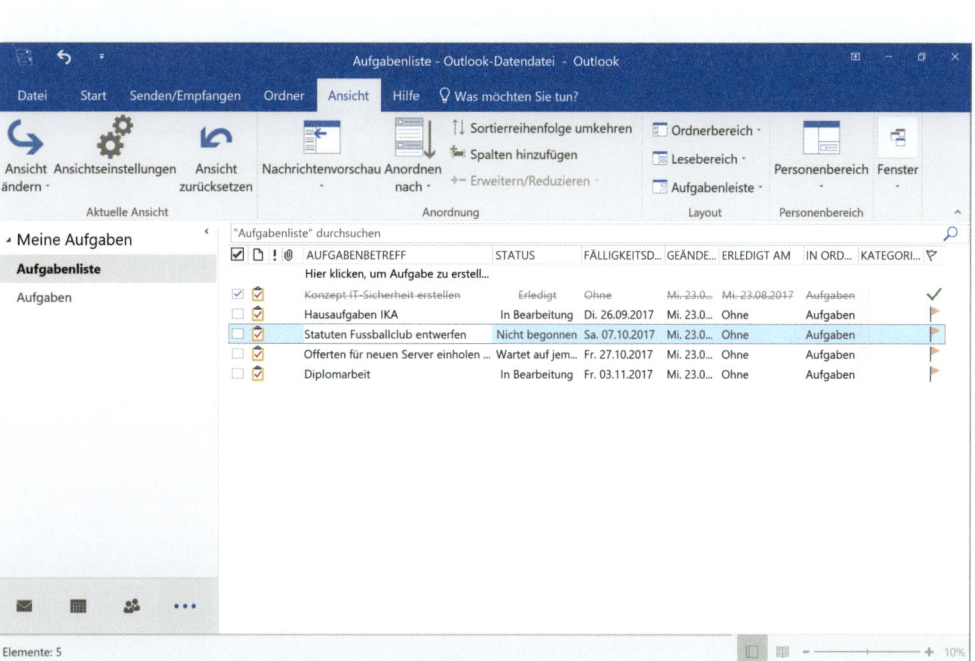

Gewünschte Ansicht wählen

Detaillierte Ansicht aller Aufgaben, nach Fälligkeitsdatum geordnet

Mit Outlook Mails, Kontakte und Kalender verwalten

Listen den eigenen Bedürfnissen anpassen

Die Flexibilität von Outlook zeigt sich, wenn Listen den eigenen Bedürfnissen angepasst werden sollen. Wählen Sie nun statt der Ansicht **Details** die Liste **Aktiv**.

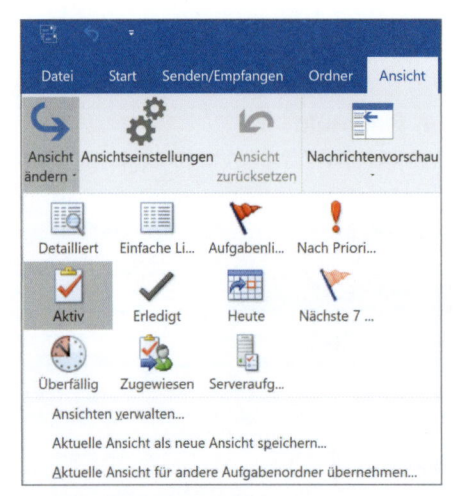

Gewünschte Ansicht wählen

In unserem Beispiel sieht nun die Liste so aus:

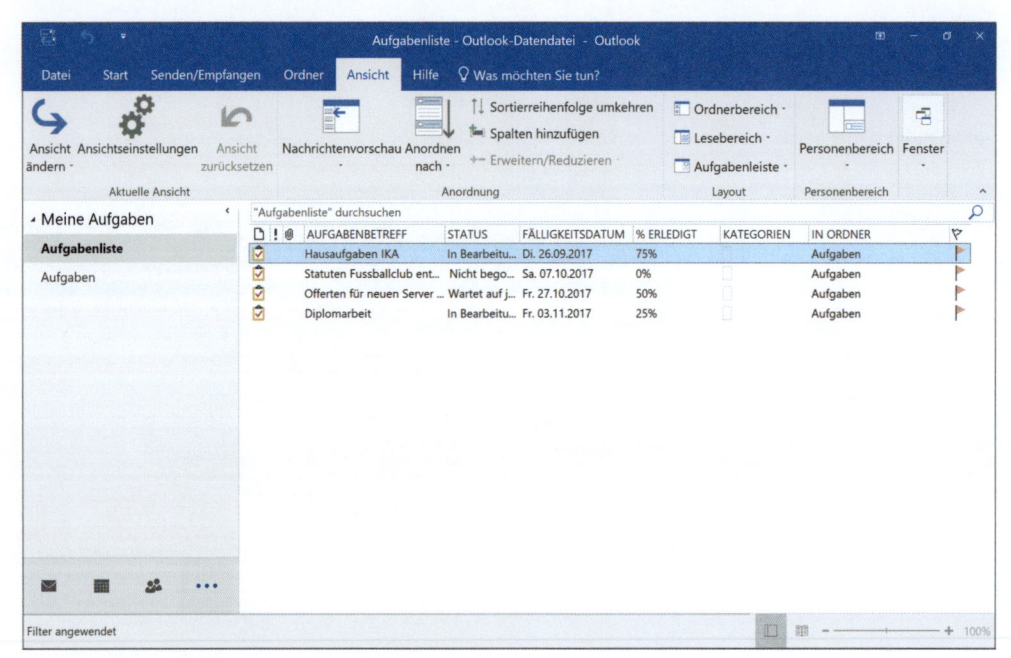

Optionen zu einer Spalte

Ansicht Aktiv, zeigt nur die aktiven Aufgaben an

Termin- und Aufgabenverwaltung

Neue Ansichten anlegen

Sie können auch neue Ansichten anlegen, die Ihren Anforderungen gerecht werden.

Register	**Ansicht**
Gruppe	**Aktuelle Ansicht**
Befehl	Ansicht ändern
Befehl	Ansichten verwalten

Alle Ansichten verwalten

1. Klicken Sie im Register **Ansicht** auf **Aktuelle Ansicht > Ansicht ändern > Ansichten verwalten**.

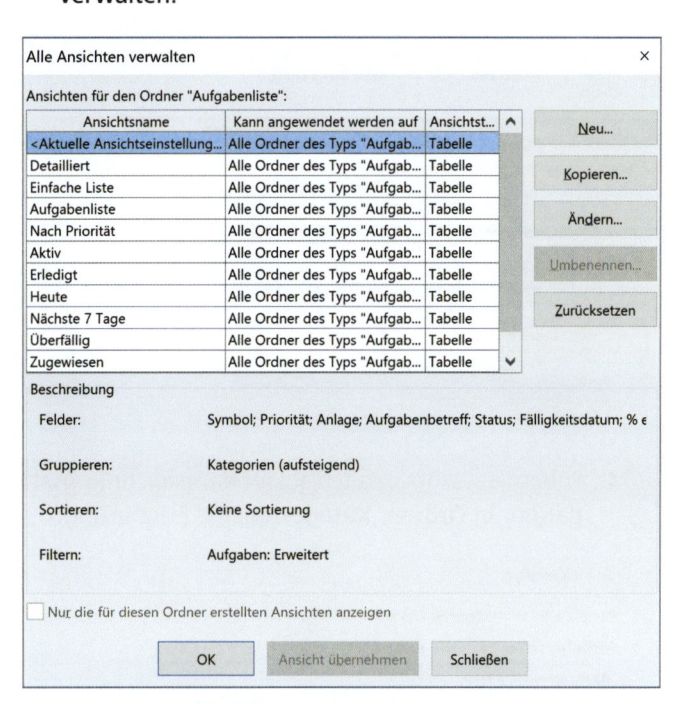

2. Klicken Sie auf **Neu** und geben Sie unter **Name der neuen Ansicht** den Begriff **Kurzübersicht** ein.

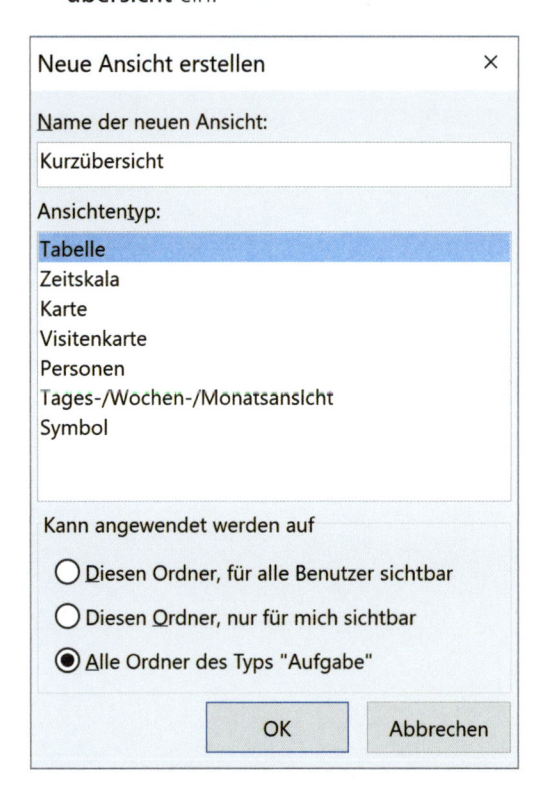

3. Es erscheint das Fenster **Erweiterte Ansichtseinstellungen: Kurzübersicht**. Klicken Sie auf **Spalten**, um die **Spalten** festzulegen, die später in der Kurzübersicht erscheinen sollen.

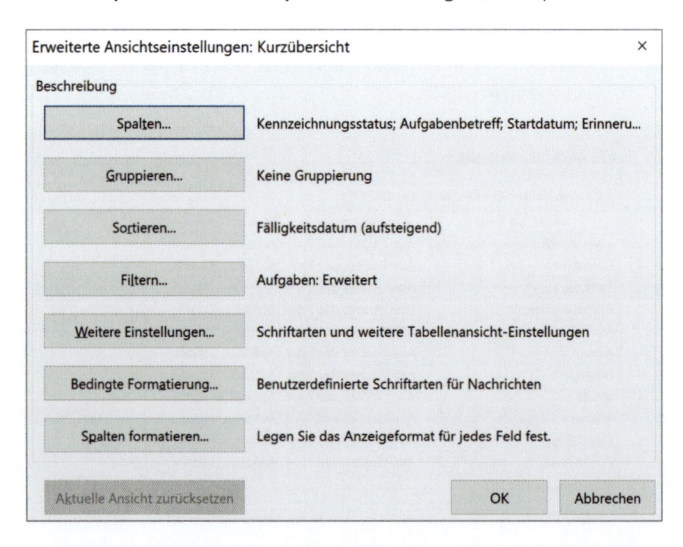

4. Entfernen Sie alle Spalten ausser **Kennzeichnungsstatus, Aufgabenbetreff, Fälligkeitsdatum, In Ordner, Kategorien** und **Erinnerung**.

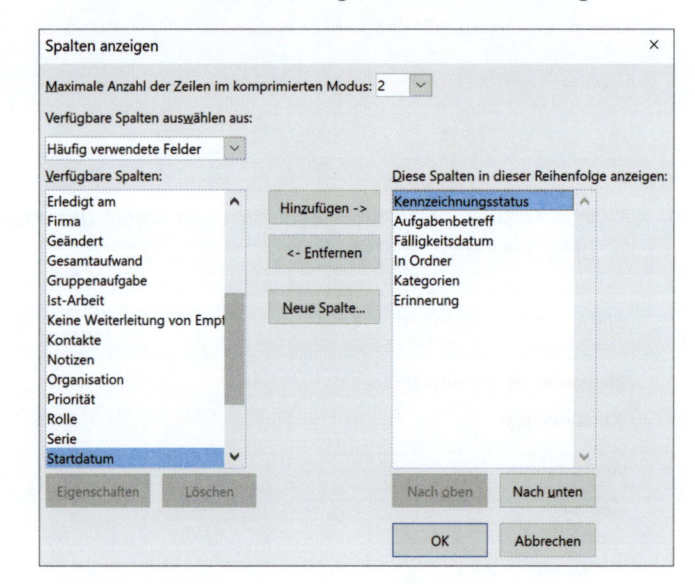

Termin- und Aufgabenverwaltung

5. Bestätigen Sie zweimal mit **OK**.

Die neue Ansichtsmöglichkeit ist nun im Register **Start** unter **Aktuelle Ansicht** eingetragen. Mit Klick auf den Spaltentitel können Sie die Liste sortieren.

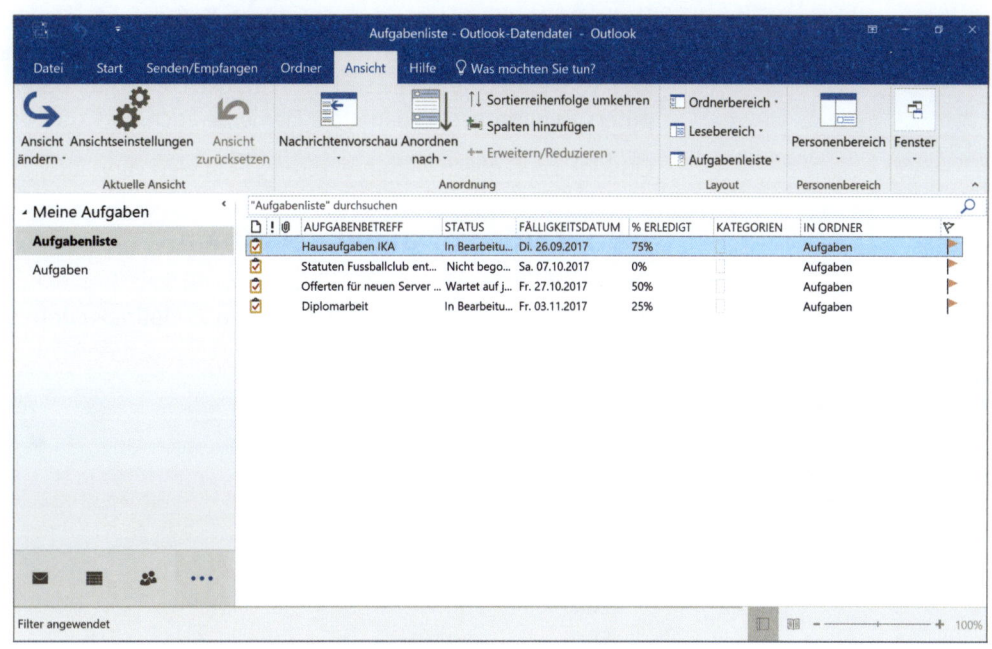

Kurzübersicht mit Vorschau im Lesebereich rechts

Mit Outlook Mails, Kontakte und Kalender verwalten

3.8 Umgang mit Outlook-Datendateien

Outlook speichert Elemente wie E-Mails, Kontakte, Adressen, Termine, Notizen usw. in einer PST-Datei (Personal Store). PST-Dateien können ebenfalls zur Sicherung von Inhalten aus Outlook verwendet werden. Es ist auch möglich, eine PST-Datei in Outlook eines anderen Computers zu importieren, damit die Elemente auch dort zur Verfügung stehen.

Outlook kann gleichzeitig mehrere PST-Dateien verwalten und anzeigen.

3.8.1 Outlook-Datendatei öffnen

Öffnen Sie eine vorhandene PST-Datei, wenn Sie z. B. in ein gesichertes Postfach Einsicht nehmen wollen oder eine Übungsumgebung in Outlook benutzen wollen.

Befehl	**Datei**
Befehl	**Öffnen und Exportieren**
Befehl	**Outlook-Datendatei öffnen**

Outlook-Datendatei öffnen

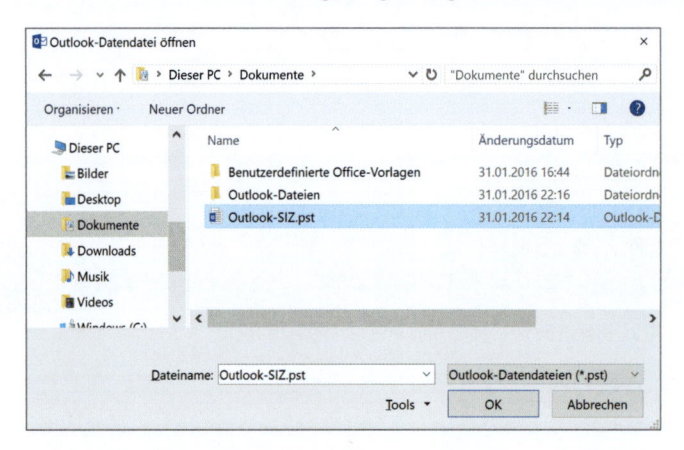

Vorhandene Outlook-Datendatei öffnen

Die Elemente der geöffneten Datei werden separat unter der als Standard ausgewählten PST-Datei dargestellt.

E-Mail-Ordner

Umgang mit Outlook-Datendateien

In PST-Datei exportieren

Sie können entweder Teile oder alle Elemente (wie E-Mails, Kontakte, Adressen, Termine, Notizen) aus Outlook in einer PST-Datei sichern.

Befehl	**Datei**
Befehl	Öffnen und Exportieren
Befehl	Importieren/ Exportieren
Befehl	In Datei Exportieren
Befehl	Outlook-Datendatei (.pst)

PST-Datei exportieren

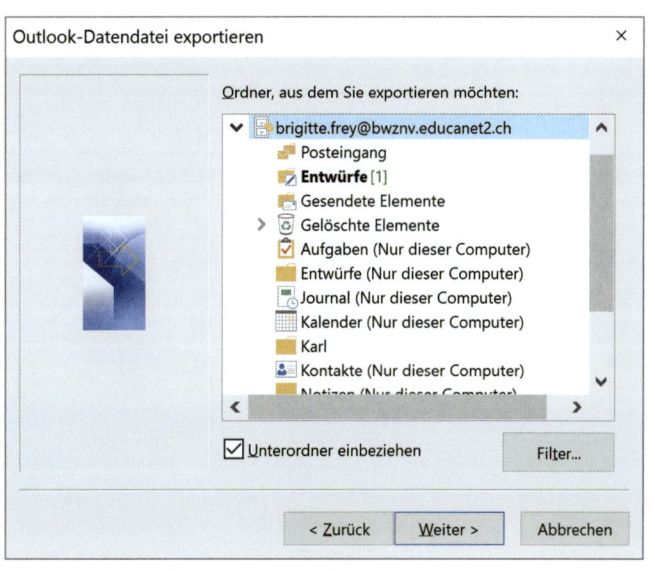

Zu exportierende Elemente auswählen

Speicherort der zu speichernden PST-Datei wählen

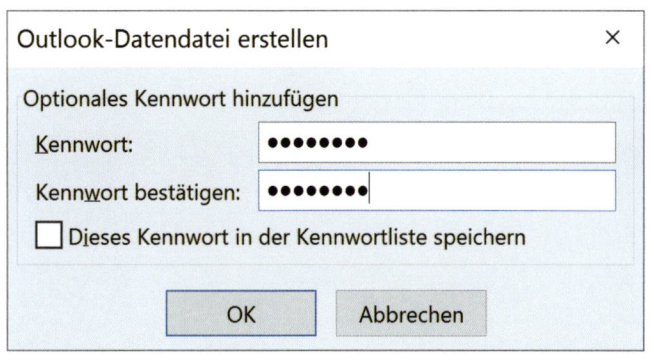

Kennwortschutz für die PST-Datei

Dokumente auf nicht elektronischem Weg übermitteln

4

4.1 Einführung

Die Post befördert in der Schweiz pro Tag mehr als 15 Millionen Briefsendungen. Rund die Hälfte davon ist schriftliche Marktbearbeitung. Dahinter stehen Informationen, Einladungen, Spezialangebote, Dankesschreiben, Kundenpflegemassnahmen usw. Beachten Sie dazu die Hinweise in Band 3 «Schriftliche Kommunikation und Korrespondenz».

Die Dienstleistungen der Post sind vielfältig. Ausführliche und aktuelle Informationen finden Sie auf der Website www.post.ch.

Auch wenn die elektronische Übermittlung ohne Zweifel am schnellsten ist, müssen Originaldokumente (z. B. Urkunden, Gut-zum-Druck-Vorlagen, Verträge, Rechnungen) mit den herkömmlichen Post- oder Kurierdiensten verschickt werden. Im Normalfall reicht die Zustellung mit der A- oder B-Post; muss die Sendung innert 24 Stunden beim Empfänger sein, kann auf Express- oder Kurierdienste zurückgegriffen werden.

In mittleren und grösseren Betrieben oder Verwaltungen ist der interne Postdienst verantwortlich für die schnelle und reibungslose Abwicklung der betrieblichen Kommunikation; er trägt dazu bei, dass
- die eingegangene Post schnell zu den Sachbearbeiterinnen und Sachbearbeitern kommt,
- der rasche und sichere Aktenfluss im Betrieb gewährleistet ist,
- die ausgehende Post rechtzeitig verschickt wird,
- die Postbearbeitung möglichst kostengünstig erfolgt.

4.2 Posteingang

Folgende Arbeiten sind auszuführen:

1. Vorsortieren

- Die zu öffnende Post wird von der verschlossen abzuliefernden Post getrennt. Briefe, die einen «Persönlich»-Vermerk tragen oder persönlich adressiert sind, werden ungeöffnet an die betreffenden Personen weitergegeben. Dies gilt auch für den Vermerk «Vertraulich».
- Steht in der Adresse der Name einer Person nach dem Firmennamen, wird der Brief je nach Weisung der Firma geöffnet oder verschlossen weitergeleitet.
- Post an die Geschäftsleitung ist meistens verschlossen abzuliefern.
- Briefe mit Zustellnachweis (Einschreiben) werden je nach interner Regelung geöffnet oder weitergeleitet.
- Expressbriefe werden sofort behandelt.
- Irrläufer – das sind Sendungen, die nicht uns betreffen – werden beiseitegelegt und der Post möglichst rasch verschlossen zurückgegeben.

2. Öffnen und Auspacken

Für das Öffnen der Briefumschläge werden meistens mechanische oder elektrische Brieföffner verwendet.

Brieföffner

3. Kontrollieren

Wird die Post den Umschlägen entnommen, sind folgende Punkte zu beachten:
- Ist der Umschlag wirklich leer?
- Steht die Adresse des Absenders auf dem Brief?
- In Betrieben, wo Fristen rechtlich bedeutend sind: Bestehen keine grösseren Abweichungen zwischen dem Datum des Briefes und dem Datum des Poststempels?
- Hat uns der Brief rechtzeitig erreicht?
- Sind alle erwähnten Beilagen vorhanden? (Fehlendes vermerken)
- Sind alle Beilagen aufgeführt? (Sonst ergänzen)

Wenn mit der Adressierung oder Zustellung irgendetwas nicht stimmt, ist der Umschlag an den Brief zu heften und die Unregelmässigkeit auf dem Brief zu vermerken.
Die Briefumschläge werden noch einige Zeit aufbewahrt, denn es kann vorkommen, dass bei der Bearbeitung plötzlich das Datum der Briefaufgabe, eine nähere Absenderangabe usw. nachgesehen werden müssen.

4. Stempeln

Die Schriftstücke werden mit einem Eingangsstempel versehen; dieser kann folgende Angaben enthalten: Eingangsdatum, Uhrzeit, fortlaufende Nummer, Angaben über den Zirkulationsablauf.

5. Feinsortieren

Inhaltsangaben auf den Briefen erleichtern das Feinsortieren wesentlich. Die gesamte Post wird nun nach Empfängern sortiert und an diese verteilt.

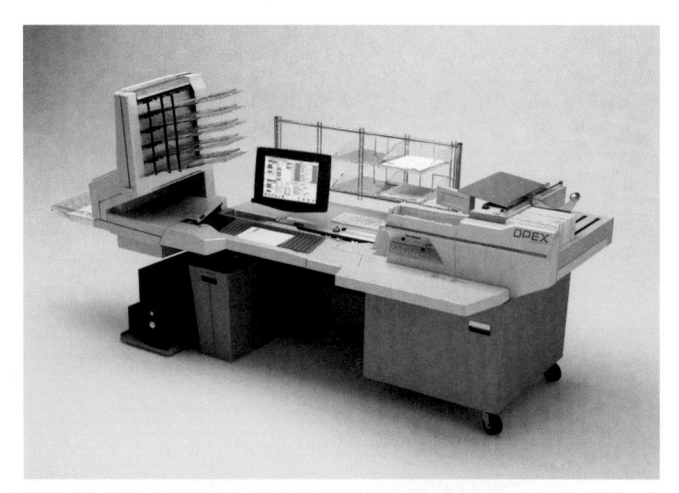

Digitales Posteingangssystem: Briefe maschinell öffnen, einscannen, Empfänger automatisch erkennen.

Digitale Posteingangssysteme scannen eingehende Dokumente; diese werden anschliessend automatisch klassifiziert und zugeordnet, sodass sie sehr schnell den richtigen Adressaten erreichen. Zudem wird der Informationsfluss beschleunigt, da ein zeitgleicher Dokumentenzugriff von mehreren Arbeitsplätzen aus möglich ist.

4.3 Postausgang

Die zu versendende Post kann – aus Diskretionsgründen – fertig verpackt dem Postdienst übergeben werden. Oft übernimmt aber der Postdienst folgende Arbeiten im Postausgang:

1. Beilagen anfügen
Häufig zu versendende Beilagen sind meistens im Postdienst aufbewahrt und werden von diesem beigelegt.

2. Kontrollieren
Bevor ein Brief gefalzt und verpackt wird, ist zu kontrollieren, ob alle erwähnten Beilagen vorhanden sind, der Brief unterzeichnet ist und ob ein besonderer Dienstvermerk (wie Eilsendung, Lettre signature) zu beachten ist.

3. Falzen, Verpacken und Verschliessen
Je nach Grösse des Briefumschlags werden die Schriftstücke gefalzt. Für das Bearbeiten von Massensendungen (wie Rechnungen, Werbebriefe mit Beilagen, Lohnabrechnungen) werden Falz-, Zusammentrag- und Kuvertiermaschinen eingesetzt. Hochleistungs-Kuvertiermaschinen können in der Stunde bis zu 27 000 Briefe mit Beilagen verarbeiten!

Falz-, Zusammentrag- und Kuvertiermaschine

Ein Hochleistungsversandsystem schneidet, trägt zusammen und kuvertiert Endlos- sowie Einzelformulare.

4. Sortieren
Um der Post die Arbeit zu erleichtern und das Frankieren zu vereinfachen, werden die Sendungen nach Speditionsart (A- und B-Post, Briefe mit Zustellnachweis, Express usw.) sowie nach Empfangsort (Inland/Ausland) sortiert. Die Post vergütet bei Massensendungen ab 3000 Stück Vorleistungen wie das Sortieren nach Postleitzahlen oder Briefbotenbezirken und stellt dafür Postleitzahlen- und Sortierfiles zur Verfügung.

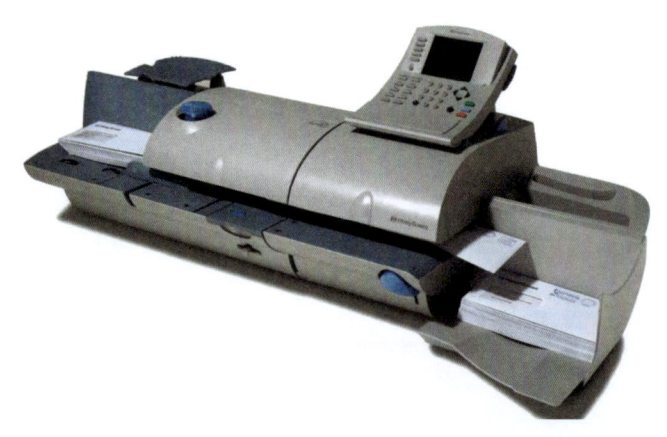

Dokumente auf nicht elektronischem Weg übermitteln

Modular ausgebautes vollautomatisches Frankiersystem

Sendungen verfolgen Business
(Login www.post.ch/mypostbusiness)

Einschreiben Inland:

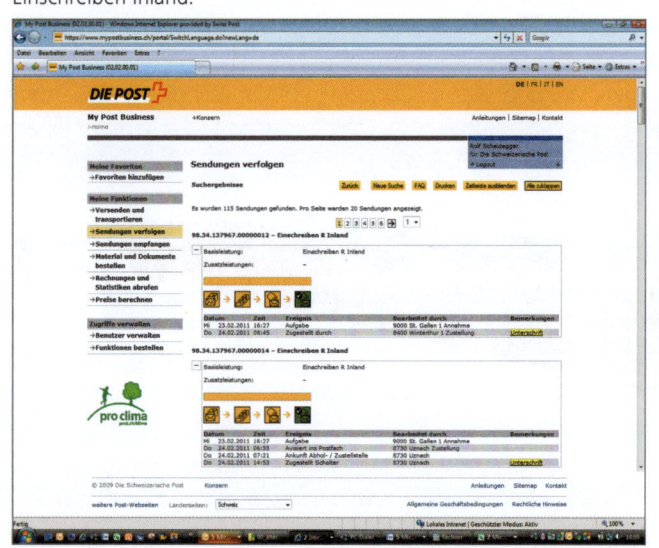

Sendungsverfolgung (Track & Trace) im Internet

SMS-Briefmarke

5. Frankieren und mit Barcodelabels versehen

Mit intelligenten Frankiersystemen (IFS) wird der Beförderungspreis der Briefpost direkt auf die Sendungen oder auf Klebezetteln aufgedruckt. IFS-konforme Geräte können Daten über Aufgabemengen und Sendungsgattungen speichern, via Onlineanbindung einen Betrag laden und anschliessend mit diesem Guthaben frankieren. Bei Preisanpassungen werden die neuen Tarife automatisch im Frankiersystem gespeichert.

Bei gewissen Sendungen und Aufgabemengen sind die Sendungen durch den Absender mit Barcodelabels zu versehen. Der Barcode enthält Angaben für die Sendungsverfolgung «Track & Trace». Mit dieser kann (auch im Internet unter www.post.ch) festgestellt werden, wo sich der Brief befindet und ob ihn der Empfänger schon erhalten hat.

In- und Auslandsbriefe sowie Inlandspakete lassen sich mit WebStamp digital frankieren. Diese Briefmarke wird vom Kunden im Internet erstellt, und es können eigene Bilder, Grafiken und Texte auf der Briefmarke platziert werden.

WebStamp

Die Post bietet viele weitere Frankierlösungen für In- und Auslandssendungen:
- PP-Frankierung für den Massenversand. Das aufgedruckte Frankiermerkmal «P.P.» ersetzt die Briefmarke bzw. die Frankierung mit einer Frankiermaschine.
- Frankieren Post: Das Frankieren der Tagespost wird an die Post ausgelagert.
- Vorfrankierte Umschläge, Postkarten und «Einschreiben Prepaid»
- SMS-Briefmarke: Mit einer SMS an die Nummer 414 kann ein Code angefordert werden. Dieser wird oben rechts auf den Umschlag geschrieben und der A-Post-Brief ist versandbereit. Der Code ist nach Erhalt zehn Tage gültig und kann nur einmal verwendet werden. Das Angebot ist gültig für alle Mobilabo- und Prepaidkunden der Schweiz.

6. Aufgabeverzeichnisse

Je nach Sendungsgattung sind bei der Aufgabe der Post folgende Verzeichnisse abzugeben oder online zu generieren: Aufgabeverzeichnis, Barcode- oder Namensliste für Briefpostsendungen mit Zustellnachweis, Verrechnungsformular für die Barfrankatur.

Weitere Versandangebote der Post

Briefe und Pakete können durch die Post oder (private) Kurierdienste versandt werden; ausser den adressierten A- und B-Briefpostsendungen und der Paketpost bietet die Post vielfältige Versandmöglichkeiten; hier eine Auswahl:

- **Sendungen mit Zustellnachweis (Einschreiben)**
  Briefe mit wichtigem Inhalt sind als Sendung mit Zustellnachweis zu verschicken; sie werden dem Empfänger oder Berechtigten nur gegen Unterschrift ausgehändigt. So kann die Zustellung jederzeit rechtskräftig nachgewiesen werden. Für Briefpostsendungen mit Zustellnachweis gibt es weitere Möglichkeiten wie Rückschein, zweite Vorweisung und eigenhändige Auslieferung.

- **Expresspost und Kurierdienste**
  Bei der Expresspost hat der Postkunde, der einen Expressbrief vor 12 Uhr am Schalter abgibt, je nach Region die Wahl zwischen zwei Express- und zwei Kuriervarianten.

- **Briefe mit Nachnahme**
  Diese Sendungen werden dem Empfänger nur gegen Aushändigung des Nachnahmebetrags abgegeben. Der Absender kann sich den Nachnahmebetrag bar auszahlen oder seinem Postkonto gutschreiben lassen.

- **Wertsendungen**
  Sowohl Briefe als auch Pakete können als Wertsendung aufgegeben werden; sie müssen mit einem Wertverschluss (Siegellack, Plomben oder besonderem Klebband) versehen sein, damit Manipulationen während des Transports unmöglich sind oder sofort entdeckt werden. Die Sendungen sind bis zu CHF 3000.– versichert, die Versicherungssumme kann aber auch erhöht werden.

- **Geschäftsantwortsendungen**
  Das Porto für die Antwort ist bereits bezahlt – so können die Empfänger leichter und rascher auf ein Angebot oder eine Anfrage reagieren. Geschäftsantwortsendungen können als A- oder B-Post oder als Briefpostsendung mit Zustellnachweis befördert werden. Auch der Versand ins Ausland ist möglich. Für Geschäftsantwortsendungen gelten besondere Gestaltungsvorschriften; ein Probeabzug der Umschläge, Karten oder Adressetiketten ist der Post vor dem Druck vorzulegen.

Ausführliche Hinweise über das Angebot der Post und die Gestaltung, Adressierung und Kennzeichnung von Postsendungen finden Sie auf der Website der Post (www.post.ch).

Auch verschiedene weltweit tätige Kuriere wie UPS, DHL oder TNT bieten ihre Dienstleistungen in der Schweiz an. Innerhalb einer Stadt sind Velokuriere am schnellsten.

Dokumente auf nicht elektronischem Weg übermitteln

Aufgabe 33

1. Besorgen Sie sich am Postschalter und via Internet Informationen über die Dienstleistungen der Post und der privaten Kurierdienste. Welche Expressangebote der Post gelten in Ihrer Stadt/Region?

2. Sie arbeiten in einer renommierten Treuhandfirma und versenden regelmässig vertrauliche Dokumente an Ihre Kundinnen und Kunden im Ausland. Ihre Chefin gibt Ihnen den Auftrag, abzuklären, mit welchem Kurierdienst Scheich El Hassan in Kuwait seine Dokumente am schnellsten erhält.

**Büro der Zukunft
... papierlos oder papierarm?** 5

5.1 Einführung

«Der PC ist der grösste Baumkiller seit Erfindung der Axt.»
(Steve Blanc von Pacific Gas and Electric)

Der Papierverbrauch ist durch den Computereinsatz gestiegen. Wurden 1970, also vor Beginn des digitalen Zeitalters, in den Industrieländern noch 126 kg Papier pro Jahr und Kopf verbraucht, sind es heute rund 230 kg – also fast doppelt so viel.

In der Schweiz konnte zwar der durchschnittliche Verbrauch je Kopf von 224 kg (2003) auf 194 kg (2010) gesenkt werden; dieser Durchschnitt ist jedoch immer noch sehr hoch, verglichen mit dem weltweiten Pro-Kopf-Verbrauch von 54 kg.

Der weltweit zunehmende Papierverbrauch führt vor allem in Lateinamerika, Südafrika oder Südostasien zum Verschwinden ganzer Wälder und zu massiven Schäden in der Umwelt, entstehen doch bei der Papierproduktion Gifte, welche das Trinkwasser verschmutzen; zudem werden Fauna und Flora vergiftet.

Auch wenn viele Informationen nur noch digital abgerufen und bearbeitet werden, wird Papier in Zukunft ein wichtiger Informationsträger bleiben:

- Papier ist – über einen längeren Zeitraum gesehen – immer noch der günstigste und unkomplizierteste Informations- bzw. Datenträger. Anders als bei elektronischen Speichermedien ist bei auf Papier vorliegender Information kein eigenes Lesegerät erforderlich. Diese Lesegeräte sind zudem bereits nach wenigen Jahren schon wieder veraltet und machen das Überspielen der Dokumente auf ein anderes Medium notwendig, um die Informationen weiterhin verfügbar zu halten.

- Artikel auf dem Bildschirm werden anders gelesen als auf Papier ausgedruckte. Amerikanische Wissenschaftler haben in Experimenten nachgewiesen, dass Texte auf Computerbildschirmen schwerer zu verstehen sind, nicht so interessant wirken und auch weniger glaubwürdig erscheinen.

- Der Brief hat gegenüber der E-Mail einen höheren Rang erhalten. Oft werden E-Mails noch mit einem Brief bestätigt, sei es aus Gründen der Beweisbarkeit, Sicherheit oder als besonderen Dienst am Kunden; Dokumente der Versicherungen, Banken und Behörden sind Beispiele dafür. Die Korrespondenz unterstützt in erheblichem Mass Glaubwürdigkeit, Vertrauen und Image einer Firma oder Organisation.

Kopiergeräte sind aus dem Büro nicht mehr wegzudenken und gehören längst zur Grundausstattung. Vermehrt werden in diesem Bereich umweltschonende Verhaltensweisen beachtet: Die Geräte verbrauchen weniger Strom, ermöglichen Papiereinsparung durch doppelseitiges Kopieren und Verkleinern; das Verwenden von Recyclingpapier ist kein Problem mehr.

Die Erläuterungen zu Papier und Kopieren bilden die Grundlage für die weiterführenden Themen Postdienst, Archivierung, Ergonomie und Ökologie.

5.2 Papier

5.2.1 Historische Entwicklung

Erst seit der Erfindung der Schrift lässt sich die Geschichte der Menschheit genau verfolgen. Das geschriebene Dokument löste die stummen Zeugen prähistorischer Zeit ab.

Schon vor vier Jahrtausenden wurden in Mesopotamien Tontafeln beschrieben und gebrannt. Wachstafeln, die sich immer wieder neu verwenden liessen, waren bei Griechen und Römern alltäglich, ebenso Pergamente aus der ungegerbten Haut von Ziegen und Schafen. Den Ägyptern gelang es, aus dem Mark der Papyruspflanze dünne Streifen zu schneiden und diese durch Pressen und Schlagen so miteinander zu verbinden, dass ein festes Blattgefüge entstand. Es trug den Namen der Pflanze. Und weil dieser Papyrus bis ins frühe Mittelalter auch in Europa verwendet wurde, leitete man von ihm später den Namen fürs Papier ab.

Im Jahr 105 stellte der Chinese Tsai Lun aus Maulbeerzweigen, Hanf, Lumpen und alten Fischernetzen in einem Sud mit Wasser und gelöschtem Kalk das erste Papier her. Die Chinesen hüteten das Geheimnis des Papiermachens während Jahrhunderten. 1276 wurde in Italien das erste Papier hergestellt. Gutenbergs Erfindung, die Druckform für den Buchdruck aus beweglichen Lettern zusammenzustellen, brachte im 15. Jahrhundert die grosse Ausbreitung nördlich der Alpen. Die erste Papiermühle in der Schweiz wurde 1411 in Marly bei Freiburg in Betrieb genommen.

Papier benutzen wir in sehr vielen Lebensbereichen, vor allem in den Sektoren Kommunikation, Verpackung, Hygiene und Technik. Bisher geht der Papierverbrauch mit dem Fortschritt einher und ist nahezu ein Index für den Lebensstandard geworden.

Weltweit macht der Industriezweig Papier den drittgrössten Umsatz. Diese ökonomische Position wirkt sich ökologisch für den Globus in vielen Bereichen und einigen Regionen sehr negativ aus. Die Stichworte hierzu sind Abholzung, Abwasser und Chemikalieneinsatz. Jeder Konsument von Papier steht durch sein Verhalten auch in der Verantwortung für die sich daraus ergebende Konsequenz für die globale Forstwirtschaft.

Unter www.ecopaper.ch gibt es vertiefendes Material für umweltverträgliche Papiere.

5.2.2 Herstellung und Papierarten

Herstellung

Papier besteht aus Pflanzenfasern, welche mithilfe von Wasser zu einem Brei vermischt wurden. Der Faserbrei wird in der Papiermaschine verfilzt und unter Zusatz von Hilfsstoffen (Füllstoffe, Farbstoffe und Leim) zu Blattformen verarbeitet.

Für die Papierherstellung wird vorwiegend Holz als **Rohstoff** benötigt. Aus diesem werden die Fasern herausgelöst, und es entstehen die **Halbstoffe** Holzschliff (Holzstoff) oder Zellstoff (Zellulose).

Für hochwertige Spezialpapiere (z. B. Banknoten) werden auch Hadern (meistens aus Baumwollfasern) verwendet. Hanf, Flachs und Leinen dienen ebenfalls als Ausgangsprodukt für die Papierherstellung. Mengenmässig wichtigster Rohstoff ist das Altpapier. Es kommt in vielen Papier- und Kartonarten zum Einsatz.

Neben den Faserstoffen benötigen die Papiermacher noch weitere **Zusatzstoffe** wie Füllstoffe (die Poren zwischen den Papierfasern werden so geschlossen), Leime (damit das Papier beschrieben werden kann), Farbstoffe und optische Aufheller. Dass es eine so grosse Vielfalt unterschiedlichster Sorten, Verwendungsmöglichkeiten und Qualitäten gibt, liegt an der Wahl und Zusammensetzung von Roh- und Zusatzstoffen, an der Oberflächenbehandlung, der Einfärbung und am Gewicht.

Papierarten

In den Büros sind die hochwertigen, holzfreien Papiere aus **Zellstoff** heute am weitesten verbreitet; diese Papiere müssen mit allen Bürodrucktechniken (Trockentoner, Tintenstrahl, Farblaser) gute Ergebnisse erzielen.

Auch **Recyclingpapiere** verursachen heute in Druckern oder Kopiergeräten keine Störungen mehr und sind für die meisten Ausdrucke und Kopien geeignet.

Vielfältig sind die **Spezialpapiere**:
- beschichtete Papiere mit glänzender (Glossy) oder matter Oberfläche für fotorealistische Farbausgaben mit Tintenstrahldrucker. Die Tinte haftet nur auf der oberen, beschichteten Fläche des Papiers und gibt somit ein gestochen scharfes Bild wieder.
- Papiere mit besonderen Farbtönen und Oberflächenstrukturen für Visitenkarten, Speisekarten, Geburtstagskarten, Urkunden und Diplome, Gutscheine, Einladungen, Präsentationen, Kunstreproduktionen usw.
- Selbstklebepapiere für Etiketten
- selbstdurchschreibende Papiere für Formulargarnituren
- feuerfeste Papiere (flammhemmend ausgerüstet)
- wasserfeste Papiere

Papiergewicht

Um das **Papiergewicht** zu bestimmen, wird das Gewicht einer Fläche von einem Quadratmeter gemessen (g/m^2). Büropapiere haben in der Regel ein Gewicht von 80 g/m^2, bei Kartei-, Korrespondenz- und Postkarten liegt es zwischen 170 und 210 g/m^2. Die Angaben dazu finden Sie auf der Verpackung des Papiers.

5.2.3 Korrekter Umgang mit Papier

Papier sollte weder zu feucht noch zu trocken gelagert werden. Beides kann zu Schwierigkeiten bei der Verwendung im Kopierer oder Drucker führen. Dagegen ist es für die Laufeigenschaft des Papiers bei diesen Geräten relativ unerheblich, ob das Papier aus einem Recyclingprozess stammt oder neu hergestellt wurde.

Für die Lagerung von Papier ist deshalb wichtig:
- Die Klimaschutzverpackung des Papiers sollte wieder akkurat verschlossen werden.
- Das Papier sollte in der Nähe des Kopiergeräts aufbewahrt werden.
- Die relative Luftfeuchtigkeit sollte am Lagerort um die 50 % liegen, die Raumtemperatur sich im Bereich zwischen 19 und 23 Grad Celsius bewegen.
- Papier sollte nicht an Orten lagern, die hohe Temperatur-und/oder Feuchtigkeitswerte entwickeln, also nicht im Bereich von Heizung, Klimaanlage, Küche oder des Sonnenlichts.

5.2.4 Normen und Formate

Normieren heisst vereinheitlichen, aufeinander abstimmen.

Technische Normen sind verbindliche Vorgaben für die Herstellung bestimmter Güter. Sie können sich zum Beispiel auf Grösse, Gewicht und Qualitätsprüfungsverfahren beziehen. Mit dem technischen Fortschritt und der Entwicklung eines weltweiten Handels sind Normen immer wichtiger geworden. Doch auch staatliche Institutionen wie die Post förderten durch normierte Vorgaben die zunehmende Standardisierung des Lebens über Normen. In der Schweiz ist die Schweizerische Normen-Vereinigung (SNV) die Drehscheibe in den nationalen und internationalen Normennetzwerken; sie nimmt auch eine Brückenfunktion zwischen den Standardisierungsexperten und den Anwendern wahr.

Die Normen der gängigsten Papiergrössen sind vermutlich am verbreitetsten. Weltweit besonders wichtig sind beispielsweise verbindliche Regelungen über die Formate von Bank- und Kreditkarten. Für den Handel besonders zentral sind auch normierte Frachtcontainer. Die steigende Zahl von Standardisierungen über Normen betrifft auch die nicht materiellen Bereiche. So lassen sich immer mehr Unternehmen ihre Qualitätsmanagementsysteme nach DIN EN ISO 9000 ff. zertifizieren. Damit ist auch beim betrieblichen Umweltschutzmanagement mit der Normenreihe ISO 14000 ff. zu rechnen.

Die gängigsten Papierformate sind die der DIN-A-Reihe. Alle DIN-Formate haben eine gemeinsame Proportion: Das Verhältnis der kurzen zur langen Seite beträgt 5:7 (1:Wurzel aus 2). Die kleineren Formate entstehen durch Halbierung des Ausgangsformats, wodurch kein Verschnitt anfällt, was das DIN-Format zu einem sehr wirtschaftlichen Papierformat macht.

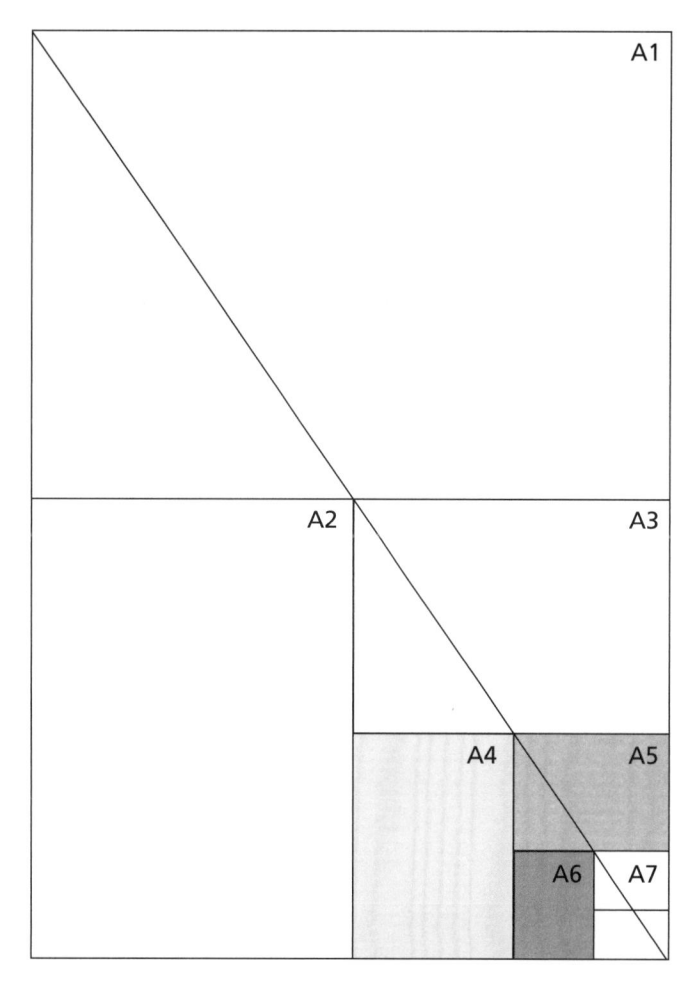

Das **Grundformat der A-Reihe heisst DIN A0** und umfasst 1 m² in der Form eines Rechtecks von 841 mm × 1189 mm. Durch Halbieren entsteht das nächstkleinere Format.

Büro der Zukunft … papierlos oder papierarm?

Papierformate

DIN-Bezeichnung	Abmessungen in mm	Fläche in m²	Andere Bezeichnungen, Anwendung
A0	841 × 1189	1,000	Vierfachbogen, Grundformat Plakate, technische Zeichnungen
A1	594 × 841	0,500	Doppelbogen Plakate, technische Zeichnungen
A2	420 × 594	0,250	Bogen Plakate, technische Zeichnungen
A3	297 × 420	0,125	Halbbogen Zeichnungen, Projekte
A4	210 × 297	0, 063	Viertelbogen, Briefbogen Briefe, Rechnungen, Formulare usw.
A5	148 × 210	0,032	Blatt Notizblöcke, Karteikarten
A6	105 × 148	0,016	Halbblatt Postkarten, Karteikarten
A7	74 × 105	0,008	Viertelblatt Visitenkarten
A8	52 × 74	0,004	Klebemarken
A9	37 × 52	0,002	Klebemarken
A10	26 × 37	0,001	Klebemarken

Hüllformate (Briefumschläge usw.)

B-Reihe		C-Reihe	
B1	707 mm × 1000 mm	C1	648 mm × 916 mm
B2	500 mm × 707 mm	C2	458 mm × 648 mm
B3	353 mm × 500 mm	C3	324 mm × 458 mm
B4	250 mm × 353 mm	C4	229 mm × 324 mm
B5	176 mm × 250 mm	C5	162 mm × 229 mm
		C6/5	114 mm × 229 mm
B6	125 mm × 176 mm	C6	114 mm × 162 mm
B7	88 mm × 125 mm	C7	81 mm × 114 mm

Ein Umschlag der C-Reihe passt in ein entsprechendes Kuvert der B-Reihe.

Formatreihen

Es gibt vier Reihen, die mit A bis D bezeichnet und jeweils in elf Klassen unterteilt werden, welche nach absteigender Grösse von 0 bis 10 durchnummeriert sind. A-Formate werden auch als Fertigformate für Broschüren, Briefblätter usw. bezeichnet. Die B- und C-Reihen sind Hüllformate (Kuverts), wobei Briefumschläge der C-Reihe in Umschläge der B-Reihe passen. Die DIN-D-Formatreihe ist deutlich kleiner als die DIN-A-Reihe und wird beispielsweise für DVD-Hüllen eingesetzt.

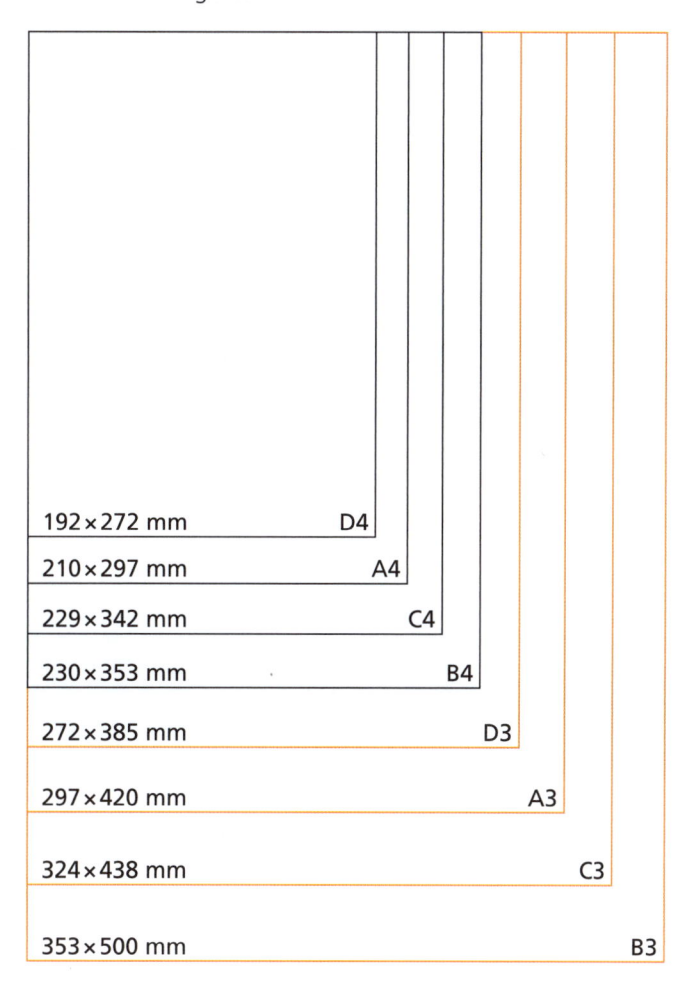

192 × 272 mm	D4
210 × 297 mm	A4
229 × 342 mm	C4
230 × 353 mm	B4
272 × 385 mm	D3
297 × 420 mm	A3
324 × 438 mm	C3
353 × 500 mm	B3

Formatangaben

Bei der Angabe von Formaten gilt der Grundsatz «Basis vor Höhe». Bei einem A4-Blatt wird das Hochformat somit mit 210 × 297 mm und ein Querformat mit 297 × 210 mm bezeichnet.

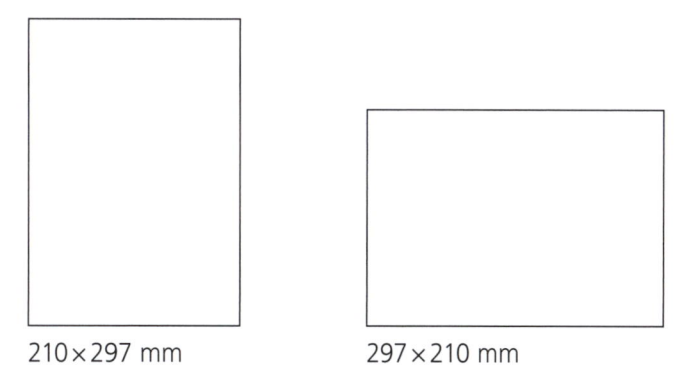

210 × 297 mm   297 × 210 mm

Büro der Zukunft … papierlos oder papierarm?

Aufgabe 34

«Papier gilt als das beste Medium für Menschen, die Informationen be- und verarbeiten müssen. Unter anderem, weil sie im übertragenen Sinn die Information anfassen und begreifen können.»

(zitiert nach «Papier & mehr»)

Nennen Sie weitere Gründe, warum auch in Zukunft Informationen über Papier verbreitet werden.

_____

_____

Welche Vorteile haben elektronische Medien gegenüber dem Papier?

_____

_____

5.3 Kopieren

5.3.1 Entstehung

Chester F. Carlson, ein amerikanischer Physiker und Patentanwalt, musste oft Zeichnungen und Patentschriften von Hand abschreiben; diese Arbeit gefiel ihm nicht sonderlich, und darum suchte er in seiner Freizeit nach einer Möglichkeit, Schrift und Bild ohne Flüssigkeiten auf normales Papier zu übertragen.

Nach vielen Versuchen gelang ihm schliesslich vor über 60 Jahren mithilfe des Physikers Otto Kornei der Durchbruch: Sie beschichteten eine Metallplatte mit Schwefel und luden sie elektrisch auf, indem sie diese Platte mit einem Baumwolltuch abrieben. Anschliessend beschrifteten sie eine Glasplatte mit dem Datum und dem Ort des Versuchs – «10-22-38 Astoria» – und legten diese auf die Metallplatte. Der Raum wurde verdunkelt und die Platte mit einer starken Lampe belichtet. Dann wurde die Glasplatte entfernt und Bärlappsamen, der sehr kleine Samenkörner hat, über die Metallplatte gestreut. An den beleuchteten Stellen war die Ladung verschwunden, nur an den abgedunkelten Stellen, da, wo im Original der Schriftzug war, blieben die Samenkörner haften. Anschliessend wurde ein Blatt Wachspapier auf die Platte gedrückt und mit dem Bärlappsamen abgezogen: Die erste Fotokopie war geboren.

Versuche, diese Erfindung zu vermarkten, waren noch wenig erfolgreich. Alle Firmen, denen er dieses Verfahren anbot, darunter IBM, Kodak und General Electric, hatten daran ein «enthusiastisches Fehlen von Interesse», wie Carlson es nannte. Er liess dieses Verfahren der Elektrofotografie patentieren. 1950 kam dann der erste kommerzielle Trockenkopierer von der Firma Haloid auf den Markt. Die Bezeichnung «Elektrofotografie» war für das Marketing nicht so geeignet, darum wurde das Kopierverfahren «Xerografie» genannt (aus den griechischen Wörtern xeros = trocken und graphein = schreiben). Die Firma Haloid nannte sich ab 1961 Xerox Corporation.

5.3.2 Prinzip und Verfahrensschritte

Beim elektrostatischen Kopieren wird ein Bild erzeugt, indem Toner von einem lichtempfindlichen Fotorezeptor auf der Bildtrommel angezogen wird. Dieser Toner wird dann auf das Papier übertragen und das Bild anschliessend mit Hitze und Druck fixiert.

▶ **Aufladen**
Zunächst lädt ein Koronadraht oder ein Transferroller die Oberfläche der Bildtrommel mit einer einheitlichen elektrostatischen Ladung auf.

▶ **Bildgebung**
Dann wird das Bild der Originalvorlage beim analogen Kopierer auf die Trommel projiziert. Eine Lampe (1) beleuchtet das Dokument (2). Das Bild wird von einem Spiegel (3) durch ein Objektiv (4) reflektiert und über einen weiteren Spiegel (5) auf die Bildtrommel projiziert.

Beim digitalen Kopierer wird das Dokument zuerst gescannt und gespeichert, anschliessend erfolgt die Bildgebung. Die Trommel wird Lichtimpulsen eines Laserstrahls ausgesetzt, der von einem sich drehenden Spiegel gelenkt wird.

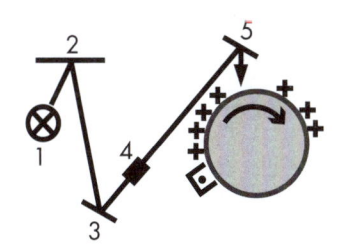

Büro der Zukunft ... papierlos oder papierarm?

▶ Belichtung
Die Ladung der Bildtrommel wird durch Licht neutralisiert; da aber von den Bildbereichen kein Licht reflektiert wird, bleiben diese Bereiche auf der Trommel geladen. Auf der Trommel ist jetzt ein unsichtbares Bild vorhanden.

▶ Entwicklung
Der Toner wird mit Trägerkörnchen (Entwickler) gemischt und erhält eine der Bildtrommel entgegengesetzte Ladung. Wenn der Toner mit der Oberfläche der Bildtrommel in Kontakt kommt, wird er aufgrund der Ladung auf die Oberfläche gezogen, sodass nun ein sichtbares Spiegelbild der Vorlage entsteht.

▶ Übertragung
Mit diesem elektrisch haftenden Tonerbild dreht sich die Bildtrommel, bis sie mit einem Blatt Papier in Kontakt kommt. Dieses Blatt wird durch einen elektrostatischen Vorgang aufgeladen, aber mit einer stärkeren Ladung als die Bildtrommel, sodass die Tonerpartikel auf das Papier übertragen werden.

▶ Fixierung
Das Papier wird von der Trommel gelöst und durchläuft zwei Walzen, welche die Tonerpartikel mit Wärmeeinwirkung auf dem Papier fixieren.

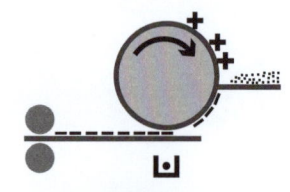

▶ Reinigung
Die Trommel wird von Tonerrückständen gereinigt und für die nächste Belichtung vorbereitet.

5.3.3 Auswahl des Kopiergeräts
Bei der Beschaffung eines Kopiergeräts sind folgende Punkte zu beachten:
- Umweltzeichen («Energy Star», TCO-Label, «Blauer Engel»); solche Geräte liefern günstige Werte bezüglich Energieverbrauch, Lärmemissionen, Freisetzung von Schadstoffen und Problemabfällen (vgl. Kapitel 8.2 Büroökologie)
- möglichst lange Lebensdauer (durch Aufrüstbarkeit)
- Papierverbrauch: Die Geräte müssen in der Lage sein, Recyclingpapier zu verarbeiten und doppelseitig zu kopieren (Duplex-Einrichtung). Auch das Verkleinern (z. B. von A4 auf A5) kann zur Einsparung von Papier beitragen.
- hohe Wartungs- und Reparaturfreundlichkeit
- rasch reagierender Kundendienst
- Rücknahmeverpflichtung und gesicherte umweltgerechte Entsorgung gebrauchter Kopiergeräte
- recyclinggerechte Konstruktion, um die Weiterverwendung von Geräten und Gerätebauteilen sowie die sortenreine Sammlung und Wiederverwertung von Kunststoffen zu ermöglichen.

Aufgrund der Anwenderbedürfnisse werden die Fotokopierer in verschiedene Klassen eingeteilt.

Kopiergerät mit Vorlageneinzug und Sorter

Kombigeräte

Solche Geräte umfassen Farbdrucker, Flachbettscanner und Farbkopierer; einige Modelle bieten auch Faxfunktionen oder die Möglichkeit, digitale Fotos direkt ab Kamera oder Speichermedium auszudrucken. Der Einsatz dieser Kombigeräte liegt vor allem im Heimbereich.

Multifunktionale Drucksysteme

Das Arbeiten in vernetzten Umgebungen ist heute selbstverständlich geworden. Einzelne Arbeitsplatzgeräte wie Drucker und Kopierer werden darum durch digitale Systeme ersetzt, welche drucken, kopieren, faxen, farbscannen und digital senden können. Diese Geräte sind modular aufgebaut und können je nach Einsatz als Netzwerkdrucker aufgerüstet, mit automatischem Dokumenteneinzug, zusätzlichen Papierkassetten, Sorter, Hefter, Locher usw. ausgestattet werden.

Digitales Multifunktionsgerät

Diese Geräte verfügen über einen grösseren Papiervorrat, kopieren bis Format A3 und sind mit einem Sorter und/oder Finisher (Heften, Lochen) ausgestattet. Wichtig ist hier die Zuverlässigkeit und Bedienungsfreundlichkeit; auch das Nachfüllen von Papier und Toner oder das Beheben von Papierstaus und kleineren Störungen soll problemlos möglich sein. Oft können solche Geräte via Netzwerk verwaltet werden und erlauben dadurch eine automatische Verbrauchsmaterialbewirtschaftung und eine Kostenkontrolle je Nutzer.

Digitales Multifunktionsgerät

Digitale Drucksysteme, Hochleistungskopierer

Unternehmen, in denen Dokumente in anspruchsvoller Qualität innerhalb kürzester Zeit und/oder in kleinen Auflagen erstellt werden müssen, setzen Hochleistungsgeräte ein, welche einzelne Seiten oder ganze Broschüren in kurzer Zeit kopieren oder online drucken können. Diese Geräte sind mit Hefter und Bindeeinrichtungen ausgestattet, welche die Produktion in guter Qualität ermöglichen. Publikationen lassen sich mit Widmungen oder Werbe-Labels individualisieren.

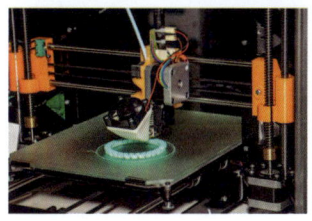

Hochleistungskopierer (Digital Printing)

Dreidimensionale Drucker

3-D-Drucker erstellen in wenigen Stunden hochaufgelöste dreidimensionale Vollfarbmodelle und Musterteile. Diese Modelle bieten allen Beteiligten ein reales Abbild einer Konstruktion, eines Designs, Bauwerks oder Geländemodells und sind daher herkömmlichen Zeichnungen in ihrer Aussagekraft überlegen.

Aber nicht nur das: Chinesische Wissenschaftler stellen bereits die ersten lebenden künstlichen Nieren mit einem 3-D-Drucker her, ein niederländisches Architekturbüro plant, ein komplettes Gebäude mit einem riesigen 3-D-Drucker zu erstellen. Der italienische Lebensmittelkonzern Barilla entwickelt gemeinsam mit einem niederländischen Institut 3-D-Drucker für Pasta. Die Geräte sollen an Restaurants verkauft werden und auf Knopfdruck verschiedene Nudelsorten produzieren.

Die 3-D-Druckertechnologie wird bereits als die «dritte industrielle Revolution» bezeichnet, welche die Welt so verändern wird wie damals die Erfindung der Dampfmaschine, des PC oder des Internets. Der frühere US-Präsident Obama hielt in einer Rede zur Lage der Nation fest: «Der 3-D-Druck hat das Potenzial, die Art und Weise, wie wir fast alles machen, zu revolutionieren.»

Dreidimensionaler Drucker

5.3.4 Umgang mit dem Kopierer

Keine Kopie ist so gut wie die Vorlage. Auch bei qualitativ hochwertigen Kopierern erreicht die Kopie nicht ganz die Qualität der Vorlage. Deshalb ist eine gute Vorlage die erste Voraussetzung für eine gute Kopie. Für die Vorlage sollten folgende Punkte beachtet werden:

Verwenden Sie
- weisses bzw. helles Papier, sodass die Schrift nicht durchscheint
- schwarze bzw. dunkle Schrift, damit diese sich klar vom Papier abhebt
- das Original, um eine möglichst hohe Qualität zu erzielen
- eine glatte Vorlage, ohne Knicke oder Falze, da diese als Strich auf der Kopie sichtbar sind
- nur Vorlagen, auf denen verwendete Korrekturfolie oder- flüssigkeit vollständig getrocknet ist

Bei Verwendung des automatischen Einzugs beachten Sie für die Vorlage:
- normierte Formate verwenden
- glatte Oberfläche, ohne Knicke, Falten, Wellen usw.
- keine Rundungen an den Schnittstellen der Kanten, sondern rechtwinklige Ecken
- zusammengeklebte Vorlagen nur dann verwenden, wenn die Ränder des Aufgeklebten durchgehend fest angeklebt sind und alles vollständig getrocknet ist.
- Untergrenze des Papiergewichts: 80 g/m^2; die Obergrenze hängt vom Kopierer ab

Sollte es nicht möglich sein, die angeführten Punkte zum automatischen Einzug zu erfüllen, müssen Sie die Vorlagen manuell auflegen und einzeln kopieren. Ansonsten kann es zur Blockade des Geräts durch Papierstau und zur Schädigung des Einzugs und Ihres Originals kommen.

Umgang mit Kopierer und Toner

Um eine gesundheitliche Gefährdung der Benutzer durch Tonerstaub zu verhindern, Kopiergeräte (wie auch Laserdrucker) nur in gut belüfteten Räumen einsetzen. Zudem sind die Hinweise der Hersteller bezüglich der Aufstellung und Wartung der Geräte genau zu beachten. Tonerkartuschen dürfen nicht gewaltsam geöffnet und sollen für Kinder unzugänglich aufbewahrt werden.

Zusätzliche Feinstaub-Filtersysteme können die Belastung der Raumluft durch Toner- und Staubpartikel stark reduzieren; sie sind praktisch für alle Laserdrucker, Fax- und Kopiergeräte erhältlich und lassen sich aussen am Gerät durch Klettverschluss befestigen.

Ist durch Defekte oder unsachgemässen Umgang Tonerpulver verschüttet worden, ist es ratsam, dieses umgehend mit einem feuchten Tuch aufzunehmen, damit es nicht aufgewirbelt wird. Leere Tonerkartuschen sollen komplett ausgewechselt und keinesfalls von Laien, sondern nur in ausgewiesenen Fachbetrieben wieder gefüllt werden.

Ebenfalls vorsichtig sollten Anwender bei einem Papierstau zu Werke gehen. Beim gewaltsamen Herausziehen des Papiers aus dem Schacht kann sich noch nicht fixierter Tonerstaub freisetzen.

Aufgabe 35

Im Betrieb wächst die Anzahl der Kopien ständig. Der Chef bittet Sie um praxisgerechte Vorschläge, mit denen die Zahl der Kopien resp. der Papierverbrauch reduziert werden soll. Präsentieren Sie Ihre Ideen übersichtlich mithilfe eines Textverarbeitungsprogramms.

Arbeitsprozesse bewusst und effizient organisieren

6

6.1 Prozessorganisation

Ein Prozess im Unternehmen umfasst Aufgaben, Tätigkeiten oder Funktionen mit dem Ziel, eine bestimmte Leistung (Wertschöpfung) zu erbringen.

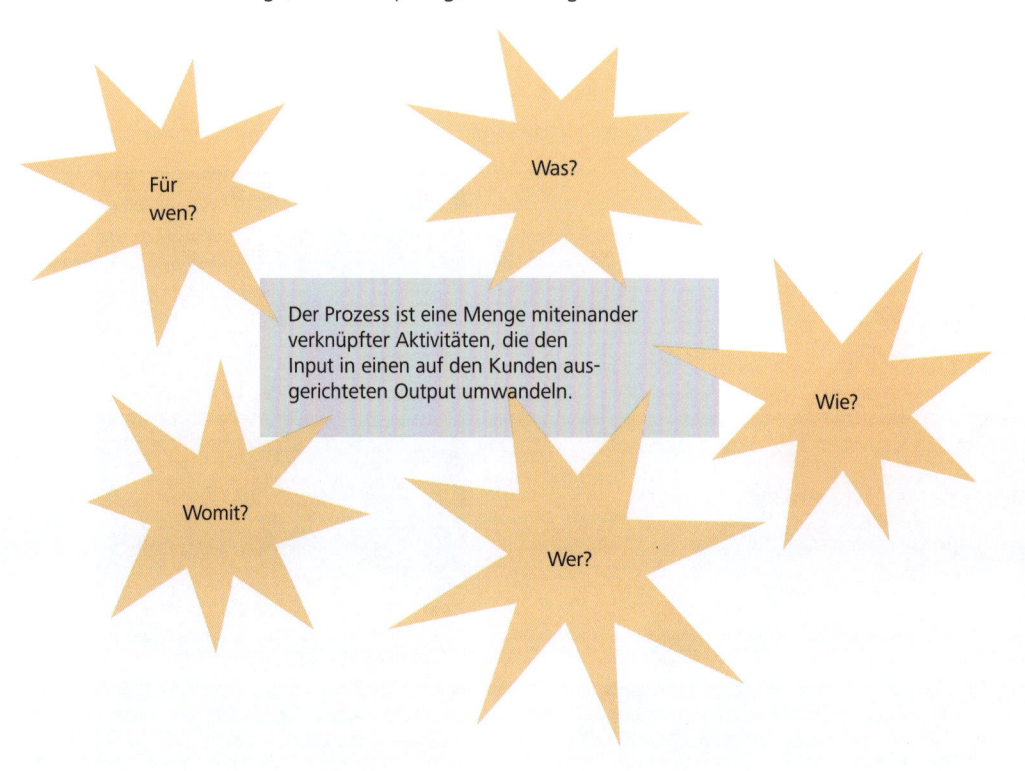

Für wen?
Was?
Wie?
Womit?
Wer?

Der Prozess ist eine Menge miteinander verknüpfter Aktivitäten, die den Input in einen auf den Kunden ausgerichteten Output umwandeln.

Prozesse oder auch Geschäftsprozesse definieren, wie man beim Erfüllen der Aufgabe konkret vorgeht:

- Was wird für wen getan? **(sachliche Dimension)**
- Wie lange (Dauer von Abläufen), wann (Termine) und in welcher Reihenfolge (Teilprozesse) wird etwas getan? **(zeitliche Dimension)**
- Wann oder unter welchen Bedingungen wird etwas getan? **(konditionelle Dimension)**
- Wer tut was unter Zuhilfenahme von was oder wem? **(Ressourcendimension)**

6.1.1 Prozessmodell

In einem Unternehmen müssen die Prozesse, Teilprozesse und Aktivitäten aufeinander abgestimmt sein:

- Im **Bereichsmodell** werden alle Prozesse eines Unternehmensbereichs aufgelistet und vernetzt.
- Das **Prozessmodell** unterteilt die Prozesse in Teilprozesse, vernetzt diese und regelt die Zuständigkeit für die Teilprozesse.
- Das **Teilprozessmodell** enthält eine strukturierte Liste der Aktivitäten, ausführenden Stellen und Arbeitsmittel.

Prozess	Kursadministration
Teilprozess	Eingang Anmeldungen
Stelle	Sekretariat Weiterbildung
Zielsetzung	• Verarbeitung aller Kursanmeldungen sicherstellen • Kundenzufriedenheit
Arbeitshilfsmittel, Unterlagen	• Checkliste Kursadministration Weiterbildung • Computerprogramme • Telefon • Kursprogramm • Anmeldeübersicht • Teilnehmerliste • Ablage Anmeldungen • Debitorenbewirtschaftung Weiterbildung
Qualitätsmerkmal	Beanstandungen pro Semester <1 % der Teilnehmerzahl
Verlauf des Teilprozesses	1. Eingangsstempel auf Anmeldung 2. Teilnehmer/-in dem entsprechenden Kurs zuordnen; Fakturadaten und Spezialtarife beachten 3. Kursbestätigung mit Rechnung drucken und verschicken 4. Ablage der Anmeldung nach Kursnummer 5. Druck Anmeldeübersicht 6. Zehn Tage vor Kursbeginn: Kursteilnehmer/-in im Falle einer Kursabsage benachrichtigen 7. Verspätete Anmeldungen erfassen

Teilprozessmodell

6.1.2 Regelungsdichte der Prozesse

Wie detailliert sollen die Arbeitsvorgänge geregelt (festgelegt, standardisiert) werden?

Eine zu hohe Detaillierung bringt folgende Nachteile:
- Flexibilität und Kreativität werden eingeengt
- Motivationsprobleme
- Fehler im Arbeitsablauf bei Irrtum des Organisators

Ist die Detaillierung hingegen zu gering, ist mit diesen Nachteilen zu rechnen:
- Ziele der Ablauforganisation werden nicht erfüllt
- Austauschbarkeit des Personals geringer
- höhere Anforderungen an das Personal

Die Regelungstiefe von Abläufen ist abhängig von der
- Komplexität der Aufgabe
  – sehr einfache Aufgaben: nicht detailliert, da unnötig
  – sehr komplexe Aufgaben: nicht detailliert, da unmöglich
- Standardisierbarkeit (immer gleich), Prozess wird häufig durchgeführt: Detaillierung lohnt sich.

Arbeitsprozesse bewusst und effizient organisieren

Aufgabe 36

Beschreiben Sie je einen Teilprozess aus Ihrem Betrieb, der detailliert beziehungsweise besser nicht detailliert geregelt wird.

Teilprozess, der detailliert geregelt werden muss:

_____

Beschreibung

_____
_____
_____

Begründung

_____
_____
_____

Teilprozess, der besser nicht detailliert geregelt wird:

_____

Beschreibung

_____
_____
_____

Begründung

_____
_____
_____

6.1.3 Darstellung der Prozesse

Die Prozesse, Teilprozesse und Aktivitäten können mit Flussdiagrammen, Tabellen und Listen (z. B. Checklisten) dargestellt werden.

Flussdiagramm

Das Flussdiagramm ist ein geeignetes Instrument, um Prozesse und Arbeitsschritte darzustellen, zu analysieren und zu optimieren.

Üblicherweise werden die folgenden Symbole verwendet:

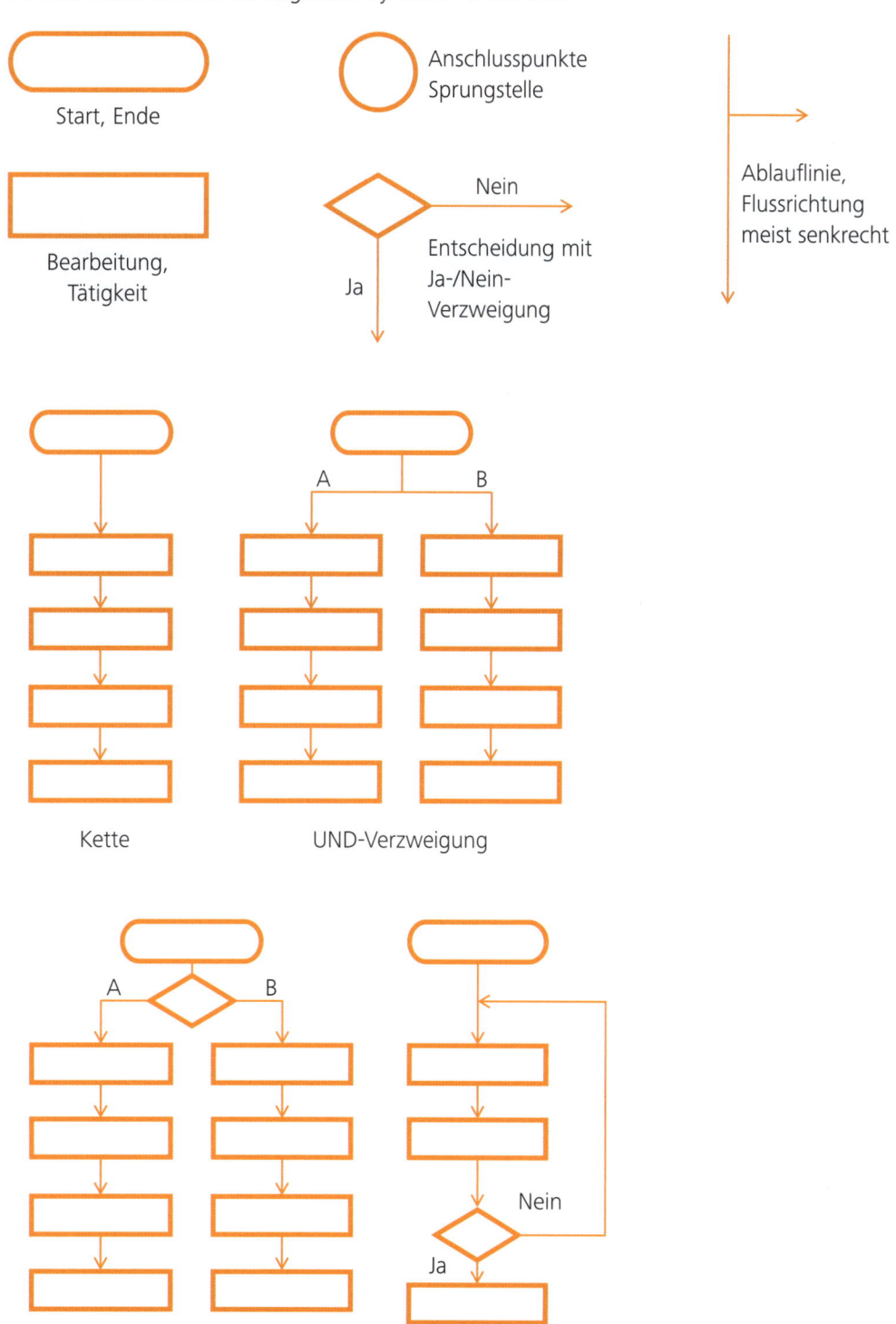

- Start, Ende
- Bearbeitung, Tätigkeit
- Anschlusspunkte Sprungstelle
- Entscheidung mit Ja-/Nein-Verzweigung
- Ablauflinie, Flussrichtung meist senkrecht

Kette

UND-Verzweigung

ODER-Verzweigung

Rücksprung

Arbeitsprozesse bewusst und effizient organisieren

Die folgenden Tätigkeiten und Abfragen fallen beispielsweise bei einem Telefongespräch an:

- Start
- Hörer abnehmen
- Nummer wählen
- Meldet sich die gewünschte Person?
  – Wenn ja, weiter zu «Gespräch führen»
  – Wenn nein, weiter zu
- «Hörer auflegen»
  – prüfen, ob Gespräch aufschiebbar
    - Wenn ja, Arbeitsablauf beenden
    - Wenn nein, erneut versuchen
- Gespräch führen
- Hörer auflegen
- Ende

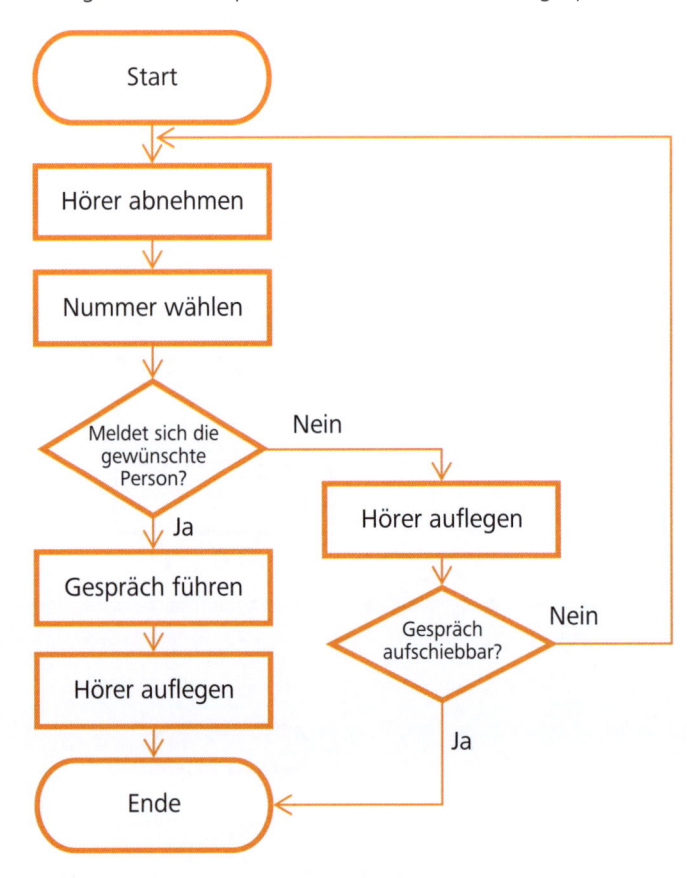

Flussdiagramm

Die Verbindung umfangreicher Prozesse, die sich über mehrere Seiten erstrecken, erfolgt durch Sprungmarken:

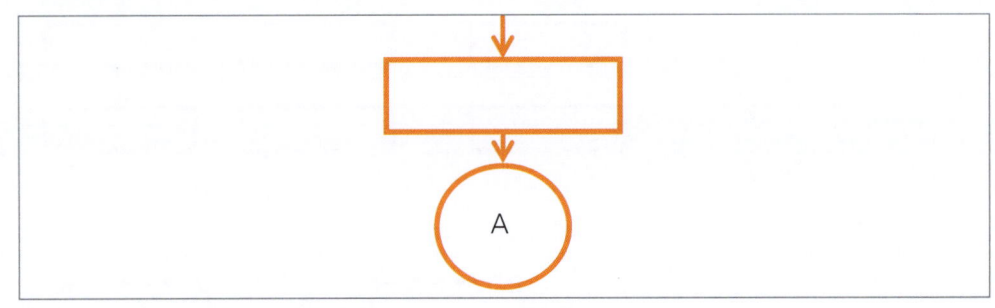

Sprungmarke mit Verweis auf Folgeblatt

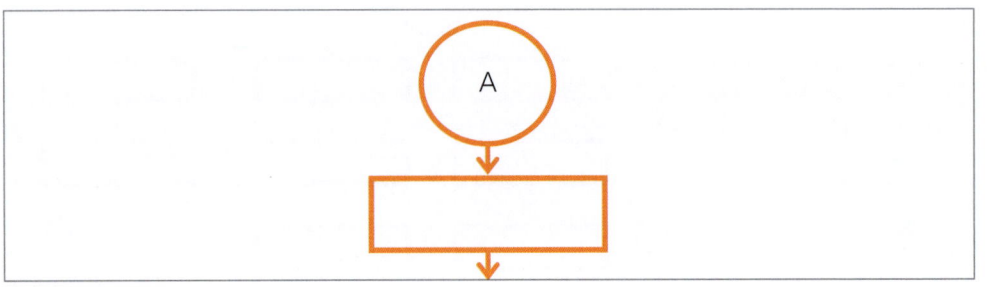

Folgeblatt

Prozessorganisation

Swimlane-Diagramm

Sind bei einem Ablauf verschiedene Abteilungen innerhalb oder ausserhalb des Unternehmens beteiligt, wird oft ein Swimlane-Diagramm verwendet. Mit der Schwimmbahndarstellung werden die einzelnen Prozesse, ihre Reihenfolge und ihre jeweiligen Zuständigkeiten klar bestimmt. Missverständnisse und Fehlermöglichkeiten können so vermieden werden.

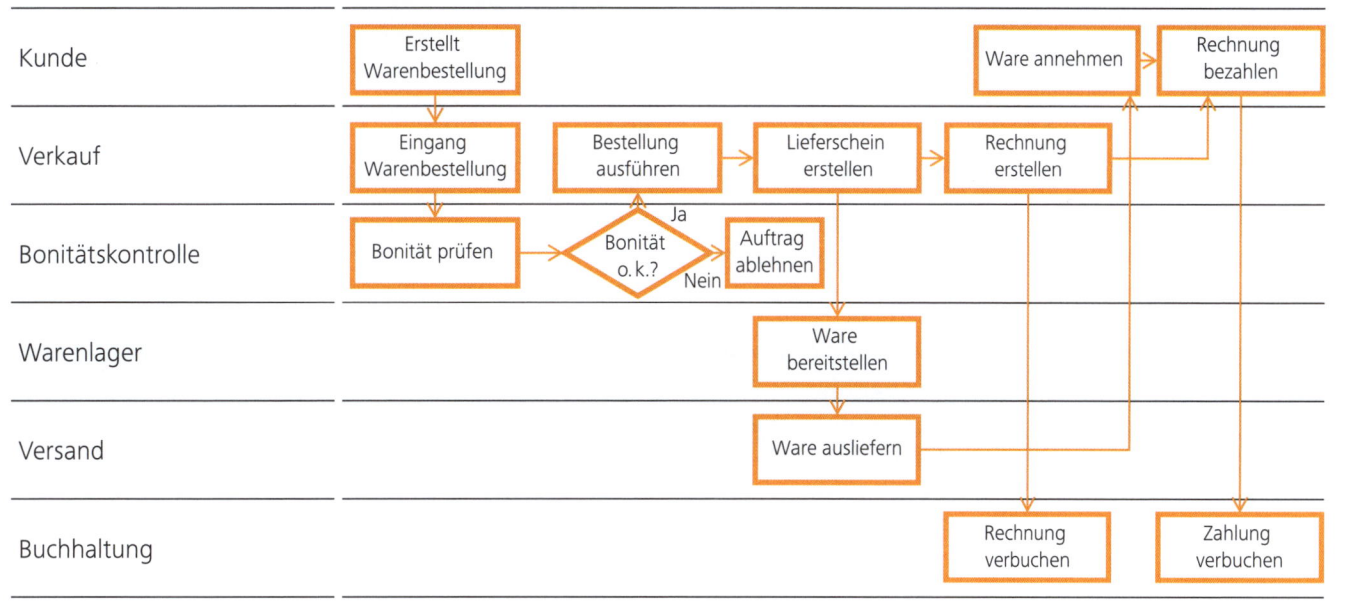

Kunde	Erstellt Warenbestellung → ... → Ware annehmen → Rechnung bezahlen
Verkauf	Eingang Warenbestellung → Bestellung ausführen → Lieferschein erstellen → Rechnung erstellen
Bonitätskontrolle	Bonität prüfen → Bonität o.k.? (Ja/Nein) → Auftrag ablehnen
Warenlager	Ware bereitstellen
Versand	Ware ausliefern
Buchhaltung	Rechnung verbuchen, Zahlung verbuchen

Swimlane-Diagramm

Tabelle

Der Geschäftsprozess einer Werbekampagne kann wie folgt tabellarisch dargestellt werden:

Prozessschritt	Prozessarbeit	Hilfsmittel
Ideen suchen	Sitzung des Marketingteams Bedürfnisse der potenziellen Zielgruppe analysieren	Brainstorming Konkurrenzanalyse Umfragen Rückmeldungen
Partner suchen	Anfragen bei Institutionen, anderen Wirtschaftseinheiten, die ergänzende Produkte oder Dienstleistungen anbieten	E-Mail, Fax, Telefon
Konzept ausarbeiten	Sich einigen über Angebot und Preis, Finanzierung, Zeitplan	E-Mail, Fax, Telefon, Statistiken, Kalkulationen
Präsentation	Vorstellen an Messen, im Internet und über die verschiedenen Partner	Prospekte, Plakate, Internet, Telefon, Fax, E-Mail
Kontrolle	Auswertungen vornehmen Zielvorgabe Ist-Soll-Vergleich	Verkaufszahlen, Umsatzstatistik

Aufgabe 37

Beschreiben Sie in Stichworten einen Geschäftsprozess aus Ihrem Lehrbetrieb. Startpunkt soll das Kundenbedürfnis sein, Endpunkt, dass das Bedürfnis des Kunden befriedigt ist. Sie können obige Tabelle als Raster verwenden; stellen Sie die Arbeitsschritte auch in einem Flussdiagramm dar.

6.2 Projektorganisation

Die Projektorganisation wird wie folgt definiert: die Gesamtheit der Organisationseinheiten und der aufbau- und ablauforganisatorischen Regelungen zur Abwicklung eines Projekts. In der Projektorganisation wird Folgendes festgelegt: Arbeitsteilung zwischen Personen und Teams, die Zuteilung der Aufgaben, Kompetenzen, Verantwortlichkeiten, das Festlegen der Weisungsbefugnisse, Kontrollrechte und Aufsichtspflichten sowie die Koordinationsinstrumente.

6.2.1 Was ist ein Projekt?

Ein Projekt hat einen klar definierten Start, eine **begrenzte Dauer** (wenn auch manchmal über einige Jahre) und einen definierten **Endpunkt.** Projekte werden durchgeführt, um komplexe Veränderungen in einem Unternehmen, einer Verwaltung oder einer Organisation zu realisieren. Es sind **Personen verschiedener Herkunft** in unterschiedlicher Form am Projekt beteiligt: Meist wird ein **Projektteam** gebildet, das sich über die Dauer des Projekts zwar verändern kann, in dem aber fest zugeteilte Mitarbeiterinnen und Mitarbeiter tätig sind. Es gibt darüber hinaus Personen, die für besondere Aufgaben zeitweise beigezogen werden.
Der **Inhalt** eines Projekts ist klar definiert. Es werden Ziele für das Vorgehen und für das zu erwartende Endergebnis vorgegeben. Die Abwicklung eines Projekts bewegt sich innerhalb dieser Schranken und hat den Zweck, diese Ziele zu erreichen.

6.2.2 Projektphasen nach der IPERKA-Methode

Die 6-Stufen-Methode IPERKA hilft beim Planen und Realisieren eines Projekts und zeigt, in welchen Schritten ein Problem mit einer strukturierten Vorgehensweise gelöst werden kann.

Der Name IPERKA besteht aus den Anfangsbuchstaben der zugehörigen Phasen:

I	Informieren
P	Planen
E	Entscheiden
R	Realisieren
K	Kontrollieren
A	Auswerten

Die sechs Projektphasen IPERKA; Erkenntnisse der Auswertung fliessen auch in zukünftige Projekte ein.

IPERKA legt ein starkes Gewicht auf die Planung und die Auswertung. Erst wenn ein sorgfältiges Konzept ausgearbeitet und entschieden ist, welche Lösungsvariante umgesetzt wird, wird das Projekt realisiert. Am Schluss wird es analysiert, die Erfahrungen werden ausgewertet und daraus Lehren für zukünftige ähnliche Projekte gezogen.

Es ist einfach, mithilfe der 6-Stufen-Methode strukturiert und systematisch vorzugehen, können doch die einzelnen Projektschritte und die damit verbundenen Tätigkeiten leicht den jeweiligen Projektphasen zugeordnet werden.

Phase 1 – Informationen beschaffen

Worum geht es?

Die Informationsphase dient vor allem dazu, sich mit den Zielen der Arbeit vertraut zu machen und festzustellen, ob die eigenen Kenntnisse und Fertigkeiten ausreichen, um die Aufgabe zu lösen.

Was ist zu tun?
- Auftrag und Vorgaben klären (Wer will wann was von wem?)
- Ausgangslage und Thema umschreiben (Was soll getan werden?)
- Welches Ergebnis wird bis wann erwartet?
- Welche Bedingungen sind einzuhalten?
- Welche Schwierigkeiten könnten auftreten?
- Informationen beschaffen, sortieren, ordnen und werten
- Abklären, welche zusätzlichen Kenntnisse eventuell angeeignet werden müssen

Phase 2 – Planen

Worum geht es?

In der Planungsphase wird ein schriftlicher Arbeitsplan erstellt. Darin wird auch festgehalten, welchen Gütekriterien die Arbeit genügen muss (Weisungen, Normen, Kosten, Zeitplan usw.). Bei einer Gruppenarbeit werden in diesem Schritt die Arbeitsteilung und Koordination festgehalten.

Was ist zu tun?
- Planen der Schritte, die es braucht, um das Ziel zu erreichen
- Festlegen eines realistischen Zeitplans mit Meilensteinen (Welche Teilarbeiten sind durch wen in welchem Zeitraum zu erledigen?)
- Mögliche Probleme erkennen, Reservezeit und Unerwartetes einplanen
- Festhalten, wann welche Entscheidungen gefällt werden müssen
- Festlegen der Ressourcen (Wer benötigt wann welche Hilfsmittel und Werkzeuge?)
- Technische Voraussetzungen klären (Funktionsweise, Umweltaspekte, Zusatzgeräte, Verbrauchsmaterial)
- Die voraussichtlich entstehenden Kosten budgetieren
- Konzept und Lösungsweg/Vorgehensplan erarbeiten, dabei machbare Lösungsvarianten vorschlagen
- Prüfkriterien für die Teilaufgaben und den Gesamtauftrag festlegen

Phase 3 – Entscheiden

Worum geht es?

In dieser Phase wird entschieden, welche Wege eingeschlagen werden.

Was ist zu tun?
- Lösungsmöglichkeiten vergleichen: Welche Varianten stehen zur Wahl und wie werden sie bewertet?
- Sich für einen Lösungsweg und eine Strategie entscheiden
- Kriterien für die Qualität des Produkts oder der Dienstleistung festlegen
- Zuständigkeiten und Tätigkeiten in Zusammenarbeit mit Vorgesetzten und Beteiligten festlegen (Wer ist für was verantwortlich, wer macht was?)
- Abklären, ob die notwendige Infrastruktur vorhanden ist

Phase 4 – Realisieren

Worum geht es?
Die Arbeit wird entsprechend der Planung sowie den getroffenen Entscheiden effizient und nachvollziehbar ausgeführt. Die Arbeitsschritte werden dokumentiert (z. B. in einem Arbeitsjournal). Müssen Arbeitsschritte geändert werden, sind diese Abweichungen vom Plan festzuhalten und zu begründen. Bei der Ausführung sind die Vorschriften über die Arbeitssicherheit zu beachten.

Was ist zu tun?
- Wie wird der Plan effizient und nachvollziehbar umgesetzt (z. B. Einführung, Schulung, Unterhalt/Service)?
- Welche Vorschriften oder Normen sind zu beachten?
- Zeitplan genau einhalten
- Zielausrichtung und Zwischenziele überprüfen, allfällige Kurskorrekturen vornehmen
- Was passiert, wenn von der Planung abgewichen wird? Bei Problemen müssen alle wissen, wie diese gelöst werden können.

Phase 5 – Kontrollieren

Worum geht es?
Immer wieder soll überprüft werden, ob das Ergebnis der Arbeit den in der Planungsphase aufgestellten Vorgaben entspricht, damit auch zu einem frühen Zeitpunkt Fehler erkannt und korrigiert werden können.

Was ist zu tun?
- Überprüfen, ob Vorgehensplan (Vergleich Planung und Umsetzung), Zeitplan und Meilensteine eingehalten werden (Zielerreichung)
- Erweisen sich die in der Planung festgelegten Prüfkriterien als richtig und vollständig?
- Ist der Auftrag fachgerecht ausgeführt?
- Aktuelle Dokumentation, allfällige Änderungen nachtragen
- Grundlegende Mängel protokollieren und an die Betroffenen melden
- Arbeiten vollständig ausführen, abschliessend Qualitätskontrolle

Phase 6 – Auswerten

Worum geht es?
In dieser Phase wird die ganze Bearbeitung der Aufgabe (vom Informieren bis zum Kontrollieren) nochmals überdacht und beurteilt.

Was ist zu tun?
- Rückblick auf das Projekt, den Prozess und die Zusammenarbeit
- Erfahrungen auswerten (entweder aus persönlicher Erfahrung oder über Umfrage):
  - Welche Probleme wurden gelöst, welche nicht?
  - Was war gut/erfolgreich?
  - Was muss verbessert/verändert werden?
- Optimierungsvorschläge für Produkt und Prozess formulieren
- Sicherstellen, dass die Verbesserungsmassnahmen bei künftigen Arbeiten beachtet werden

Projektorganisation

Aufgabe 38
Gruppenarbeit/
Semesterarbeit

Schildern Sie in groben Zügen den Projektablauf nach der 6-Stufen-Methode zu einem von Ihnen gewählten Thema aus der Bürokommunikation. Belegen Sie wo nötig Ihre Aussagen mit Hinweisen auf Links, Herstellerangaben oder andere Quellen.

Themenvorschläge:
- neues Kopiergerät anschaffen
- Organisation der Datenablage
- neue Computer beschaffen und Einrichten eines Netzwerkes
- Telefonanlage mit VoIP erweitern
- Organisation des Postdienstes

Vorgaben:
In Ihrer Arbeit sollen die sechs Schritte gemäss IPERKA kurz, aber dennoch konkret beschrieben werden; ergänzen Sie bei Bedarf die Beschreibungen der Phasen mit weiteren praxisbezogenen und zielführenden Punkten und Fragen.

Umfang ungefähr 6–10 Seiten

Bewertung
- Inhalt (gemäss Vorgabe)
- Dokumentation (Aussagen belegen, Hinweise auf Links oder andere Quellen)
- praxisgerechte und realistische Vorschläge
- Präsentation der Arbeit (Darstellung, Gliederung, Bilder) und Sprache
- Umfang
- Zusammenarbeit in der Gruppe, Einhalten der Termine und Abmachungen

Termin _____

6.3 Zeitplanung

Die Zeitplanung ist das A und O jeder vernünftigen Arbeit. Planung ist nur möglich, wenn Aufgaben und Ziele vorhanden und bekannt sind. Je besser diese definiert sind, desto wirksamer kann auch die Planung werden.

6.3.1 Prioritäten setzen

Unmittelbar mit der Planung hängt auch die Trennung in wichtige und weniger wichtige Aufgaben zusammen – darum müssen Sie Prioritäten setzen: **Tun Sie das Wichtige vor dem Dringenden.**

	nicht dringend	dringend
wichtig	**B-Aufgaben** warten — eventuell delegieren	**A-Aufgaben** sofort — und in der Regel selbst tun
nicht wichtig	**D-Aufgaben** nicht tun — in Papierkorb	**C-Aufgaben** notfalls selbst tun — besser rechtzeitig delegieren

(Achse links: Wichtigkeit; Achse unten: Dringlichkeit)

Eisenhower-Prinzip, nach dem früheren US-Präsidenten Dwight D. Eisenhower

Setzen Sie Prioritäten nach dem Pareto-Prinzip! Das Pareto-Prinzip, benannt nach dem italienischen Volkswirtschafter und Soziologen aus dem 19. Jahrhundert Vilfredo Pareto, besagt, dass bedeutende Dinge in einer gegebenen Gruppe normalerweise einen relativ kleinen Anteil der Gesamtdinge in der Gruppe ausmachen. Konkret heisst das an einem Beispiel gezeigt: 20 % des Aufwandes erbringen etwa 80 % des Ergebniswertes:

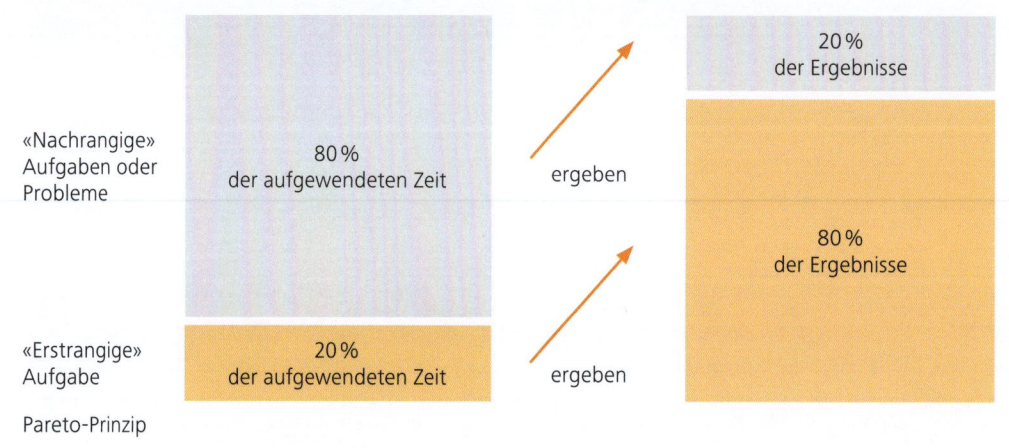

«Nachrangige» Aufgaben oder Probleme: 80 % der aufgewendeten Zeit ergeben 20 % der Ergebnisse

«Erstrangige» Aufgabe: 20 % der aufgewendeten Zeit ergeben 80 % der Ergebnisse

Pareto-Prinzip

6.3.2 Zeitplan

Je besser Sie Ihre Zeit planen, desto besser können Sie diese für Ihre persönlichen und beruflichen Zielvorstellungen nutzen.

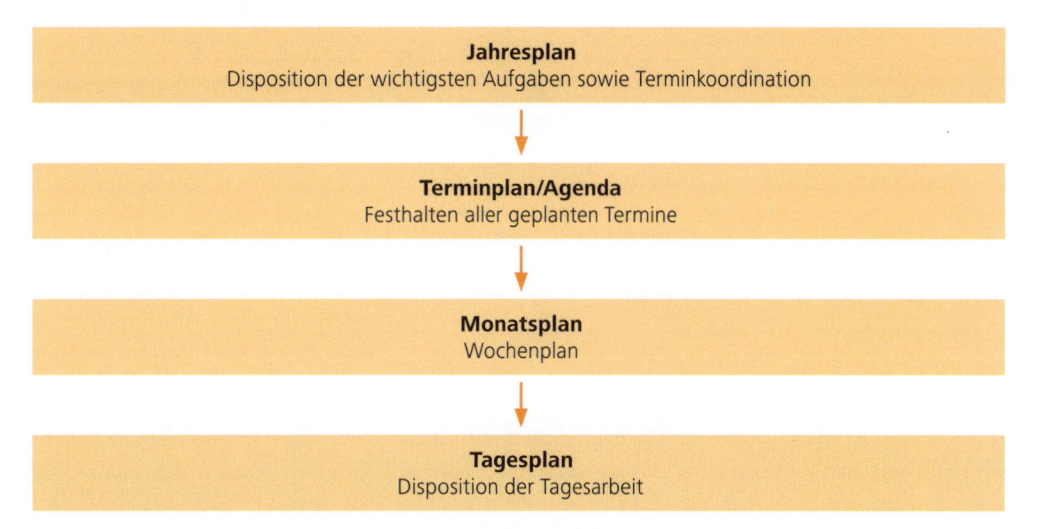

Jahresplan
Disposition der wichtigsten Aufgaben sowie Terminkoordination

↓

Terminplan/Agenda
Festhalten aller geplanten Termine

↓

Monatsplan
Wochenplan

↓

Tagesplan
Disposition der Tagesarbeit

Nehmen Sie sich täglich rund fünf bis zehn Minuten Zeit, um Ihren Arbeitstag zu planen. Auf keinen Fall sollte die vorhandene Zeit vollständig verplant werden. Es sind ausreichende Pufferzeiten zu reservieren, damit genügend Zeit für Unvorhergesehenes verbleibt. Die Planung sollte drei Blöcke berücksichtigen:

40 % für geplante Aktivitäten
20 % für unerwartete Aktivitäten (Störungen)
20 % für spontane Aktivitäten (Unvorhergesehenes)

Planung führt auch zu mehr Gelassenheit gegenüber den Anforderungen, die täglich an uns gestellt werden.

> Wer das Ziel kennt, kann entscheiden.
> Wer entscheidet, findet Ruhe.
> Wer Ruhe findet, ist sicher.
> Wer sicher ist, kann überlegen.
> Wer überlegt, kann verbessern.
>
> Konfuzius, 500 v. Chr.

Damit Sie Ihre Pläne verwirklichen können, vermeiden Sie folgende Verhaltensweisen:

- **Störungen und Ablenkungen** verursachen zusätzliche Anlaufs- und Einarbeitungszeiten. Nach jedem Unterbruch müssen Sie sich wieder in die vorherige Tätigkeit eindenken, sich wieder einarbeiten. Geben Sie darum Besetztzeiten bekannt und leiten Sie das Telefon um, damit Sie ungestört arbeiten können.

- **Seien Sie nicht zu perfekt** – arbeiten Sie so gut wie nötig; verlieren Sie jedoch nicht das Ziel und die Anforderungen aus den Augen.

- **Vieles gleichzeitig tun** – setzen Sie Prioritäten.

- **Termine nicht einhalten.** Mahnen Sie Termine konsequent und halten Sie diese selbst ein.

- **Planloses Arbeiten ohne Prioritäten.** Setzen Sie sich Tagesziele. Das Wichtige vor dem Dringenden tun.

Arbeitsprozesse bewusst und effizient organisieren

6.4 Checklisten

Eine Checkliste zählt in **genauer Reihenfolge** auf, was zu tun, zu lassen oder zu kontrollieren ist. Die einfachste Form der Checkliste ist der Einkaufszettel; auch vorgedruckte oder elektronisch gespeicherte Formulare werden als Checklisten eingesetzt.

Checklisten dienen als Gedankenstützen, geben Arbeitsanweisungen und helfen bei der Kontrolle. Beim Anlegen von Checklisten werden wichtige Detailfragen schon in den Anfangsphasen des Planens berücksichtigt.

Erstellt und aktualisiert werden Checklisten anhand von vorhandenen Arbeitsunterlagen (z. B. Berichte, Protokolle, Ausschreibungen, Notizen, Korrespondenzen). Das Erstellen einer Checkliste erfordert ein genaues Durchdenken der Aufgabenstellung. Bevor eine Checkliste im Betrieb eingesetzt wird, sollte sie mit möglichen zukünftigen Benützerinnen und Benützern durchdiskutiert und von diesen getestet werden.

Mit einer Checkliste können Sie auch Ihre Arbeitsweisen und Gewohnheiten überprüfen und gezielt verändern:

Analyse meiner Arbeitsgewohnheiten

Bitte vergleichen Sie Ihre eigene Situation mit den folgenden Aussagen. Kreuzen Sie spontan, ohne lange zu überlegen, das Zutreffende an:

	Diese Aussage stimmt für mich		
	oft/ meistens	zum Teil/ hie und da	selten/nie
Unangenehme Arbeiten verschiebe ich.	☐	☐	☐
Zu erledigende Aufgaben beginne ich erst kurz vor dem Ablieferungstermin.	☐	☐	☐
Ablenkungen nehme ich dankbar auf.	☐	☐	☐
Ich will alles schnell nebenbei erledigen.	☐	☐	☐
Ich notiere in meinem Terminkalender nur Verabredungen mit anderen (keine eigene Arbeitsplanung/Termine mit mir selbst).	☐	☐	☐
Meine Arbeit unterbreche ich, um etwas Dringendes anzupacken.	☐	☐	☐
Ich habe den Tag zu 100 % verplant, Unvorhergesehenes bringt mich in Stress.	☐	☐	☐

Checklisten

Aufgabe 39 — Mit welchen Geräten und Hilfsmitteln sollen die Arbeitsplätze ausgerüstet sein? Ergänzen Sie folgende Checkliste für die Utensilien am Arbeitsplatz:

Geräte und Hilfsmittel	vorhanden
Schreibmaterial/Büromaterial	☐
▶ Kugelschreiber	✓
▶ Filzschreiber	☐
▶	☐
▶ Marker	☐
▶ Korrekturroller oder -stift	☐
▶	☐
▶	☐
▶	☐
▶	☐
Telefon	☐
▶	☐
▶	☐
PC mit folgender Software	☐
▶	☐
▶	☐
▶	☐
▶	☐
Nachschlagewerke	☐
▶ Duden	☐
▶	☐
▶	☐
Weitere Hilfsmittel	☐
▶	☐
▶	☐
▶	☐

Mit dieser Liste können Sie auch sicherstellen, dass der Arbeitsplatz für eine neue Mitarbeiterin oder einen neuen Mitarbeiter vollständig ausgestattet ist.

Arbeitsprozesse bewusst und effizient organisieren

Aufgabe 40

Erstellen Sie folgende Checkliste:

Sie müssen ein Treffen einer Arbeitsgruppe vorbereiten und leiten. Bei der Vorbereitung dieser Sitzung denken Sie an vieles: Das Sitzungszimmer muss rechtzeitig gebucht werden; der Raum sollte u. U. mit audiovisuellen Geräten ausgestattet sein – und diese Geräte sollten dann auch funktionieren. Vor der Sitzung müssen Sie den Raum lüften und kontrollieren, Unterlagen verteilen, schauen, dass für Getränke oder sogar Verpflegung gesorgt ist. Rechtzeitig sind die Teilnehmerinnen und Teilnehmer einzuladen; sie benötigen eine Traktandenliste und vielleicht Unterlagen zum Studium. An einen «Nachrichtenpunkt» oder eine Anlaufstelle, wo Anrufe für die Sitzungsteilnehmer entgegengenommen und Nachrichten hinterlegt werden können, sollte auch gedacht sein. Wie muss die Sitzung geleitet werden? Pünktlich beginnen und aufhören, Ziel verfolgen, Vielredner bremsen, öfter zusammenfassen, verbalisieren, Meinungsaustausch ohne konkrete Informationen oder Abweichungen vom Thema minimieren. Festlegen, wer was bis zum nächsten Mal macht. Regeln Sie vor der Sitzung, wer das Protokoll schreibt oder wie die Ergebnisse festgehalten werden. Danken Sie den Teilnehmerinnen und Teilnehmern für das Erscheinen und die Mitarbeit. Nächste Sitzung: Wer, wann, wo, warum?

Erstellen Sie aufgrund dieser Gedanken eine Checkliste für die Vorbereitung, Durchführung und Nachbereitung von Sitzungen. Verwenden Sie in Ihrer Tabelle folgende Spaltenüberschriften: Aktivitäten, Termin, erledigt.

Aufgabe 41

Der Kopierer in Ihrem Betrieb wird von vielen Mitarbeiterinnen und Mitarbeitern gebraucht. Leider werden Papier und Toner oft nicht nachgefüllt, Vorlagen im Kopierer gelassen, Störungen nicht gemeldet, und mit der Ordnung ist es auch nicht immer zum Besten bestellt. Auch das ist ein Fall für eine kurze, prägnante Checkliste.

Gestalten Sie diese gut lesbar für das Anschlagbrett im Kopierraum. Formulieren Sie kurz, anständig oder sogar mit Humor, damit die Kolleginnen und Kollegen die Anweisungen rasch erfassen und gerne befolgen. Ziel: störungsfreies Kopieren.

6.5 Formulare

Formulare gehören zu den ältesten Rationalisierungsmitteln im Büro. Mithilfe von gut gestalteten Formularen können Arbeitsabläufe erheblich vereinfacht werden.
Achten Sie auf eine benutzerfreundliche Gestaltung; dadurch werden Fehler beim Ausfüllen vermieden und der Zeitaufwand beim Bearbeiten reduziert. Innerhalb eines Betriebs sind Formulare nach einheitlichen Richtlinien zu gestalten: Auch in verschiedenen Abteilungen des Unternehmens oder der Verwaltung sollen für gleiche Aufgaben gleiche Formulare eingesetzt werden!

Ein gutes Formular soll den zuständigen Sachbearbeiterinnen und Sachbearbeitern
- die nötigen Informationen vollständig,
- in ablaufgerechter Form
- und der Organisation angepasst liefern.

Angenehm gestaltete Formulare werden eher ausgefüllt – darum achten Sie auf folgende Punkte:
- **Übersicht.** Reduzieren Sie den Text auf die unbedingt notwendigen und eindeutigsten Begriffe und setzen Sie grafische Elemente sparsam ein.

- **Optimale Lesbarkeit.** Wählen Sie eine gut lesbare, serifenlose Schrift, welche mindestens 10 pt gross ist.

- **Fragen möglichst präzise formulieren**

ungenau:	treffender:
Geboren?	Geburtsdatum
Haustiere?	Halten Sie Haustiere? Wenn ja, welche?
Sportarten?	Welche Sportarten betreiben Sie aktiv?

- **Genügend Platz für auszufüllenden Text lassen!**

- **Auswahlantworten zum Ankreuzen** erleichtern das Ausfüllen und Auswerten; sie sind zudem eindeutiger als «Nicht Zutreffendes durchstreichen» oder «Zutreffendes unterstreichen»:

schlecht:	besser:
Bitte Zutreffendes unterstreichen: Einzelzimmer/Doppelzimmer	Zutreffendes bitte ankreuzen **X** ☐ Ich komme mit dem Auto. ☐ Ich wünsche Mitfahrgelegenheit.

Arbeitsprozesse bewusst und effizient organisieren

- **Einheitliche Fluchtlinien** erleichtern das Lesen und Schreiben beim Ausfüllen:

nicht so:	sondern so:
Name _____	Name _____
Vorname _____	Vorname _____
Strasse _____ Nr. ___	Strasse, Nr. _____
PLZ ____ Ort _____	PLZ, Ort _____

- **Verständlichkeit.** Lassen Sie das Formular – bevor es gedruckt wird – durch mehrere Versuchspersonen ausfüllen. Veranschaulichen Sie mit Musterausfüllungen, Beispielen oder Bildern. Erläutern Sie Fachausdrücke.

- **Farben** sind vorzügliche Organisationsmittel. Formulartexte müssen nicht unbedingt nur auf weisses Papier gedruckt werden.

- **Impressum.** Am unteren Rand des Formulars (links oder rechts) werden in einer um 2 pt kleineren Schrift zum Beispiel folgende Hinweise angegeben: Formularnummer, Jahr, Auflage, Abkürzungszeichen der Sachbearbeiterinnen oder -bearbeiter, Zeichen der Druckerei.

Tabellen sind für Formulare gut geeignet; eine gute Leseführung erreichen Sie mit Hintergrundschattierung und Freistellen der auszufüllenden Felder:

Name	**Vorname**	**Ort**

oder

Name	_____
Vorname	_____
...	_____

Weitere Hinweise zur Gestaltung von Formularen finden Sie in Band 6 «Textverarbeitung und Textgestaltung».

Aufgabe 42

Gestalten Sie mit den folgenden Angaben ein Anmeldeformular für Kurse Ihrer Berufsschule: Anrede, Name, Vorname, Strasse, Nr., PLZ, Ort, Telefon privat, Telefon Geschäft, E-Mail. Kursnummer, Kursbezeichnung, Kursgeld. Datum, Unterschrift. Mitglieder des Kaufmännischen Verbandes erhalten einen Rabatt; darum muss auf der Anmeldung die Mitgliedschaft KV angegeben werden. Mit diesem Formular soll die Anmeldung für einen oder mehrere Kurse möglich sein.

6.6 Informationen

6.6.1 Informationsbedarf und Informationsflut

«Information» heisst übersetzt «Auskunft», «Nachricht», «Unterrichtung», «Belehrung», «Mitteilung». Seit dem 19. Jahrhundert erfreut sich die Information einer wachsenden Bedeutung, und unsere Gesellschaft wandelt sich immer mehr zu einer Informationsgesellschaft. Dies bedeutet, dass informiert sein immer wichtiger wird und Informationen auch immer wertvoller werden.

Der Informationsbedarf – und damit auch die Informationsflut! – sind in den letzten Jahrzehnten gewaltig gestiegen und werden weiter steigen. Gründe dafür sind:

- **Spezialisierung.** Früher konnte ein Einzelner ganze Geschäfte abwickeln. Heute müssen mehrere Personen zusammenwirken. Diese Zusammenarbeit besteht weitgehend in einem Austausch von Informationen.

- **Komplexe Lebensverhältnisse.** Bei jeder Tätigkeit müssen immer mehr Vorschriften, Weisungen, Abmachungen usw. beachtet werden.

- **Globalisierung.** Früher waren die meisten Menschen lokal oder höchstens regional tätig. Bei der heutigen internationalen Zusammenarbeit müssen Informationen weltweit rasch ausgetauscht werden können.

In vielen Unternehmen und Organisationen hat die Informationsorganisation nicht Schritt halten können mit dem wachsenden Informationsbedarf.

So kommt es immer wieder vor, dass wegen mangelhafter Information oder falscher Interpretation von Tatbeständen grosse finanzielle Schäden entstehen.

Aufgabe 43

Die Ursachen für mangelhafte Information sind vielfältig. Ergänzen Sie die folgenden Aufzählungen:

1. **Zwischenmenschliche Fehlerquellen**

- Misstrauen
- Unstimmigkeiten
- Sinn zur Zusammenarbeit fehlt
- Informationsbedürfnis des Partners oder der Partnerin nicht bekannt
- _____
- _____
- _____

Arbeitsprozesse bewusst und effizient organisieren

2. Individuelle Fehlerquellen

- Übertriebene Geheimniskrämerei (z. B. aus Angst um die eigene Stelle)
- _____
- _____
- _____

3. Arbeitstechnische oder organisatorische Fehlerquellen

- Adressat nicht erreichbar
- Zeitmangel
- Informationsquellen werden ungenügend ausgeschöpft
- Informationen werden nicht richtig analysiert
- _____
- _____
- _____

Neue Drucktechniken und Kommunikationsmöglichkeiten sorgen dafür, dass das Informationsvolumen fast explosionsartig zunimmt. Die Zeitabstände für die Verdoppelung unseres Wissens werden dadurch immer kleiner. Beim Übergang vom 19. zum 20. Jahrhundert dauerte dies noch ca. ein halbes Jahrhundert, heutzutage braucht die Menschheit dazu nur noch fünf Jahre. Doch das menschliche Gehirn hat keine unbeschränkten Aufnahmefähigkeiten und ist überfordert; so werden nur noch 3–5 % der zugestellten Informationen beachtet – ein Phänomen, das Experten als Informationsasthenie (Informationserschöpfung) bezeichnen.

Es ist nützt daher nichts, auf Informationsdefizite, die bei Beschäftigten durch die Überschreitung der Aufnahmekapazität entstanden sind, mit zusätzlichem hausinternem Informationsmaterial wie Zeitschriften, Broschüren, Handouts oder E-Mails zu reagieren. Im Gegenteil: All diese Bemühungen im Kampf gegen das Informationsdefizit vergrössern die Informationsflut zusätzlich und sind letztlich kontraproduktiv.

Die Menschen versuchen, die Informationsschwemme gezielt zu reduzieren oder sogar abzublocken, indem sie z. B. Zeitfenster einrichten, in denen sie keine Anrufe annehmen, Einwurfverbote für Werbematerial am Briefkasten anbringen oder aber Printprodukte bewusst ausser Sichtweite legen.

Viele suchen sich mit bewusstem Filtern der Informationen zu helfen. Sie nehmen nur noch auf, was unbedingt erforderlich ist für sie. Anderseits verhalten sie sich dadurch aber desinteressiert gegenüber ihrer Umwelt und entwickeln eine Gefühllosigkeit auch gegenüber Informationen, die sie aufrütteln müssten.

Die Informationsfülle hat aber auch gute Seiten. Gewünschte Informationen können z. B. via Internet gezielt gesucht und nach bestimmten Kriterien gesammelt werden. Die Informationen sind besser auswertbar, da sie global abgerufen, verglichen und bewertet werden können.

6.6.2 Informationsorganisation

Durch die Organisation des Informationswesens sollen die Leistungen gesteigert, die Zahl von Irrtümern und Fehlern vermindert und das Arbeitsklima sowie die Beziehungen zu Geschäftspartnern verbessert werden.

Die Informationsorganisation umfasst folgende Schritte:

1. **Informationsbedürfnisse feststellen**
   Wer benötigt welche Informationen? Welcher Stil ist angebracht, wie ausführlich muss informiert werden und in welcher Form? Welche Darstellung eignet sich? Zu welchem Zeitpunkt werden die Informationen benötigt?

2. **Informationen beschaffen**
   Informationsquellen finden und prüfen; Zugang und Verfügbarkeit von Informationen sicherstellen.

3. **Informationen verarbeiten**
   Oft sind die Informationen zu umfangreich; Informationen müssen darum beurteilt, zusammengefasst oder auch übersetzt werden.

4. **Informationen speichern**
   Wo und in welcher Form, zu welchem Zeitpunkt und wie lange sollen Informationen gespeichert werden?

5. **Informationen weitergeben**
   Welche Informationen werden in welcher Form, zu welchem Zeitpunkt von wem an wen gegeben?

6. **Informationen sichern**
   Massnahmen, um die Informationen vor Verlust oder Zerstörung zu schützen.

7. **Informationen schützen**
   Bei der Informationsverarbeitung sind die Bestimmungen des Datenschutzes zu beachten!

6.6.3 Informationen beschaffen

Vor der Beschaffung müssen die Informationsbedürfnisse festgestellt werden. Welche Informationen werden benötigt, wie ausführlich müssen diese sein? In welcher Form und Darstellung? Zu welchem Zeitpunkt wird die Information gebraucht?

Sobald die Informationsbedürfnisse bekannt sind, müssen geeignete Quellen gefunden werden. Es gibt Zeitungen, Bücher oder Dokumentationen, deren Zugriff entweder ortsgebunden (z. B. in Bibliotheken, Staatsarchiven, Ämtern, Hochschulen, Firmen und Organisationen) oder zeitgebunden (Fernsehen, Radio) ist.

Eine Zusammenfassung dieser Informationsquellen bietet teilweise das Internet. Es stellt Texte, Video, Bilder, Ton jeweils orts- und zeitunabhängig zur Verfügung.

Ein Nachteil des Internets ist die immense Menge der angebotenen Daten. Fast alle Informationen – ob aktuelle oder veraltete, wahre und auch erlogene – stehen im Netz zur Verfügung. Es ist durchaus üblich, zu einem Suchbegriff mehrere Hundert bis Tausend Seiten angeboten zu bekommen, in denen der Suchbegriff vorkommt. Papier ist aber immer noch das Medium, auf dem das meiste Wissen gespeichert ist. Viele der älteren Dokumente werden aus Kostengründen wohl nie übers Netz abrufbar sein. Sie können aber möglicherweise übers Netz herausfinden, wo das gesuchte Buch oder der Artikel archiviert ist. Copyrightgeschütztes Material wird aus berechtigter Angst vor Missbrauch meist nicht oder zumindest nicht vollständig im Internet veröffentlicht.

Arbeitsprozesse bewusst und effizient organisieren

Umfassende und fundierte Informationen zu einem bestimmten Thema finden Sie in Bibliotheken. Die schweizerischen Bibliotheken sind auch via Internet zu erreichen: 60 Bibliotheken von Hochschulen, Fachhochschulen und Forschungsanstalten aus allen Sprachregionen haben sich im Netzwerk von Bibliotheken und Informationsstellen in der Schweiz zusammengeschlossen. Als eingeschriebener Benützer oder eingeschriebene Benützerin einer NEBIS-Bibliothek können Sie unter der Adresse www.nebis.ch ungefähr 10,5 Millionen Bücher, Serien, Zeitschriften und Non-Book-Materialien online bestellen.

Weitere Informationsquellen (die Aufzählung ist nicht vollständig!):

- Interviews mit Personen, die im entsprechenden Gebiet über Erfahrung, Wissen und Kenntnisse verfügen
- Hauszeitungen von Unternehmen, Zeitschriften von Organisationen, Parteien und Verbänden, Kundenzeitschriften
- Informationsschriften von Behörden, Dienststellen und Ämtern, Unternehmen, Organisationen, Schutzverbänden
- Werbe- und Informationsmaterial von Unternehmen oder Parteien
- Textbeiträge in Veranstaltungsprogrammen (z. B. bei kulturellen Veranstaltungen oder Sportveranstaltungen)
- Gebrauchsanweisungen
- Leitbilder, Geschäftsbedingungen, Kleingedrucktes in Verträgen
- In Messen und Ausstellungen findet man oft das neuste Informationsmaterial.
- Arbeitsunterlagen, die in Vorträgen abgegeben wurden
- In Museen werden oft auch Bücher, Fachdrucksachen sowie Lernmaterialien verkauft und Vorträge veranstaltet.
- Exkursionen oder «Tage der offenen Tür» bieten Einblick in die Arbeit von Unternehmen und Behörden.

Lernen lässt sich überall, und Informationen sind an vielen Stellen zu finden; darum sollten beim Beschaffen von Informationen auch verschiedenartige Quellen eingesetzt werden.

Gehen Sie bei der Informationsbeschaffung folgendermassen vor:

- Thema der Recherche definieren
- Wichtige Suchbegriffe identifizieren und auflisten
- Suchstrategie planen. Welche Informationskanäle stehen zur Verfügung oder sollen benutzt werden? In welcher Zeit müssen die Informationen vorhanden sein?
    - Via Suchmaschinen finden Sie im Internet schnell viele Seiten. Oft fehlen aber wertvolle Informationen, dafür werden viele nichtssagende Dokumente gefunden. Aus diesem Grund sollte die Informationsbeschaffung nicht nur via Suchmaschinen erfolgen.
    - Prüfen, ob es zum gesuchten Thema Spezialsuchmaschinen sowie Newsgruppen oder Mailinglisten gibt. Es kann auch lohnend sein, sich bei Verfassern interessanter Seiten via E-Mail nach weiteren Informationen zu erkundigen.
    - In Buchkatalogen und Bibliotheksverzeichnissen finden Sie womöglich umfassende Fachliteratur zum Thema.
- Suche durchführen und Informationen prüfen; Volltext wichtiger Dokumente anzeigen oder beschaffen

- Brauchbare Suchergebnisse drucken/kopieren, speichern oder ablegen und Quellenangaben festhalten (bei Internetseiten URL und Abrufdatum; bei Zeitschriften und Büchern aus Bibliotheken Titelblatt und Angaben über Verlag, Erscheinungsjahr usw. ebenfalls kopieren. Diese Angaben werden später u. U. für das Literatur- oder Quellenverzeichnis benötigt.)
- Bei fehlenden Informationen Suche verfeinern, zusätzliche Informationsquellen beiziehen und neue Suche starten.

6.6.4 Informationen weitergeben

Informieren bedeutet mehr als nur Orientieren; darum muss der Sinn und Zweck der Arbeit, der Massnahme oder Handlung deutlich erläutert werden. Beachten Sie folgende Punkte beim Informieren:

- Nicht zu viel auf einmal: Strukturieren Sie Ihre Informationen, unterteilen Sie in Abschnitte und heben Sie die wichtigen Punkte deutlich hervor.
- Zeit zum Anpassen, Umstellen, «Reifenlassen» einräumen.
- Daran denken, dass Neues Widerstand hervorrufen kann.
- Stellen Sie durch Rückmeldungen sicher, dass die Information angekommen ist, verstanden und akzeptiert wurde.
- Achten Sie auf kurze Informationswege, denn je mehr Beteiligte in einem Informationsprozess eingeschaltet sind, desto grösser ist die Gefahr von Verfälschungen.
- Formulieren Sie die Informationen konkret und interessenbezogen, denn was die Adressatin oder den Adressaten nichts angeht, wird weder beachtet noch behalten.
- Partnerbezogen denken und formulieren: Versetzen Sie sich bei jeder Information, die Sie weitergeben, in die Lage der Empfängerin oder des Empfängers: Wie wirkt die Information? Enthält sie auch Anerkennung und Bestätigung? Lässt sie den Partner oder die Partnerin teilhaben?
- Bei Informationen muss Kontinuität bewahrt werden. Auf Aktualität, Regelmässigkeit und Fortsetzung ist zu achten.
- Auch Informationen von «unten nach oben» sind für die Vorgesetzten wie auch für die ganze Organisation von entscheidendem Interesse. Rückmeldungen (Feedbacks), Verbesserungsvorschläge, Informationen über Planabweichungen oder Unregelmässigkeiten sichern die Qualität und tragen zur Weiterentwicklung bei.

Seien Sie vorsichtig mit der Weitergabe von Auskünften und sensiblen Daten (wie z. B. Angaben über Bankverbindungen, Kreditkarten, finanzielle Situation). Wofür braucht der Empfänger oder die Empfängerin diese Information? Erkennen Sie keinen Grund dafür, dann sollten Sie auch keine entsprechenden Informationen weitergeben.

Wenn Ihnen die Weitergabe der Informationen vernünftig erscheint, erkundigen Sie sich unbedingt nach dem Datenschutz (in Amerika: Private Policy); verlangen Sie Auskunft darüber, was mit Ihren Daten geschieht, insbesondere wenn die Daten nicht mehr benötigt werden (weil z. B. der Kauf abgeschlossen ist). Seriöse Unternehmen bieten solche Informationen deutlich sichtbar an. Insbesondere sollten Sie sicherstellen, dass diese Daten nicht weitergegeben und nach Abschluss der Dienstleistung oder des Kaufvertrags vernichtet werden.

6.6.5 Informationen als Führungsinstrument

Informationen haben im Unternehmen eine wichtige Bedeutung und gelten als Wirtschaftsgut, Wettbewerbs- und Produktionsfaktor. Mangelhafte Informationsbeschaffung kann zu Fehlentscheidungen, Ineffizienz und Misserfolg führen.

Besondere Bedeutung haben Informationen im Zusammenhang mit der Planung und der Einführung von neuen Produkten oder Dienstleistungen (Innovationsplanung). Neben der (technischen) Machbarkeit wird auch die Marktfähigkeit der Neuerung überprüft: Nur wenn diese Erfolg versprechend ist, wird die Idee auch umgesetzt (Markteinführung). Informationen für die Innovationsplanung werden aus ganz unterschiedlichen Bereichen beschafft. So wird nicht nur die technische, wirtschaftliche, soziale und politische Entwicklung betrachtet, sondern auch die Wettbewerbssituation, die relevanten Rechtsvorschriften sowie Aspekte der Ökologie und der Technologie.

Wichtige Informationen kommen aber auch aus dem Betrieb selbst, wie zum Beispiel Stärken und Schwächen. Im Unternehmensumfeld können Chancen und Risiken erkannt und auf das geplante Projekt übertragen werden.

SWOT-Analyse

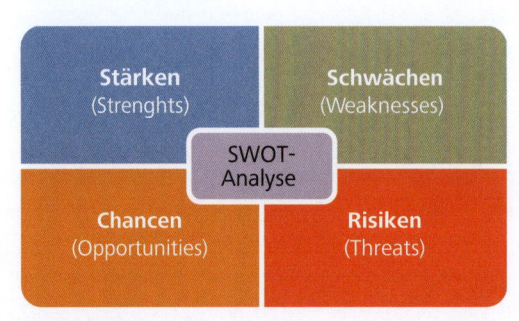

Die SWOT-Analyse ist ein weitverbreitetes Instrument zur Situationsanalyse. Sie ist eine hilfreiche Methodik, um eigene Stärken und Schwächen zu verstehen und um sowohl neue Chancen als auch bestehende Risiken zu erkennen.

SWOT-Analyse

Folgende Kriterien können beispielsweise beurteilt und mit dem Marktführer oder unmittelbaren Wettbewerbern verglichen werden: Marktanteil, Qualität und Preis des Produkts oder der Dienstleistung, finanzielle Situation, Kostenstruktur, Rendite, Innovationskraft, Loyalität der Kunden, Qualifikationen der Mitarbeiter.

Stärken (Strenghts)	**Schwächen** (Weaknesses)
• Gute Kundenbeziehungen • Vorsprung zu Mitbewerbern dank moderner Technologie und guten Produkten • …	• Nachfrage stagniert, sinkende Preise führen zu tieferen Umsätzen und schlechteren Ergebnissen • Hohe Kosten bei der Produktion • …
Chancen (Opportunities)	**Risiken** (Threats)
• Notwendige Erfahrungen und Knowhow sind vorhanden, um die Geschäftsprozesse anzupassen • Gute Finanzlage • …	• Finanzielles Risiko durch hohe Investitionen • Preisverfall durch Importe • …

Beispiel einer stark verkürzten SWOT-Analyse

Die SWOT-Analyse eignet sich auch als Persönlichkeitstest, zum Beispiel bei einer Bewerbung. In diesem Fall können folgende Punkte analysiert werden: Fachwissen, Teamfähigkeit, Motivation, Persönlichkeit, Charakter, Führungs- und Umsetzungsfähigkeiten, Kreativität, Lernbereitschaft und Neugier, Fairness, Aufrichtigkeit, Hilfsbereitschaft, Belastbarkeit, Toleranz, Ausdauer, Verantwortungsbewusstsein usw.

Neben der internen Analyse (Selbstbild) sollte auch ein Fremdbild, beispielsweise durch Kundenumfrage oder Beurteilung durch eine andere Person, erstellt werden. Der Vergleich von Selbst- und Fremdbild gibt Hinweise auf Abweichungen und entsprechenden Handlungsbedarf.

Informationen

Aufgabe 44

Erstellen Sie eine persönliche SWOT-Analyse für ein Vorstellungsgespräch (Selbsteinschätzung) und bitten Sie Ihre Kollegin oder Ihren Kollegen, eine SWOT-Analyse über Sie zu verfassen. Analysieren Sie die Aussagen dieser Selbsteinschätzung und Fremdbeurteilung. Halten Sie fest, welche Stärken Sie fördern, welche Schwächen Sie beseitigen oder sogar in Stärken umwandeln wollen, wie Sie die Chancen nutzen und mit allfälligen Risiken umgehen werden.

Stärken (Strengths)	**Schwächen** (Weaknesses)

Chancen (Opportunities)	**Risiken** (Threats)

Informationsmanagement

Die Ermittlung des Informationsbedarfs und die Beschaffung der erforderlichen Informationen sind Aufgaben des **Informationsmanagements**, für das in grösseren Unternehmen der **Chief Information Officer (CIO)** verantwortlich ist.

Das Informationsmanagement ist in drei Bereiche gegliedert:

- Informationsbedarfsplanung
- Bewirtschaftung von Informationen; diese sollen zielgerichtet und wirtschaftlich eingesetzt werden
- Aufbau eines Systems, welches beispielsweise die Kommunikation zwischen den Unternehmensbereichen, das betriebliche Vorschlagswesen, die Dokumentation von Ideen, Ziele und Strategien umfasst

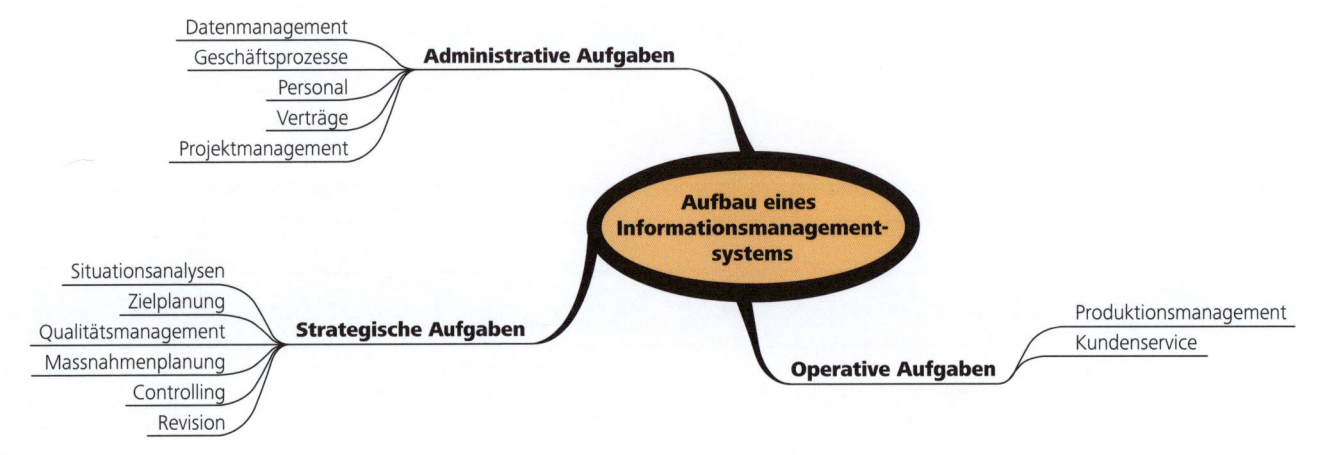

Administrative Aufgaben
- Datenmanagement
- Geschäftsprozesse
- Personal
- Verträge
- Projektmanagement

Strategische Aufgaben
- Situationsanalysen
- Zielplanung
- Qualitätsmanagement
- Massnahmenplanung
- Controlling
- Revision

Aufbau eines Informationsmanagementsystems

Operative Aufgaben
- Produktionsmanagement
- Kundenservice

Um die Aufgaben des Informationsmanagements zu bearbeiten, stehen diverse Methoden, Techniken und Werkzeuge zur Verfügung. Diese werden unter der Bezeichnung **Information Engineering** zusammengefasst.

Akten und elektronische Speicher zweckmässig bewirtschaften

7

7.1 Aufbewahren von Akten

Archive zu führen und Dokumente sowie Daten aufzubewahren geschieht primär aus zwei Gründen:

1. Aus geschäftlichen Gründen. Das schnelle und sichere Wiederfinden von Unterlagen ist oft wichtig. Deshalb sollten alle Akten geordnet nach einem feststehenden, einheitlichen und für jedermann verständlichen System abgelegt werden. Die Ablage ist für jedes Unternehmen ein Planungs-, Entscheidungs-, Arbeits-, Kontroll-, Beweis- und Sicherungsmittel.

2. Der gesetzlichen Vorschriften wegen:

    OR Art. 962
    [1] Die Geschäftsbücher, die Buchungsbelege und die Geschäftskorrespondenz sind während zehn Jahren aufzubewahren.
    [2] Die Aufbewahrungsfrist beginnt mit dem Ablauf des Geschäftsjahres, in dem die letzten Eintragungen vorgenommen wurden, die Buchungsbelege entstanden sind und die Geschäftskorrespondenz ein- oder ausgegangen ist.

    OR Art. 958E: Führung und Aufbewahrung der Geschäftsbücher
    [1] Die Geschäftsbücher und die Buchungsbelege sowie der Geschäftsbericht und der Revisionsbericht sind während zehn Jahren aufzubewahren. Die Aufbewahrungsfrist beginnt mit dem Ablauf des Geschäftsjahres.
    [2] Der Geschäftsbericht und der Revisionsbericht sind schriftlich und unterzeichnet aufzubewahren.
    [3] Die Geschäftsbücher und die Buchungsbelege können auf Papier, elektronisch oder in vergleichbarer Weise aufbewahrt werden, soweit dadurch die Übereinstimmung mit den zugrunde liegenden Geschäftsvorfällen und Sachverhalten gewährleistet ist und wenn sie jederzeit wieder lesbar gemacht werden können.
    [4] Der Bundesrat erlässt die Vorschriften über die zu führenden Geschäftsbücher, die Grundsätze zu deren Führung und Aufbewahrung sowie über die verwendbaren Informationsträger.

Ein gut geführtes Archiv ist ein wichtiges Informationsinstrument. Mit diesen Unterlagen können Sie

- den laufenden Geschäftsfall erledigen
- ähnliche Fälle gleich entscheiden
- frühere Fehler vermeiden
- Stellvertreter informieren und neue Mitarbeiter schulen
- die Arbeit planen
- die Arbeit kontrollieren
- die Arbeit dank Vorlagen (Muster) erleichtern
- das Unternehmen vor Angriffen schützen

Der Umgang mit den Informationen muss verantwortungsbewusst erfolgen; die betrieblichen Weisungen sowie die Vorschriften des Datenschutzes und der Datensicherheit sind zu beachten (vgl. Kapitel 7 Datenschutz in Band 2 – Grundlagen der Informatik).

7.2 Ordnungssysteme

Informationen werden nach den Bezugspunkten abgelegt, nach welchen sie später gesucht werden. Wichtig ist, dass sie jederzeit und sofort wieder auffindbar sind. Beispielsweise kann nach folgenden Bezugspunkten geordnet werden:
- Namen
- Beruf oder Geschäftszweig
- Ortsnamen
- Datum des Schriftstücks
- Inhalt
- Sprache
- Art oder Form der Daten

Innerhalb der einzelnen Bezugspunkte kann mit verschiedenen Ordnungssystemen gearbeitet werden. Ihre Dokumentation ordnen Sie nach Sachgebieten und wählen als Feineinteilung zum Beispiel die alphabetische Ordnung.

Alphabetische Ordnung

Prinzip	Nach Buchstaben
Vorteile	Das Abc ist in den Grundzügen einfach und allgemein bekannt.
Nachteile	Die Buchstabenfolge muss erlernt werden; sie ist nicht logisch (wie Zahlenfolgen). Feineinteilungen sind schwierig (Umlaute, Vorwörter, Abkürzungen usw.).
Anwendung	Verzeichnisse, Datenbanken, Karteien, Registraturen, Listen. Beispielsweise Lexika, Telefonbücher

Numerische Ordnung

Prinzip	Nach Nummern
Prinzip	Nach Nummern. Am häufigsten ist die Ordnung nach fortlaufenden Nummern, Nummernblöcken, Codenummern (z. B. Internationale Standardbuchnummer ISBN) oder nach der Dezimalklassifikation.
Vorteile	Nummern sind eindeutig; es gibt keine Verwechslungen. Es ist einfach, Nummern richtig einzuordnen. Sie sind diskret und benötigen wenig Beschriftungsraum. Nummern können informieren (Aussage über den zugehörigen Gegenstand), selektionieren (einzelne Eigenschaften so darstellen, dass danach ausgewählt werden kann) und mithilfe einer Prüfziffer kontrollieren.
Nachteile	Es ist schwieriger, sich anstelle eines Namens eine Nummer einzuprägen. Nummern bedürfen, ausser bei fortlaufender Nummerierung, einer Aufschlüsselung, z. B. eines Index, der die Bedeutung der einzelnen Zahlen angibt.
Anwendung	Versicherungspolicen, Bank- und Postkonti, Modell- und Ersatzteilbezeichnungen, Vorlesungen, Weiterbildungskurse, Telefonanschlüsse, Kurse und Linien von Verkehrsmitteln.

Alphanumerische Ordnung

Prinzip	Nach Buchstaben und Zahlen
Vorteile	Solche Kombinationen sind leichter zu behalten als reine Zahlen. Durch die Buchstaben kann das Material gruppiert werden. Verwechslungen sind ausgeschlossen.
Nachteil	Man benötigt einen Index.
Anwendung	Feineinteilung von Verzeichnissen über Kunden, Kursteilnehmer, Lieferanten. Beispiel: Autonummern

Sachlogische Ordnung

Prinzip	Nach Sachgebieten oder Themen
Vorteile	Arbeitsvereinfachung: Alle Akten eines Geschäftsvorgangs oder Sachgebiets sind in der gleichen Mappe.
Nachteil	Es gibt kein allgemeingültiges, logisches System; jede Ordnung muss neu durchdacht und aufgebaut werden.
Anwendung	Dokumentationen, Schulung, Medien wie Bücher, CD, Zeitungsartikel. Beispiel: CD-Sammlung, sortiert nach Sparten (Klassik, Unterhaltung, Volkstümlich usw.), nach Interpreten oder nach Komponisten.

Geografische Ordnung

Prinzip	Nach geografischen Begriffen
Vorteile	Die geografische Ordnung ist klar und vielseitig. Städte, Regionen und Länder können alphabetisch und sachlogisch fein geordnet werden. Die Geografie ermöglicht klare Abgrenzungen.
Nachteil	Es braucht gute geografische Kenntnisse, um geografische Namen genau zu ordnen.
Anwendung	Für Lieferanten-, Kunden-, Vertreterbereiche, Abonnenten, Mitglieder. Beispiel: Kundenkartei

Chronologische Ordnung

Prinzip	Nach zeitlichem Ablauf
Vorteile	Das neueste Schriftstück befindet sich jeweils zuoberst oder zuunterst im Schriftgutbehälter.
Nachteil	Die chronologische Ordnung muss fast immer mit einem anderen Ordnungssystem kombiniert werden.
Anwendung	Zeitschriften, Protokolle, Geschäftskorrespondenzen; diese Dokumente werden zuerst alphabetisch oder nach Sachgebieten geordnet, und anschliessend wird das zeitlich jüngste Dokument oben oder zuunterst eingelegt.

Ordnungssysteme

Aufgabe 45

1. Wozu brauchen wir ein Archiv? Nennen Sie sechs Gründe.

_____

_____

_____

_____

_____

_____

2. Welches Ablagesystem eignet sich besonders für den Arbeitsplatz?

_____

_____

Aufgabe 46

Für die alphabetische Ordnungsart müssen Sie sich an folgende Regeln halten (vier Antworten ankreuzen):

- ▪ Sie müssen einen Index führen.
- ▪ Kurze Begriffe (Thun) kommen vor langen (Thunstetten).
- ▪ Umlaute werden normalerweise nicht beachtet.
- ▪ Das Wort «und» oder das Zeichen «&» gelten als eigene Ordnungsmerkmale.
- ▪ Der neueste Vorfall liegt zuoberst.
- ▪ Abkürzungen von Namen, die sich als Begriff eingebürgert haben (wie IBM, UBS, WWF), werden wie ein gewöhnliches Wort behandelt.
- ▪ Auch Adjektive gelten als Ordnungswort.

Ordnen Sie in der richtigen Reihenfolge nach dem Alphabet:

- AG Walter Moser
- Dünkelberg Lisa
- Ayer AG
- Wirz Hansjakob
- Dunkelberg Fritz
- Wirz Hans
- AG für Anlagen
- Dünkelberg Max
- Dünkelberg Gustav
- Wirz Hans AG
- Duenkelberg Kurt
- Dünkelberg-Benz Fritz

7.3 Aufbewahrungsplan

Der Aufbewahrungsplan erhöht die Auskunftsbereitschaft und hilft, Arbeitszeit, Speicher, Raum sowie Material zu sparen.

Wenn Sie einen Aufbewahrungsplan erstellen, müssen Sie zuerst feststellen, was alles abgelegt werden könnte oder sollte. Zum Registriergut gehören nicht nur Schriftstücke, sondern auch Datenträger, Fotos, Pläne, Warenmuster, Broschüren, Bücher, Zeitschriften u. a.

Verschiedene Kriterien können die Aufbewahrungswürdigkeit einer Information ausmachen:
- Beweiswert
- Kontrollwert (Wurde der Auftrag ausgeführt?)
- Nachschlagewert (Arbeitsvereinfachung)
- Schulungswert
- Wissenschaftlicher oder geschichtlicher Wert
- Kuriositätswert

Bestimmen Sie die Aufbewahrungsstufe – nicht alle Unterlagen müssen gleich lang aufbewahrt werden. In vielen Fällen hat sich folgende Gliederung bewährt:

1. **Ohne Wert/Augenblickswert.** Das sind die meisten unverlangt eingehenden Sendungen (Drucksachen, Prospekte), die unbeantwortet bleiben und vor oder nach Kenntnisnahme in den Papierkorb wandern.

2. **Wochenwert.** Diese Informationen sind nur kurzfristig gültig. Nach ein bis drei Wochen kann das Schriftstück vernichtet werden.

3. **Jahreswert.** Diese Unterlagen werden für die Sicherung, Erklärung, Kontrolle oder zum Nachschlagen benötigt, verlieren aber ihre Bedeutung nach einem Jahr.

4. **Gesetzeswert** haben alle Dokumente, deren Aufbewahrungsdauer gesetzlich vorgeschrieben ist, z. B. Bilanzen, Inventare, Geschäftskorrespondenz, Buchungsbelege.

5. **Archiv- oder Dauerwert** besitzen alle Schriftstücke, die für das Unternehmen länger von Wert sind, z. B. Gründungsakten, Baupläne, Verträge, Patentschriften oder unternehmensgeschichtliche Unterlagen.

Für die wichtigsten und häufigsten Dokumente sollte eine Checkliste für die Aufbewahrung erstellt werden, damit alle Mitarbeiterinnen und Mitarbeiter gleich vorgehen.

| **Aufgabe 47** | Ergänzen Sie diese Tabelle mit zwölf weiteren häufig vorkommenden Dokumenten (aus Lehrbetrieb, Vereinssekretariat oder privater Ablage) und legen Sie die Aufbewahrungsstufe fest. |

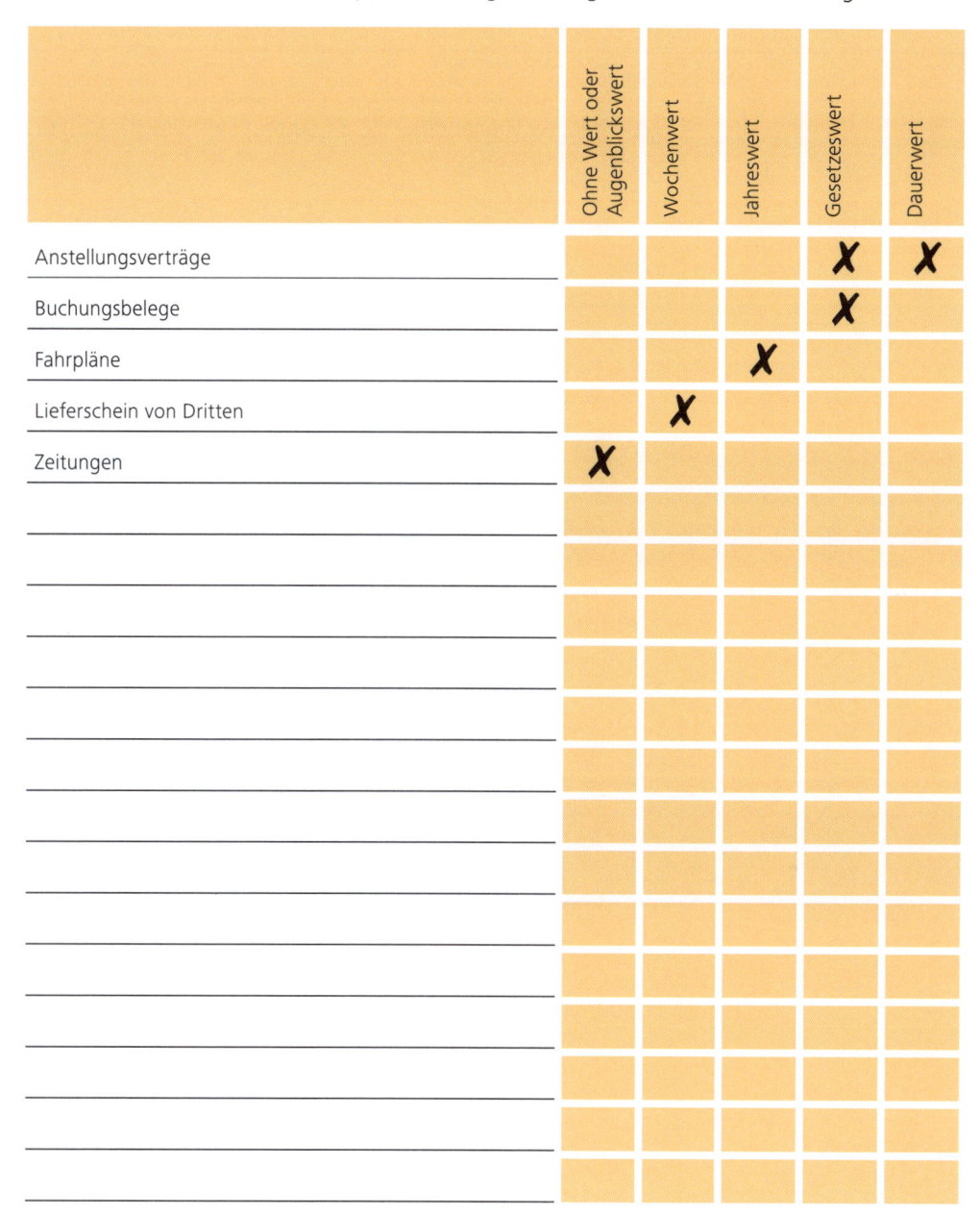

	Ohne Wert oder Augenblickswert	Wochenwert	Jahreswert	Gesetzeswert	Dauerwert
Anstellungsverträge				X	X
Buchungsbelege				X	
Fahrpläne			X		
Lieferschein von Dritten		X			
Zeitungen	X				

Schriftstücke mit Augenblickswert werden nach Kenntnisnahme sofort vernichtet. Schriftstücke mit Wochenwert werden in besonderen Mappen aufbewahrt. In die ordentliche Ablage kommen die Dokumente mit Jahres- und Gesetzeswert. Gesondert aufbewahrt werden Unterlagen mit Dauerwert.

Die Aufbewahrungsfrist wird mit Vorteil beim Erstellen (unternehmensintern) bzw. beim Eintreffen (firmenextern) eines Dokuments bestimmt.

7.4 Schriftgutverwaltung am Arbeitsplatz

Unter Schriftgutverwaltung wird das Ordnen, Aufbewahren, Registrieren und Vernichten von Unterlagen verstanden, die im Laufe einer Geschäftstätigkeit entstehen. Es gehören dazu auch Pläne, Fotos und elektronische Unterlagen. Die Schriftgutverwaltung ist ein Teilgebiet des Informationsmanagements.

Akten wechseln ihre Aktualität

1. **Aktive Akten** entstehen im Betrieb oder kommen von aussen ins Unternehmen und werden laufend bearbeitet. Solange der Geschäftsvorfall noch nicht abgeschlossen ist, müssen die Akten dort liegen, wo sie gebraucht werden. Am Arbeitsplatz werden die aktiven Akten so aufbewahrt, dass auch eine Stellvertretung sie sofort findet!

2. **Inaktive Akten** werden nur noch gelegentlich benötigt. Sie müssen noch rasch greifbar, aber nicht mehr am Arbeitsplatz untergebracht sein.

3. **Abgeschlossene Akten** werden für den Geschäftsablauf nicht mehr benötigt und gemäss den betrieblichen Weisungen oder den gesetzlichen Vorschriften im Archiv gelagert.

Aufgeräumt arbeiten, von der Pendenz bis ins Archiv

- Alles, was mehrmals am Tag benötigt wird, sollte in direkter Reichweite sein, wie PC, Telefon, Kalender, Notizblock, Schreibzeug und der gegenwärtig zu bearbeitende Auftrag.

- Unnötiges lenkt ab und verhindert zügiges Arbeiten. Darum wird alles andere im Schreibtisch, in Schränken oder in der Registratur abgelegt. Auch Briefkörbe und Schubladenboxen gehören nicht auf den Tisch; Organisationsmöbel und Schränke sollen dafür genutzt werden.

- Vorräte am Arbeitsplatz beschränken (beispielsweise auf einige Kuverts oder Formulare).

- Organisieren Sie eine persönliche physische Pendenzenablage nach Tagen 1–31 und Monaten Januar–Dezember in Hängemappen. Keine Zettel oder Post-it verwenden (Verlustgefahr).

- Pendenzen immer schriftlich erfassen (Liste oder Outlook) und gleich terminieren. Unterlagen in der Pendenzenablage 1–31 am entsprechenden Datum ablegen.

- Dossierführung und Beschriftung planen, mit vorgesetzter Stelle absprechen und diszipliniert einhalten.

- Kommunikation betreffend Aufgaben, Pendenzen und Termine regeln; Stellvertretung einbinden und langfristig planen (Absenzen, Ferien usw.). Was passiert im Krankheitsfall? Findet die Stellvertretung sofort alle Unterlagen, um rasch Auskünfte geben zu können und allenfalls den Arbeitsprozess weiterzuführen?

- Mappen für neue Vorgänge gut lesbar beschriften, Datenträger auch mit Datum.

- Trennblätter, Register, Farben und Codiersysteme schaffen Übersicht in der Registratur und helfen mit, Fehlablagen zu vermeiden.

- Die Checkliste «Aufbewahrungsplan» (vergleiche Aufgabe 47) soll eingehalten werden; sammeln Sie nicht unter dem Aspekt «Das kann ich sicher irgendwann einmal brauchen». Wenn Sie sich leicht etwas wieder beschaffen können, beispielsweise im Internet, brauchen Sie es nicht aufzuheben.

- Unordnung und zu viel Papier stressen und lenken vom Wesentlichen ab – darum gehört zur Dokumenten- und Dossierbewirtschaftung auch das regelmässige Entrümpeln!

7.5 Ablage und Archivierung

Informationen können auf verschiedene Weise abgelegt und gespeichert werden – es gibt keine schlechten Systeme, sondern nur zweckmässige oder weniger zweckmässige.

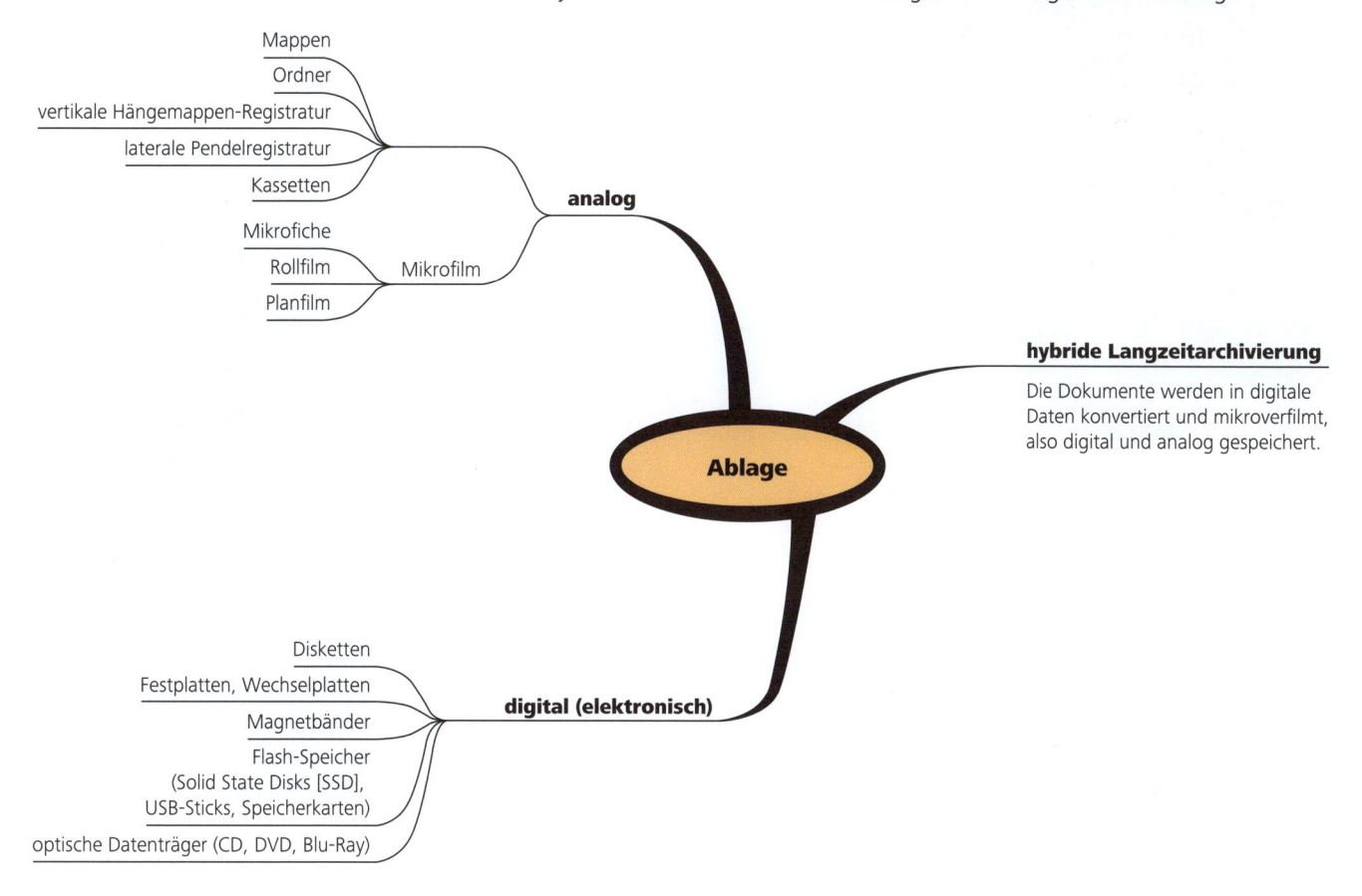

analog
- Mappen
- Ordner
- vertikale Hängemappen-Registratur
- laterale Pendelregistratur
- Kassetten
- Mikrofilm
  - Mikrofiche
  - Rollfilm
  - Planfilm

Ablage

hybride Langzeitarchivierung
Die Dokumente werden in digitale Daten konvertiert und mikroverfilmt, also digital und analog gespeichert.

digital (elektronisch)
- Disketten
- Festplatten, Wechselplatten
- Magnetbänder
- Flash-Speicher (Solid State Disks [SSD], USB-Sticks, Speicherkarten)
- optische Datenträger (CD, DVD, Blu-Ray)

Die Informationen können auch ausserhalb des Betriebs aufbewahrt werden; wichtige Unterlagen und Sicherheitskopien werden zum Beispiel in Bunkern und Banktresoren aufbewahrt, oder spezialisierte Firmen übernehmen die Archivierung der Dokumente, erfassen diese mit einem Scanner und verfilmen sie zusätzlich. Die Verwaltung dieser Dokumente erfolgt in einem externen, professionell geführten Archiv, auf das via Datenfernübertragung und besondere Dokumentmanagementsoftware alle berechtigten Mitarbeiter und Mitarbeiterinnen des Unternehmens zugreifen können. Bestimmte Teile dieses Archivs können auch via Internet öffentlich zugänglich gemacht werden; Kunden können also auf Handbücher, Kataloge und weitere Informationen zugreifen.

7.5.1 Ablagesysteme und Organisationsmittel am Arbeitsplatz

Briefkörbe und Briefkorbsysteme

In den Eingangskorb kommt alles Neue, das systematisch bearbeitet wird. Ein Korb ist für heute zu erledigende Aufgaben bestimmt. Was nicht abgearbeitet werden kann, kommt in den Pendenzenkorb oder in die Schubladenbox. Mithilfe weiterer Körbe, aber auch Hängemappen oder Klarsichthüllen, können verschiedene Projekte definiert und abgelegt werden. In den Ausgangskorb kommen die Vorgänge, die fertig sind oder weitergeleitet werden sollen.

Briefkörbe

Briefkorbsystem

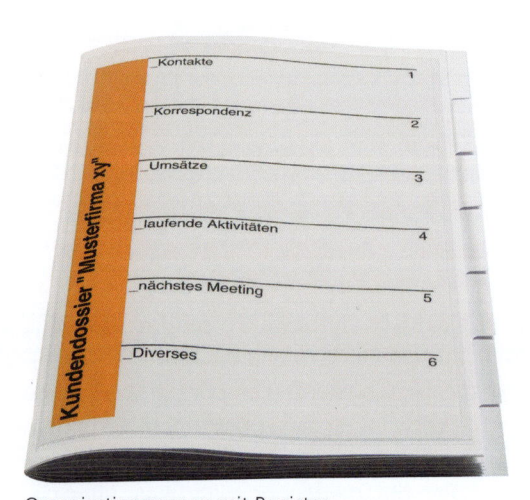

Offert-, Präsentations-, Organisations- und Pultmappen

In diesen Mappen wird das Schriftgut lose eingelegt. Mappen gibt es in vielen verschiedenen Materialien und Ausführungen. Organisationsmappen mit Registern eignen sich als Unterschriftenmappen, Konferenzmappen, zum Ordnen von Pendenzen, zum Terminieren oder zum Vorsortieren von Dokumenten.

Organisationsmappe mit Register

Schubladensysteme

Schubladenelemente ermöglichen eine raumsparende und übersichtliche Ordnung. Die Elemente können miteinander verbunden und mit verschiedenen Schubladentypen ausgestattet werden.

Schubladenelement

7.5.2 Analoge Registratursysteme

Mappen, Hängemappen und Kassetten

Akten in Papierform können in Mappen, Hängemappen und Kassetten aufbewahrt werden. Es gibt verschiedene Loseblatt-Ablagesysteme, welche mit Reitern optisch sehr übersichtlich gestaltet werden können und so rasche Bedienungszeiten ermöglichen.

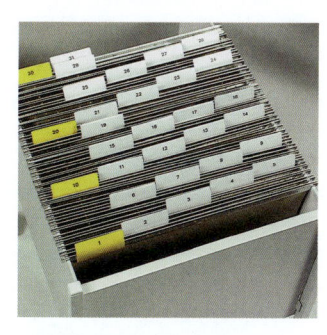

Hängemappen

Die vertikale Hängeablage ist eines der bekanntesten Systeme und praktisch an jedem Arbeitsplatz im Einsatz. Die Bearbeitungszeiten für Ablage und Zugriff sind kurz, auch dank vielseitiger Beschriftungs- und Bereiterungsmöglichkeiten. Die Bedienung erfolgt von oben (vertikal), deshalb ideal für die Arbeitsplatzablage.

Vertikale Hängeregistratur

Für grössere und komplexere Ablagen eignen sich Platz sparende Pendel- oder Behälterregistraturen für Loseblattakten. Diese Systeme sind in Gestellen oder Schränken untergebracht und lassen sich lateral, d. h. von der Seite bedienen. Dank Farbcodierungen werden die Dokumente rasch gefunden und Fehlablagen vermieden.

Laterale Pendelregistratur
(Mono-Pendex)

Farbcodiersysteme ermöglichen den raschen Überblick und helfen mit, die Einzelakten schnell und fehlerfrei zu bewirtschaften. Die Codierung erfolgt alphabetisch, alphanumerisch oder numerisch. Um die Terminierung und Zirkulation der Akten stets unter Kontrolle zu haben, können die im Strichcode enthaltenen Informationen in ein Aktenverwaltungs- oder Dokumentenmanagementsystem im Computer eingelesen werden.

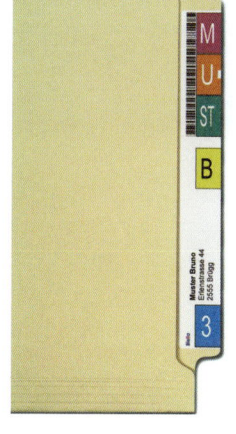

Farbcodiersystem mit Strichcode

Ordner

Im Bundesordner kann das Schriftgut übersichtlich abgelegt werden. Allerdings sind die Bearbeitungszeiten höher als bei Loseblattsystemen (Lochen der Aktenstücke, Umlegen des Ordnerinhalts, Öffnen der Mechanik, Einfügen der Blätter usw.), und der Ordner beansprucht selbst schon viel Platz (Totraum).

Bundesordner

7.5.3 Mikrofilm

Der Mikrofilm bietet hundertprozentige Datensicherheit, da er fälschungssicher ist, nicht veraltet und mit einfachsten Mitteln lesbar gemacht werden kann. Digitale Medien hingegen verändern sich mit ihren Betriebssystemen, Programmiersprachen und Übertragungstechnologien ständig. Der Mikrofilm ist zudem ein sehr kostengünstiges Speichermedium.

Mikrofilmlesegerät

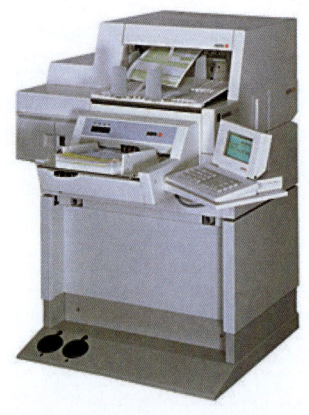

Der Mikrofilm empfiehlt sich zur Langzeitarchivierung. Er wird nicht nur in Unternehmen eingesetzt; Archivare und Bibliothekare auf der ganzen Welt haben in den letzten Jahrzehnten Kulturgüter (Bilder, Bücher, Pläne, Karten, dreidimensionale Gegenstände) farbig mikroverfilmt. So können wertvolle Kultur- und Kunstschätze gesichert werden.

Mikrofilmkamera

7.5.4 Elektronische (digitale) Archivsysteme und Dokumentenmanagementsysteme

Die Dokumente für das **elektronische Archiv** werden gescannt, mit einem Texterkennungsprogramm (OCR) inhaltlich erfasst und mit einem Index versehen. Digitale Dokumente (z. B. Word-Dokumente) können direkt indiziert werden. Mit dem Index werden jedem Dokument Suchbegriffe zugewiesen. Mithilfe einer Dokumentmanagementsoftware und der Recherche über den Suchbegriff (Index) können die gewünschten Dokumente am Arbeitsplatz angezeigt und wenn nötig ausgedruckt werden.

Die gesetzliche Aufbewahrungsfrist für viele geschäftliche Unterlagen beträgt mindestens zehn Jahre. Elektronische Archivsysteme müssen darum für derart langfristige und umfangreiche Speicherungen konzipiert sein und ermöglichen,

- die Dokumente so zu speichern, dass sie nicht mehr veränderbar sind;
- die Dokumente zu archivieren, dass sie bei Bedarf auffindbar sind;
- dass alle Dokumente im Archiv ankommen;
- dass die Dokumente während ihrer vorgesehenen Aufbewahrungsdauer vollständig erhalten bleiben;
- dass jedes Dokument genau in der Form, in der es erfasst wurde, wieder aus dem Archiv bereitgestellt werden kann;
- dass die Einhaltung der gesetzlichen Bestimmungen hinsichtlich Datensicherheit und Datenschutz über die ganze Zeit der Archivierung gesichert ist;
- dass beim Archivieren Handlungen, die sich auf die Organisation und Struktur von Dokumenten auswirken, so vorgenommen werden, dass die Wiederherstellung des originären Zustands möglich ist;
- dass eine Transformation auf neue Plattformen, Medien, Softwareversionen und Komponenten ohne Inhaltseinbussen vor sich gehen kann.

Digitale Dokumente werden nicht nur archiviert, mit ihnen wird vermehrt auch gearbeitet. Elektronische Archive wurden in den letzten Jahren immer mehr zu **Dokumentenmanagementsystemen (DMS)** ausgebaut. DMS ermöglichen die Verwaltung von Dokumenten innerhalb von Organisationseinheiten eines Unternehmens. Ziel ist die vollständige und dauerhafte Konvertierung aller Dokumente in digitalisierte Form, sodass alle Dokumente unabhängig von ihrer Quelle und ursprünglichen Verarbeitungsform am Computer eingesehen und bearbeitet werden können.

Bei der heutigen Informationsflut müssen ohne Einsatz eines DMS folgende Nachteile in Kauf genommen werden:

- aufwendiges Suchen nach zum Teil mehrfach an verschiedenen Orten abgelegten Dokumenten (analog oder digital)
- Medienbrüche im Informationsfluss, d. h., die Informationen liegen in einem Arbeitsablauf nicht in einheitlicher Form vor, sondern zum Teil analog und zum Teil digital
- lange Durchlaufzeiten bei Administration und Produktion von Aufträgen
- nicht durchschaubare Geschäftsprozesse

7.5.5 Hybride Langzeitarchive

Die Dokumente werden parallel zur digitalen Erfassung (Scannen) zusätzlich mikroverfilmt. Die Verwaltung der Scans und Mikrofilmbilder erfolgt in einer Datenbank. So können die Vorteile der digitalen Archivierung (einfache und schnelle Recherche mit Indexbegriffen, gesuchte Dokumente werden vom zentralen Archivserver an den Arbeitsplatz übermittelt) mit denen des Mikrofilms (wirtschaftlichstes und technisch sicherstes Archivmedium) kombiniert werden.

7.5.6 Richtlinien für die Zulieferung und Ausgabe von archivierten Akten oder Dateien

Ein Archiv oder eine Registratur funktionieren nur, wenn im Betrieb genaue Richtlinien vorhanden sind. So müssen folgende Punkte geregelt sein:

Zulieferung/Speicherung

1. Pflicht zur Ablieferung/Speicherung
 (Welche Dokumente müssen wann und wo abgelegt/gespeichert werden?)
2. Aufbewahrungsdauer
3. Geheimhaltungsstufe
4. Suchbegriff/Index auf dem Schriftstück
5. Verantwortlich für die Zulieferung/Speicherung

Ausgabe der Dokumente

1. Bezugsberechtigung/Zugriffskontrolle
2. Form des Bezugs (z. B. Ausgabe gegen Quittung)
3. Benützungsdauer
4. Weitergabe (Dürfen oder sollen die Unterlagen weitergegeben oder in Zirkulation gesetzt werden?)
5. Art und Kontrolle der Rückgabe

7.5.7 Vernichten von Akten

Akten, die in der Ablage nicht mehr benötigt werden, sollen tatsächlich vernichtet werden und nicht an einem anderen Ort aufbewahrt oder gar einfach der Müllabfuhr übergeben werden. Für das richtige Aussortieren sind die Chefs der einzelnen Abteilungen verantwortlich. Kleine Papiermengen können in Aktenvernichtern geschnitzelt werden. Bei grossem Aktenanfall kann eine Spezialfirma beigezogen werden. Diese verfügt über leistungsfähige Reisswölfe und optimale Sicherheitseinrichtungen. Abschliessbare Metallbehälter werden zur Verfügung gestellt, um die alten Akten direkt in den Archiven in Empfang zu nehmen. Unter Verschluss werden die Akten in geschlossenen Fahrzeugen zu den Reisswolfbetrieben geführt. Dort wird sämtliches Datenmaterial noch am selben Tag zerkleinert, durchmischt und verpresst. Dies geschieht in der Regel unter Videoüberwachung, auf Wunsch sogar unter Aufsicht von Personal des Kunden.

Auch die sichere und umweltgerechte Vernichtung von Datenträgern oder Mikrochips soll durch eine Spezialfirma ausgeführt werden.

Aufgabe 48

Verfassen Sie zu den folgenden Fragen einen übersichtlich gestalteten Bericht (Umfang maximal eine Seite) und stellen Sie die Arbeitsschritte in einem Flussdiagramm dar.

- Wie ist in Ihrem Lehrbetrieb die sichere Vernichtung von vertraulichen und personenbezogenen Akten/Daten geregelt?
- Wie werden nicht mehr gebrauchte oder defekte Datenträger entsorgt?

Ergonomisches und ökologisches Denken

8

8.1 Ergonomie

8.1.1 Einführung

Die International Ergonomics Association definiert «Ergonomie» als die Lehre von der menschlichen Arbeit und die Erkenntnis ihrer Gesetzmässigkeiten. Der Ausdruck stammt aus dem Griechischen und ist eine Verknüpfung der Wörter «ergon» = «Arbeit, Werk» und «nomos» = «Gesetz, Regel».

Die Ergonomie befasst sich mit den Fragen der Arbeitsgestaltung: Wie müssen Maschinen und Arbeitsplätze dem Menschen angepasst werden, welchen Einfluss haben Arbeitszeiten, Pausen und Ernährung auf die Leistung? Die Licht- und Farbgebung, der Schutz vor Lärm und das Raumklima sind weitere wichtige Punkte, mit denen sich die Arbeitsphysiologen befassen. In der Ergonomie geht es auch um eine menschengerechte Organisation der Arbeit, um das Betriebsklima, um den Arbeitsinhalt und das gesamte Arbeitsumfeld.

Ergonomisches Denken und Handeln erfordert eine ganzheitliche Betrachtung der Beziehungen zwischen dem Menschen und seiner Arbeit und hat folgende Ziele:
- grösstmögliche Arbeitszufriedenheit
- möglichst kleines Unfall- und Gesundheitsrisiko
- grösstmöglicher wirtschaftlicher Nutzen

Ein ergonomisch eingerichteter Arbeitsplatz ist bequem zum Arbeiten, ohne dass von ihm Gefahren für die Gesundheit ausgehen. Ganz ähnlich klingen die Ansprüche, die die Weltgesundheitsorganisation (WHO) an einen für Menschen geeigneten Arbeitsplatz stellt:

«Die Art und Weise, wie eine Gesellschaft die Arbeit und die Arbeitsbedingungen organisiert, sollte eine Quelle der Gesundheit und nicht der Krankheit sein.»

Eng mit der Gestaltung eines gesunden Arbeitsplatzes verbunden ist die Ökologie. In unserem Interesse müssen wir dafür sorgen, dass der Umwelt möglichst wenig Schaden zugefügt wird. Bei unseren Entscheidungen – im geschäftlichen und privaten Bereich – müssen wir den Energie- und Rohstoffverbrauch der Produkte, die Gesundheitsgefährdung sowie die Belastung von Luft, Wasser und Boden berücksichtigen.

Langes Sitzen bei der Büroarbeit am Bildschirm und einseitige Belastungen führen mitunter zu Verspannungen und Schmerzen am Bewegungsapparat. Kopfweh, Nackenschmerzen oder Schmerzen in den Schultern und Armen sind solche Symptome.
Die Überprüfung des persönlichen Arbeitsplatzes und die damit verbundenen Anpassungen nach ergonomischen Gesichtspunkten können dazu beitragen, dass solche Beschwerden sich verringern oder sogar ganz verschwinden. Neben geeignetem Mobiliar, geeigneten Bildschirmen und Eingabegeräten sind auch Raumgestaltung, Beleuchtung und Farbgebung, Raumklima oder Akustik im Büro wichtig.

Ergonomie

8.1.2 Anforderungen an den Arbeitsplatz

Es gibt einige ergonomische Grundsätze zur Raumausstattung, die es beim Einrichten eines Arbeitsplatzes im Büro zu beachten gilt:

Schreibtisch (Sitz-Steh-Pult)

Die ideale Arbeitsfläche beträgt 160 cm Länge und 90 cm Tiefe. Wegen der unterschiedlichen Körpergrössen sollte die Arbeitsfläche höhenverstellbar sein. Bei richtiger Plattenhöheneinstellung sind die Arme abgestützt und die Schultern locker (nicht hochgezogen). Ein Wechsel zwischen Sitzen und Stehen wird allgemein empfohlen und hilft, Beschwerden zu verhindern. Ideal sind darum Schreibtische, die sich mittels einer Kurbel oder elektrisch von einem Sitz- in einen Stehtisch verwandeln lassen.

Achten Sie auch am Stehtisch darauf, dass die Ellbogen bei locker hängenden Schultern die Höheneinstellung des Tisches vorgeben.

Ein korrekt eingestellter Arbeitstisch im Sitzen und im Stehen: Ellenbogen und Schreibtisch bilden bei locker hängenden Schultern eine Linie.

Stuhl

Gesundes Sitzen setzt einen einwandfreien Kontakt der Füsse mit dem Boden voraus. Die richtige Einstellung nehmen Sie wie folgt vor:

▶ Rollen Sie Ihren Bürodrehstuhl vom Arbeitsplatz weg, setzen Sie sich darauf und stellen Sie die Sitzhöhe so ein, dass beide Fussflächen ganz auf den Boden zu liegen kommen und sich zwischen Ober- und Unterschenkel Ihrer Beine ein Winkel von 90° bildet.

▶ Die Sitzfläche sollte ungefähr 40×40 cm messen und ist mit Vorteil nach vorn und nach hinten neigbar. Die Vorderkante sollte abgerundet sein, damit kein unerwünschter Druck auf die Blutgefässe in den Beinen auftritt.

▶ Ebenfalls wichtig ist die Standfestigkeit: Hat der Stuhl fünf Rollen, ist ein Umkippen praktisch unmöglich.

▶ Die Rückenlehne sollte mindestens 50 cm über die Sitzfläche reichen und stufenlos geneigt werden können. Sie muss den Körperbewegungen folgen und den Rücken in jeder Position optimal abstützen.

▶ Die Sitzposition soll nicht statisch fixiert bleiben; auf einem guten Stuhl muss zwischen verschiedenen Haltungen gewechselt werden können.

Machen Sie sich mit Ihrem Arbeitsplatz vertraut – erproben Sie die verschiedenen Verstellmöglichkeiten.

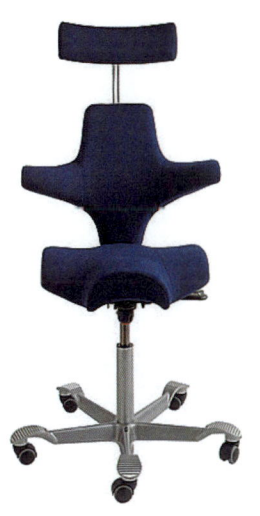

Ergonomische Aktivstühle halten dank Bewegungen beim Sitzen den Rücken gesund.

Ergonomisches und ökologisches Denken

Fussstütze

Fussstützen sind vor allem für kleinere Personen an Schreibtischen, die nicht verstellt werden können, ein Hilfsmittel, das den notwendigen Ausgleich zwischen Tischhöhe und Fussboden herstellt und damit eine einwandfreie Sitzhaltung ermöglicht. Die Füsse stehen in einer leicht schrägen Position auf dem Boden, die Beine sind entlastet; dadurch kann Durchblutungsstörungen und Gefässerkrankungen vorgebeugt werden.

Bildschirm, Tastatur und Dokumentenauflage

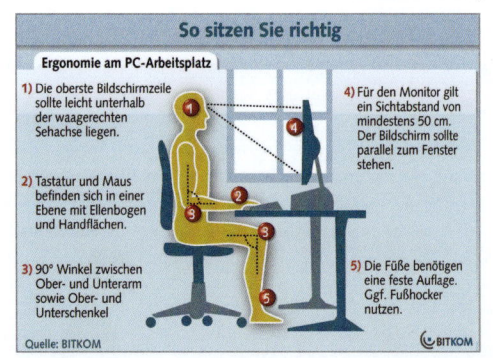

Bei Bildschirm und Grafikkarte sollte darauf geachtet werden, dass sie möglichst optimale Bedingungen für die Augen bieten. So schont ein grossflächiger Bildschirm die Augen, da durch seine Verwendung eine grössere Ansicht der Schrift eingestellt werden kann und der gewünschte Ausschnitt auch dann noch ganz sichtbar ist. Zugleich ist es möglich, mehrere geöffnete Programmfenster gleichzeitig anzuzeigen. Die Grössenangaben des Bildschirms erfolgen in Zoll der Diagonale. Im Büro sind Bildschirme mit den Massen zwischen 24 und 29 Zoll am häufigsten im Einsatz.

Wer täglich viel Zeit vor dem Bildschirm verbringt, sollte dessen Stellung mit der eignen Sitzposition abstimmen, um negative Auswirkungen auf die Nackenmuskulatur zu verhindern. Dazu sollte der Bildschirm in der Höhe und im Kippwinkel flexibel einstellbar sein. Die Einstellung für den Blickwinkel erfolgt dann so, dass der Bildschirm zwischen 50 und 80 cm von den Augen entfernt und leicht nach hinten gekippt ist. Mit einem schwenkbaren Bildschirm können störende Spiegelungen verhindert werden, wenn er leicht zur Seite gedreht wird.

Die **Tastatur** ist das wichtigste Eingabegerät – darum sollte auch hier nicht gespart werden. Billige Tastaturen bieten keinen oder einen zu weichen Druckpunkt, sodass die Häufigkeit von Tippfehlern stark zunimmt. Neben den Tastaturen herkömmlicher Bauart werden auch ergonomische Tastaturen angeboten. Bei diesen ist das Tastenfeld geteilt, und die Anordnung der Tastatur kommt der natürlichen Haltung der Arme bzw. Hände beim Schreiben näher.

Für häufige Abschreibarbeiten empfiehlt sich eine **Dokumentenauflage,** die zwischen dem Bildschirm und der Tastatur platziert wird. Er sollte beleuchtet sein und ungefähr die gleiche Helligkeit aufweisen wie der Monitor. So ist ein müheloses Hin- und Herblicken zwischen Halter und Bildschirm gewährleistet.

Ergonomische Tastatur

Zusatzgeräte und -mobiliar

Wer Fax, Drucker und Unterlagen in Griffnähe des Sitzplatzes versammelt, bewegt sich sicher zu wenig. Kurzes Aufstehen und das Gehen kurzer Strecken im Büro erfüllen bereits einen Teil der Forderung nach mehr Bewegung im Büro. Dazu eignen sich auch einfache Hilfsmittel wie das schnurlose Telefon. Es bietet die Möglichkeit, bei längeren Gesprächen aufzustehen und sich zu bewegen.

8.1.3 Grossraumbüros und Desksharing – die neuen Arbeitsplätze

Grossraumbüros stellen verschiedene Zonen für unterschiedliche Bedürfnisse zur Verfügung: Arbeit, Konferenz, Rückzug, Pause, Regeneration. Die eigentlichen Arbeitsflächen werden unterbrochen und ergänzt durch Service Points, die über Drucker, Faxgeräte, Papier und weiteres Büromaterial verfügen, aber auch mit Kaffee- und Getränkeautomaten ausgerüstet sind. In einigen Betrieben werden bewusst Hierarchieunterschiede unsichtbar gemacht: Das Kader und der CEO arbeiten ebenfalls im Grossraumbüro – sie sind so jederzeit ansprechbar und können schnell entscheiden.

Die Räume müssen so gestaltet werden, dass sowohl visuelle als auch akustische Störungen auf ein Minimum reduziert werden. Entstehender Schall darf nicht direkt auf mehrere Arbeitsplätze prallen, und er soll möglichst wenig Echoflächen (harte, glatte Oberflächen) finden, über die er sich im ganzen Büro verbreiten kann.

Neben akustik-relevanten Bauteilen wie Decke oder Boden können Einrichtung und Büromöbel gezielt zur Verminderung der Lärmbelastung im Büro beitragen:

- Sicht- und Schallschutzelemente mit schallabsorbierenden Oberflächen
- Raumgliederungswände mit schallabsorbierenden Oberflächen
- Schränke mit schallabsorbierenden Oberflächen
- schalldichte Trennwände
- Teppichböden

Raumteiler für visuellen und akustischen Schutz

Ergonomisches und ökologisches Denken

Je rücksichtsvoller sich jeder Einzelne verhält, umso besser aufgehoben fühlt sich die Gruppe als Ganzes. Die bereits 2006 von der Zeitschrift «Beobachter» empfohlenen Verhaltensregeln im Grossraumbüro sind nach wie vor aktuell:

- Hinterfragen Sie Ihr eigenes Verhalten und fordern Sie von Bürokolleginnen und -kollegen ein Feedback: Was stört euch an meinem Verhalten? Vielleicht ist es ja nur ein Detail – etwa die Angewohnheit, Schubladen zuzuknallen –, dessen Sie sich überhaupt nicht bewusst sind und das leicht zu beheben ist.
- Wenn Sie sich über eine Kollegin oder einen Kollegen ärgern: Tun Sie das nicht im Stillen, sondern sagen Sie, was Sie stört. Vermeiden Sie aber Schuldzuweisungen.
- Wer eine Weile nicht gestört werden will, kann mit Symbolen arbeiten: Ein gut sichtbares rotes Fähnchen auf dem Pult signalisiert mitteilungsbedürftigen Kolleginnen und Kollegen, dass jetzt gerade der falsche Moment ist.
- Gewöhnen Sie sich an, mit gedämpfter Stimme zu sprechen. Wer häufig telefoniert, sollte dies mit einem Headset tun – dann spricht man automatisch leiser.
- Trauen Sie sich, Ohrenpropfen oder Lärmschutzkopfhörer aufzusetzen, wenn es Ihnen zu laut wird.
- Besprechungen, die länger als drei Minuten dauern, sollten in einem besonderen Raum geführt werden. Dasselbe gilt nach Möglichkeit für lange Telefongespräche.
- Essen Sie nicht am Arbeitsplatz, sondern nutzen Sie die Pause, um sich zu entspannen und «auszuklinken».

Desksharing

Immer mehr wird in Unternehmen auch das Desksharing (auch «Shared Desk», «Flexible Office» oder «Mobile Working» genannt) eingeführt: Die Mitarbeiterinnen oder Mitarbeiter haben keinen eigenen Arbeitsplatz, sondern wählen ihn täglich frei. Auslöser für die Einführung von Desksharing ist die Beobachtung, dass ein Arbeitsplatz in einem Verwaltungsgebäude nur zu einem Teil besetzt ist. Arbeitsgebiete oder Tätigkeiten wie beispielsweise Projektarbeit, Aussendienst, Beratung, IT-Administration oder Training finden nicht nur am eigenen Arbeitsplatz statt, sondern auch in Besprechungsräumen, bei Kunden, in Seminarräumen, am Flughafen oder Bahnhof, bei Kollegen und so weiter.

Desksharing funktioniert gut, wenn die Mitarbeiter möglichst viele verfügbare Informationen und Daten elektronisch gespeichert haben und wenn den Mitarbeitern unterschiedliche Arbeitsorte, wie beispielsweise geschlossene Einzelbüros und offene Teamflächen, zur Verfügung stehen. In der Praxis bedeutet das, dass bei Arbeitsbeginn der Arbeitsplatz eingerichtet und bei Arbeitsende aufgeräumt wird.

Coworking

Coworking Space ist eine Art Gemeinschaftsbüro; dieses oder auch nur ein einzelner Schreibtisch können für einzelne Tage, mehrere Wochen oder Monate gemietet werden. Tisch und Stuhl, Internetanschluss, Telefon, Drucker und die gemeinsame Kaffeemaschine sind im Mietpreis inbegriffen. Nicht nur für Freiberufler oder junge Unternehmen ist Coworking attraktiv; auch für grosse Unternehmen ist diese Lösung bei der Gründung eines neuen Standorts günstig. Gegenüber dem Heimbüro hat Coworking auch den Vorteil, dass mit anderen Coworkerinnen und Coworkern ein Gedankenaustausch, gegenseitige Unterstützung und die Möglichkeit für spontane Kooperationen möglich sind.

8.1.4 Ergonomisches Verhalten am Arbeitsplatz

Bewegung ist auch im Büro wichtig. Wechseln Sie oft Ihre Haltung. Schon durch kurzes Aufstehen oder Laufen werden die Bandscheiben und die Wirbelsäule wirkungsvoll entlastet. Folgender Bewegungsmix wird empfohlen: 50 % sitzen, 35 % stehen und 15 % bewegen/gehen.

Damit Sie sich bei der Arbeit wohlfühlen, sollten Sie Ihre Sitzhaltung häufig anpassen und auch beim Stehen verschiedene Körperhaltungen einnehmen. Sie beugen Berufskrankheiten vor, arbeiten leichter und ermüdungsfreier, wenn Sie zudem Folgendes beachten:

- **Licht.** Im Büro soll an jedem Punkt des Raumes genügend Licht sein. Lampen und Fenster, die sich auf dem Monitor spiegeln, können sich störend auswirken, starke Helligkeitsunterschiede zwischen Bildschirm und Hintergrund sind zu vermeiden.

- **Lärm.** Er lenkt ab und verursacht Ermüdungserscheinungen. Schallschluckende Wände und Decken sowie Teppiche und Vorhänge dämpfen den Lärm.

- **Raumtemperatur, frische Luft und Luftfeuchtigkeit** wirken sich auf unser Wohlbefinden und unsere Gesundheit aus.

- **Bilder und Pflanzen** sollten in einem angenehm gestalteten Büro nicht fehlen!

- **Vermeiden Sie Strahlenfelder am Arbeitsplatz!** Computer, Fax, Lampen, Kopiergeräte und Drucker – diese Geräte erzeugen eine ansehnliche Zahl von elektrischen, magnetischen und Hochfrequenzfeldern. Dies kann zu gesundheitlichen Störungen führen. Mit folgenden Sofortmassnahmen kann Elektrosmog am Arbeitsplatz verringert werden:
  - Alle Geräte, die nicht gebraucht werden, ausschalten, am besten via Steckerleiste mit Schalter.
  - Kopiergerät, Drucker und Fax sind mindestens zwei Meter weg von Ihrem Arbeitsplatz zu platzieren; halten Sie diese Distanz auch für Transformer, Netz- und Ladegeräte ein.
  - Wählen Sie möglichst kurze Verlängerungskabel und achten Sie darauf, dass Kabelanschlüsse möglichst weit weg von den Sitzplätzen sind.
  - Telefonieren Sie am Arbeitsplatz über das Festnetz. Benützen Sie das Handy möglichst wenig und tragen Sie es nicht auf sich. Beachten Sie auch die Hinweise im Kapitel 2.2.5 Mobile Kommunikation, wie mit dem Handy gesundheitsfördernd umgegangen werden soll.

- **WLAN** ist praktisch und wird immer häufiger eingesetzt; damit nehmen aber auch die Probleme von elektrosensiblen Personen zu. Auch wenn Sie selber nicht elektrosensibel sind, kann eine starke Belastung mit der Zeit eine solche Sensibilität auslösen oder zu Gesundheitsschäden führen. Im eigenen Interesse sollten Sie mit folgenden Massnahmen die Strahlung reduzieren:
  - Viele Computer bzw. Laptops senden dauernd, falls sie für drahtloses Internet eingerichtet sind. Schalten Sie die WLAN-Funktion aus, wenn Sie keine Verbindung brauchen – Sie erhöhen damit auch die Akkulaufzeit.

  Im privaten Bereich ist Folgendes zu beachten:
  - Der WLAN-Router sendet permanent; darum nur einschalten, wenn er gebraucht wird.
  - In Schlaf- und Kinderzimmern haben WLAN-Sender nichts zu suchen!
  - Wählen Sie die Kabellösung für den Internetzugang und deaktivieren Sie die WLAN-Funktion beim Router.
  - Verzichten Sie auf andere WLAN-Anwendungen, zum Beispiel drahtlose Übertragung des TV-Signals vom Modem zur TV-Box; versehen Sie Ihren Multimedia-Router mit einer Zeitschaltuhr oder stellen Sie ihn ab, wenn Sie ihn nicht brauchen.

Ergonomisches und ökologisches Denken

Aufgabe 49

Welches sind die Ziele der Arbeitsplatzgestaltung im Büro? Nennen Sie deren drei.

_____

_____

_____

Gibt es Alternativen zum klassischen Stuhl?

_____

_____

_____

Welche Anforderungen stellen Sie an einen guten Bürostuhl?

_____

_____

_____

Welche zehn Punkte sollten im Zusammenhang mit Bildschirm und Tastatur beachtet werden?

1. _____

2. _____

3. _____

4. _____

5. _____

6. _____

7. _____

8. _____

9. _____

10. _____

Welche Auswirkungen hat der Lärm auf die Arbeit?

_____

_____

_____

Mit welchen Massnahmen kann der Lärm gemindert werden?

_____

_____

_____

8.1.5 Psychische und soziale Aspekte

Betriebsklima

Die ergonomische Gestaltung des Arbeitsplatzes ist der eine Teil, damit Arbeit der Gesundheit nicht abträglich ist. Betriebsklima sowie psychische und soziale Aspekte bestimmen auf der anderen Seite mit, ob Angestellte sich bei der Arbeit wohlfühlen und motiviert sind.

Entspannte soziale Beziehungen tragen wesentlich zum Wohlbefinden im Beruf bei; für ein **gutes Betriebsklima** können Mitarbeiterinnen und Mitarbeiter mit folgendem Verhalten sorgen:

- Über Probleme und Erfolge sprechen
- Gegenseitig loben und zuhören (gegenseitige Wertschätzung)
- Einander akzeptieren
- Teamgeist und Hilfsbereitschaft

Die Geschäftsleitung kann mit folgenden Massnahmen zu einem guten Betriebsklima beitragen:

- Regeln für ein faires Miteinander aufstellen. Sie kann darauf verweisen, dass Kollegialität sowie gegenseitige Unterstützung sehr geschätzt werden und Ellenbogenmentalität und Feindseligkeiten als unerwünscht gelten.
- Den Umgang mit Konflikten schulen und Verfahren zur besseren Konfliktbewältigung einführen.
- Führungskräfte zu demokratischem Führungsstil anhalten.
- Arbeitsbelastungen reduzieren und Zuständigkeiten klar regeln.
- Handlungs- und Entscheidungsspielräume erweitern.
- Kommunikation und Information verbessern.

Stress

Wird der Mensch durch psychische Belastungen überfordert, tritt eine überhöhte Aktivität in Form von Stress auf; die Adrenalinausschüttung wird erhöht und ergänzt mit anderen (individuellen) Körperreaktionen, welche uns in eine erhöhte Reaktionsbereitschaft versetzen. Zeitlich begrenzt ist Stress eine durchaus erwünschte und gesunde Reaktion; Dauerstress kann aber zu gesundheitlichen Problemen führen. Auch die Arbeitsleistung wird beeinträchtigt: Bewegungen werden ungenauer, Kontrollen unterlassen, das zwischenmenschliche Klima leidet, und Fehlentscheidungen häufen sich.

Zu den wichtigsten Stressoren am Arbeitsplatz gehören:

- Quantitative Überforderung: Das Arbeitsvolumen lässt sich aufgrund seines Umfangs nur mit einem übermässigen Leistungsaufwand und mit Überstunden bewältigen.
- Überforderung: ungenügende Qualifikation für die Bewältigung der Arbeit.
- Unterforderung und Langeweile.
- Mit dem Arbeitsplatz verbundene Zwänge: zu grosse Monotonie oder andauernde übermässige Dauerkonzentration, starker Verantwortungsdruck.
- Zeitnot und Termindruck: unumgängliche Termine, keine oder zu kurze Pausen, häufige Störungen und Unterbrechungen.
- Übertriebene oder unklare Verantwortung, wenig Handlungsspielraum.
- Schlechte Arbeitsbedingungen wie Konflikte, fehlende Anerkennung, beeinträchtigte Kommunikation, mangelnde Weiterbildungs- und Aufstiegsmöglichkeiten, Angst vor Arbeitsplatzverlust, Konkurrenzdruck.
- Umwelteinwirkungen wie Lärm, Licht, Farbe, Luft, Vibrationen.

Die möglichen Ursachen von Stress sind vielfältig, und darum müssen Stressoren auf verschiedene Weise beseitigt werden. Einfache Massnahmen sind die bessere Einrichtung/Organisation des Arbeitsplatzes, Abbau eines übertriebenen Engagements (vor allem in der Freizeit). Wichtig sind auch eine vernünftige Planung der Arbeit und die Kommunikation. Rechtzeitig miteinander reden und Probleme frühzeitig ansprechen – so können sie oft in einer konstruktiven Atmosphäre gelöst werden. Andere Entscheide sind schwieriger: Vielleicht muss man sich eingestehen, dass man der zugewiesenen Arbeit nicht gewachsen ist, und muss um Reduzierung des Pensums oder der Verantwortung bitten – im schlimmsten Fall muss die Stelle aufgegeben werden. Langfristig gesehen sind diese schmerzhaften Schritte einem Leben im Dauerstress mit negativen Auswirkungen auf das innere Gleichgewicht und die Gesundheit vorzuziehen.

Mobbing

Psychisch belastend sind auch Übergriffe auf die persönliche Integrität, zu denen Mobbing oder sexuelle Belästigung gehören.

- Mit **Mobbing** wird der systematische Psychoterror am Arbeitsplatz umschrieben: Eine oder mehrere Personen schikanieren eine Einzelperson oder eine Personengruppe. Unter Mobbing wird nicht der einmalige Konflikt – der am besten Arbeitsplatz vorkommen kann – verstanden, sondern die Konfrontation, Nichtachtung der Persönlichkeit, Belästigung, Intrige und Hinterhältigkeit über einen längeren Zeitraum hinweg. Mobbing vollzieht sich in Phasen. Ungelöste alltägliche Konflikte können bis zum Ausschluss aus dem Berufsleben führen. Kaum jemand übersteht den Mobbing-Prozess ohne gesundheitliche Schäden.

- Eine besondere Form des Mobbings ist die **sexuelle Belästigung am Arbeitsplatz**. Das Bedürfnis nach Distanz und Selbstbestimmung im Berufsalltag wird übergangen. Sexistisches Verhalten zwingt in eine unterlegene Position, die herabwürdigend und verletzend ist; häufig kann die betroffene Person sich nicht aus der Belästigungssituation befreien, ohne negative Folgereaktionen in ihrem beruflichen Umfeld zu riskieren.

Mobbing hat viel mit Stress zu tun. Opfer und Täter unterliegen ungünstigen Arbeitsbedingungen. Bei Personaleinsparungen und Hektik im Betrieb fehlen oft Zeit und Ruhe, um latente Konflikte und soziale Spannungen zu entschärfen, in Zeiten wirtschaftlicher Verunsicherung kommen existenzielle Ängste ums eigene Überleben hinzu.

Prävention und Verhinderung von Mobbing und sexueller Belästigung gehören zu den Führungsaufgaben; sie können wie folgt unterbunden werden: Thematisierung von Mobbing und sexueller Belästigung, Sensibilisierung und Schulung von Vorgesetzten, Aufzeigen von Konfliktbewältigungsstrategien, eine verbesserte Information und Kommunikation sowie ein Betriebsreglement, das Verhaltensweisen und Verfahren zur Konfliktlösung vorsieht. Das Gleichstellungsgesetz hält ausdrücklich fest, dass sexuelle Belästigung am Arbeitsplatz eine unzulässige Diskriminierung darstellt. Auch das Obligationenrecht schreibt in Art. 328 vor, dass Unternehmen dafür zu sorgen haben, dass Arbeitnehmende nicht sexuell belästigt werden und dass Opfern von sexueller Belästigung keine weiteren Benachteiligungen entstehen.

Wie können sich Betroffene gegen Mobbing und sexuelle Belästigung wehren? Umgehend reagieren und der belästigenden Person mündlich und schriftlich klarmachen, dass ihr Verhalten nicht toleriert wird. Tagebuch führen und alles dokumentieren: Namen, Datum, Zeit, Art des Vorfalls oder der Belästigung usw. Allfällige Zeuginnen und Zeugen aufführen und, falls möglich, den Vorfall oder den Übergriff durch diese schriftlich bestätigen lassen. Unterstützung und Hilfe suchen; falls dies intern nicht möglich ist, sollte externe Hilfe in Anspruch genommen werden. Fachpersonen, Selbsthilfegruppen, Berufsverband (wie KV Schweiz), Beratungsdienst der Schule und Lehraufsichtskommission können weiterhelfen. Wehren Sie sich auch als Nichtbetroffene oder Nichtbetroffener gegen Mobbing und sexuelle Belästigung am Arbeitsplatz. Solche Vorfälle geschehen, weil man es geschehen lässt und sich das betriebliche Umfeld passiv verhält.

Burn-out

Der Begriff «Burn-out» (ausgebrannt sein) wurde vom amerikanischen Psychoanalytiker Freudenberger geprägt. Burn-out ist ein Zustand der emotionalen Erschöpfung durch ständige Überanstrengung und Überforderung der eigenen Kräfte. Typisch für Burn-out ist der Phasenverlauf.

1. Phase: Vorboten (Anzeichen von Ausgelaugtheit und Unmut)
Meist liegen davor lange, oft über Jahre dauernde Phasen von hoher bis höchster Arbeitsleistung. Nun sind Erschöpfungssymptome wahrnehmbar. Um diese zu kompensieren, werden die eigenen Anstrengungen verstärkt. Die Person leidet zunehmend unter Schlafstörungen, Reizbarkeit und/oder Gefühlen der Unzufriedenheit.

2. Phase: Selbstzweifel nehmen zu – Engagement am Arbeitsplatz nimmt ab

Missmut und Verdruss steigen, wohingegen der Einsatz und das Engagement am Arbeitsplatz abnehmen. Das Auftreten von Kunden sowie Kollegen und Kolleginnen wird negativ bewertet, es erscheint als zu fordernd und als zu anspruchsvoll. Das bisher positive Verhältnis kippt nun ins Negative, Antipathie ersetzt Empathie. Es entsteht das neue Gefühl, dass das eigene Gehalt deutlich zu tief ist für die geleistete Arbeit. Parallel spürt die Person, dass sie die Kontrolle verliert. Zunehmend wird mithilfe von Beruhigungs- oder Genussmitteln ein innerer Ausgleich gesucht, während eigenen Zielen und sozialen Beziehungen immer weniger Raum gewährt wird.

3. Phase: Desinteresse an Arbeit und Mitmenschen

Die Betroffenen spüren eine innere Leere. Ihre Antriebskraft lässt nach, sie sind unkonzentriert und können immer weniger leisten. Den täglichen Anforderungen am Arbeitsplatz fühlen sie sich kaum noch gewachsen. Sie fühlen sich unnütz und ausgelaugt. Die Angst, zu versagen, führt zu weiterer sozialer Isolation. Hinzu treten gesundheitliche Beschwerden (wie Verspannungen, Magenprobleme, chronische Müdigkeit mit Schlafstörungen usw.), die wiederum negativ auf die Psyche wirken und frustrieren, sodass die Arbeitsleistung weiter sinkt. Ein Teufelskreis kommt in Gang, der die Verzweiflung steigert.

4. Phase: Depression, Verzweiflung und Gedanken an Suizid

Der Erschöpfungszustand wird umfassend gespürt, sowohl physisch als auch psychisch und emotional. Das gegenwärtige Leben wird als unsinnig empfunden, die Lage als aussichtslos. Niedergeschlagenheit, Schwermut und Verzweiflung überschatten alles, Selbstmordgedanken tauchen auf. In dieser Phase ist der Betroffene existenziell gefährdet und benötigt professionelle medizinische und therapeutische Unterstützung.

Erfordernisse, um einem Burn-out entgegenzuwirken

- Eigene Grenzen kennen und in diesem Rahmen die eigenen Kräfte gezielt einsetzen.
- Pausen sind wichtig. Darauf zu verzichten ist kontraproduktiv.
- Überbeanspruchung von aussen freundlich, jedoch bestimmt ablehnen.
- In turbulenten Phasen bewusste Reflektionsmomente über das eigene Tun einbauen.
- Überlegen, ob und welche Arbeiten verschoben oder delegiert werden können.
- Nicht den Berufsstress in die Freizeit mitnehmen. Das wirkt sich negativ auf die Beziehung aus – bis hin zur Trennung.
- Die berufliche Arbeit darf nicht alles ausfüllen. Freizeitaktivitäten müssen ihren festen Anteil im täglichen Leben haben und dürfen nicht nur im Urlaub vorkommen.
- Extreme berufliche Inanspruchnahme kann hin und wieder nötig sein. Doch es muss ein zeitnaher Freizeitausgleich stattfinden.
- Spürt man, dass der Berufsalltag selbstzerstörerisch wirkt, muss gehandelt werden: Eine Auszeit (Urlaub, Krankschreibung, Fortbildung usw.) bietet Raum, um darüber nachzudenken, wie die Situation geändert werden kann. Auch eine Beratung ist empfehlenswert. Lösungen können ein anderer Zuschnitt der Arbeitsstelle, eine Versetzung, ein Berufswechsel usw. sein.

So schlimm die durch ein Burn-out hervorgerufene Lebenskrise auch ist, kann sie sich doch zu einem gelungenen Neuanfang entwickeln. Manchmal findet man erst in dieser Notlage den Mut zu einer anderen Lebensgestaltung, mit der man insgesamt zufriedener und glücklicher ist. Und es kann helfen, empathischer mit Menschen in Krisensituationen umzugehen.

8.2 Büroökologie

8.2.1 Einleitung

Der Klimawandel ist eine der grössten Herausforderungen des neuen Jahrtausends. Dass sich das globale Klima während des 20. Jahrhunderts im Vergleich zu den vorangehenden erwärmt hat, ist unumstritten. Mitverantwortlich für diese Erwärmung ist der sogenannte Treibhauseffekt: Durch Treibhausgase – allen voran Kohlendioxid (CO_2) – wird die Atmosphäre der Erde erwärmt. In der Schweiz soll der Ausstoss von CO_2 bis im Jahr 2020 um mindestens 20 % im Vergleich zu 1990 gesenkt werden. Zur Realisierung dieses Ziels wurden verschiedene Massnahmen von Bund und Wirtschaft initiiert. Wie können Bürobetriebe ihre Verantwortung gegenüber dem Klimaschutz wahrnehmen, und was können Sie persönlich zur Erreichung dieser Ziele beitragen?

Mit der Herstellung von 1 kWh Energie entstehen in Europa rund 500 g CO_2. Ein Arbeitsplatz in einem Büro verbraucht jährlich durchschnittlich 500 kWh Strom, was einem Ausstoss von 250 kg CO_2 gleichkommt. Beruflich und privat bieten sich etliche Möglichkeiten an, den Energieverbrauch in Bürogebäuden zu reduzieren. Der Schlüssel dazu liegt in der Energieeffizienz von Geräten und Beleuchtungen. Eine entscheidende Weichenstellung hin zur Energieeffizienz erfolgt beim Kaufentscheid: Wenig effiziente Geräte brauchen oft doppelt so viel Energie wie gleichwertige und gleich teure, aber effiziente Modelle.

Dieses Kapitel bietet Ihnen die Möglichkeit, sich an der Klimafreundlichkeit in Ihrem Betrieb zu beteiligen. Sie können sich als «Klimabotschafter/-in im Büro» qualifizieren und für Ihr Engagement einen Leistungsausweis erwerben. Damit liefert dieses Kapitel einen Beitrag zu wirkungsvollen Klimamassnahmen und einer nachhaltigen Wirtschaft. Es zeigt Ihnen Handlungsansätze auf. Es soll Ihnen eine Hilfestellung sein, um im Büroalltag die Umsetzung des Kyoto-Protokolls mitzutragen. Es gibt Ihnen Mut, Verbesserungen zu initiieren.

8.2.2 Beschaffung Bürogeräte und Sachmittel

Bei der Beschaffung von Bürogeräten werden Kriterien wie Kosten, Kapazität, Grösse usw. in Betracht gezogen. Folgekosten für Strom, Papier, Toner sowie für das Abführen der Abwärme werden oft vergessen. Es lohnt sich, Anforderungen an die Energieeffizienz sowie die Gesundheits- und Umweltverträglichkeit zu stellen.

Energieeffiziente Bürogeräte wählen

Welche Qualitätsansprüche stellen Sie an ein Bürogerät? Die Anforderungen an ein gutes Gerät sind vielseitig. Würden im Privathaushalt und Heimbüro nur noch energieeffiziente Geräte eingesetzt, könnten in der Schweiz jährlich 2 500 000 Tonnen CO_2 eingespart werden. Auf der unabhängigen Seite www.topten.ch werden energieeffiziente Geräte angeboten und beurteilt. Topten definiert Qualität mit den folgenden Kriterien:
- niedriger Energieverbrauch
- geringe Umweltbelastung
- gute Gebrauchsfähigkeit
- gesundheitlich unbedenklich
- gute Qualität von Gehäuse und Elektronik
- möglichst Fair-Trade-berücksichtigt
- vernünftiger Preis, gutes Kosten-Nutzen-Verhältnis

Ergonomisches und ökologisches Denken

Aufgabe 50

▶ Öffnen Sie die Site www.topten.ch.

▶ Navigieren Sie über den Bereich «Büro/TV» zu «Monitore» und wählen Sie in der Subkategorie eine beliebige Grösse des Bildschirmes an.

▶ Klicken Sie auf den Button **Ratgeber** oberhalb des Filterbereichs und lesen Sie den Ratgeber durch.

1. Gestalten Sie ein Merkblatt, auf welchem Sie die fünf wichtigsten Punkte, die Sie bei der Beschaffung besonders beachten, festhalten. Begründen Sie auf dem Merkblatt diese fünf Anforderungen stichwortartig. Der Titel kann «Merkblatt 1: Klimafreundliche Bürogeräte» heissen.
2. Ist in Ihrem Betrieb oder bei Ihnen zu Hause in nächster Zeit der Kauf eines neuen Geräts fällig? Suchen Sie ein passendes Gerät mithilfe von topten.ch. Falls kein neues Gerät in nächster Zeit angeschafft werden soll, stellen Sie sich einen imaginären neuen Arbeitsplatz mithilfe der Favoritenliste der Seite zusammen: ein Bildschirm, ein Drucker, ein Kopierer. Wie hoch sind die gesamten Anschaffungskosten, wie hoch die Stromkosten in fünf Jahren?

TCO-Label

Energy-Star-Label

Labels
Neue Computer, Drucker, Monitore und Faxgeräte sollten mit einem der folgenden Umweltlabels versehen sein:

- Ergonomie- und Umweltgütesiegel des Dachverbandes der schwedischen Angestelltenverbände TCO (www.tcodevelopment.com); dieser ist bestrebt, das Arbeitsumfeld für Büroangestellte kontinuierlich zu verbessern. Die Richtlinien werden laufend dem technischen Fortschritt angepasst und strengen Normen unterzogen.

- Energieeffizienz-Label Energy Star® (www.energystar.ch); dieses Programm unterstützt den Kunden dabei, Energie und Geld zu sparen und darüber hinaus die Umwelt zu schützen. Ein Produkt, Gebäude oder ein Eigenheim wird von der unabhängigen Organisation dafür zertifiziert, weniger Energie zu verbrauchen und weniger Emissionen, die für den Klimawandel verantwortlich sind, auszustossen.

- Geräte, welche mit dem «Blauen Engel» (www.blauer-engel.de) gekennzeichnet sind, geben weniger Schadstoffe ab, arbeiten ohne gefährliche Stoffe und sind leiser. Der «Blaue Engel» zertifiziert mittlerweile 113 (Stand: 2018) Produktgruppen, darunter Drucker, Kopierer, Bürogeräte und -stühle sowie Telefone.

Weitere Punkte, die beim Kauf von elektronischen Geräten beachtet werden sollten:

- Braucht es eine Neuanschaffung oder kann das bestehende Gerät aufgerüstet werden?
- Sind Verkleinerung, doppelseitiger Druck und der Einsatz von Recyclingpapier möglich? Kann der Drucker oder Kopierer mit nachfüllbaren Tonerkartuschen oder Tintenpatronen betrieben werden?

Klimafreundliche Papiere wählen

Papier ist höchst klimarelevant! Einerseits, weil es in grossen Mengen im Büroalltag verbraucht wird, andererseits aber auch, weil der Energieverbrauch bei der Herstellung zwischen den verschiedenen Papierarten erheblich differiert. Daher muss der Wahl des Papiers grösste Aufmerksamkeit geschenkt werden.

Es gibt heute eine Vielzahl verschiedener Papiere mit hoher Umweltverträglichkeit. Recyclingpapier wird in verschiedenen Weissabstufungen angeboten, und beim Frischfaserpapier steht das FSC-Label für gute Umweltverträglichkeit. Die Qualität des Recyclingpapiers ist heute so gut, dass dieses praktisch in allen Kopiergeräten und Druckern eingesetzt werden kann.

Die Papierherstellung aus Altpapier verbraucht nur etwa halb so viel Energie wie die Produktion von Frischfaserpapieren, nämlich nur etwa die Hälfte und nur rund ein Drittel der Wassermenge. Weitere Informationen erhalten Sie unter www.ecopaper.ch oder www.igoeb.ch. Auch der Holzverbrauch sinkt, wenn Altpapier zu wiederverwendbarem Papier aufbereitet wird. Ein Doppeleffekt tritt ein: weniger Abholzung und folglich mehr Wald zur Reduzierung von CO_2 in der Atmosphäre. Angesichts der Zerstörung der Wälder haben die Forstwirtschaft und der WWF den «Forest Stewardship Council», bekannt als FSC, als eine Art globalen Forstrat ins Leben gerufen. Sein Ziel ist, auf der ganzen Erde eine Balance zwischen Waldnutzung und Walderhaltung zu finden. Dabei soll die Nutzung sowohl ökonomisch sinnvoll als auch zugleich sozialverträglich sein.

Der WWF empfiehlt, im Büro 80 % Recyclingpapier und 20 % Frischfaserpapier mit FSC-Label einzusetzen.

Labels und Selbstdeklaration

Labels sind populäre Orientierungshilfen für die Produktauswahl. Es gibt jedoch keine einheitlichen Vergabekriterien.

Die beiden folgenden Labels sind international anerkannt:

- **Blauer Engel** ist das Umweltlabel für Recyclingpapier. Das Label «Blauer Engel» wird nur verliehen, wenn die Papierfasern komplett aus Altpapier sind und die bei der Produktion verwendeten chemischen Hilfs- und Farbmittel den strengen Vorschriften des Labels entsprechen. Die Produkte werden im Vergleich mit einer Frischfaserpapierproduktion mit einem nur halb so hohen Energieaufwand hergestellt.

- **Forest Stewardship Council® – FSC®** ist das Nachhaltigkeitslabel für Papier (Frischfaser und Recycling), ob für Briefumschläge oder Druckerpapier, Verpackungen oder Hygienepapiere. Papierzellstoff wird weltweit gehandelt und er stammt oft aus den Tropen. Mit dem FSC-Label wird die nachhaltige Nutzung der Wälder weltweit gefördert und es garantiert, dass die Holzfasern aus FSC-zertifizierten Wäldern stammen. Für FSC-Papier wird kein Urwald gerodet und die Rechte der Arbeitnehmenden und der indigenen Bevölkerung werden gewahrt. Die Käufer haben so die Möglichkeit, bewusst die vom FSC propagierte umweltgerechte und sozialverträgliche Waldbewirtschaftung zu fördern und auch ökonomisch erfolgreich zu machen; dies, indem sie FSC-zertifizierte Materialien bestellen und Druckaufträge auf FSC-Papier vergeben.

Blauer Engel für Recyclingpapier

Forest Stewardship Council Gütesiegel

Ergonomisches und ökologisches Denken

Aufgabe 51

1. Öffnen Sie die Website des Vereins Ecopaper www.ecopaper.ch und navigieren Sie via «Projekte» zum Ratgeber Papier.

2. Lesen Sie sich den Ratgeber aufmerksam durch.

3. Fassen Sie das Gelesene in einem selber gestalteten «Merkblatt 2: Klimafreundliche Papiere» zusammen. Das Merkblatt sollte unter anderem folgende Punkte enthalten:
   - Vergleiche des Energieverbrauchs zwischen Recycling- und Frischfaserpapier
   - Papierverbrauch und Wälder
   - Labels
   - …

4. Erstellen Sie eine Tabelle zum gezielten Einsatz von umweltverträglichem Papier. Wo soll Recyclingpapier (RP), wo weisses FSC-Papier und wo konventionelles Frischfaserpapier (FF) eingesetzt werden?

5. Prüfen Sie nach, welche Papiere in Ihrem Betrieb für die jeweiligen Produkte verwendet werden.

6. Vergleichen Sie die Preise und Papiersorten der verschiedenen Lieferanten. Links zu den Informationen finden Sie auf der Website des Vereins Ecopaper im Register «Papier».

Weitere Punkte, die es zu beachten gilt

- Funktionen von PC, Druckern und Kopierern kennen! Drucken Sie doppelseitig und/oder verkleinert. Kopieren oder drucken Sie nur die benötigten Seiten.
- Archivieren Sie elektronisch: Drucken Sie E-Mails nur notfalls aus und speichern Sie Ihre Daten.
- Installieren Sie eine Makulaturablage! Idealerweise befindet sich diese gerade neben dem Drucker. Fehldrucke können so für persönliche Notizen oder weitere persönliche Drucke auf der Rückseite verwendet werden.

Entscheidungshilfe bei der Wahl von Geräten und Verbrauchsmaterial

Geräte und Verbrauchsmaterial können mithilfe einer Entscheidungsmatrix und mit folgendem Vorgehen ausgewählt werden:

1. Anforderungen klären und auf dem Tabellenblatt notieren.
   Die Anzahl zu bewertende Eigenschaften bestimmen Sie.
   Im Spaltenkopf notieren Sie die Namen der verschiedenen Produkte oder Anbieter.

2. Anforderungen gewichten und zuteilen:

   Faktor   1 = unwichtig
                  2 = wünschenswert
                  3 = unbedingt erforderlich

3. Beurteilen Sie die verschiedenen Angebote; geben Sie Noten von 0–4.
   Systematisch vorgehen: Die Produkte entweder nach Offerten oder nach Anforderungen beurteilen:

   Note   0 = nicht vorhanden
                  1 = schwach
                  2 = genügend
                  3 = gut
                  4 = ausgezeichnet

4. Berechnen Sie die Punkte: Faktor × Note.

5. Nun vergleichen Sie die beiden besten Varianten in einer Diskussion und wägen Vor- und Nachteile ab.

6. Notieren Sie auch kurz, wenn keine der vorgeschlagenen Varianten berücksichtigt wird.

Sachmittelauswahl							
Produkt		Lieferant/Marke		Lieferant/Marke		Lieferant/Marke	
Anforderungen oder Eigenschaften	Faktor	Note	Faktor	Note	Faktor	Note	Faktor
Total Punkte							
Rang							

Diskussionsresultate, Vor- und Nachteile

Was ist, wenn keine Variante berücksichtigt wird?

Beispiel einer Entscheidungsmatrix für die Sachmittelauswahl

Aufgabe 52

Erstellen Sie eine ähnliche Entscheidungsmatrix für die Sachmittelauswahl mit einem Tabellenkalkulationsprogramm; die Punkte (Faktor × Note) sollen automatisch berechnet und zusammengezählt werden und mit der entsprechenden Funktion soll der Rang ermittelt werden. Für die «Anforderungen oder Eigenschaften» können Sie selbstverständlich mehr Zeilen als im Beispiel einsetzen.

Aufgabe 53

Sie müssen eines der folgenden Sachmittel für Ihren Betrieb beschaffen. Gewichten Sie bei Ihrer Entscheidung besonders die Energieeffizienz des Geräts oder die Umweltverträglichkeit des Papiers. Wählen Sie dieses Produkt mithilfe der Tabelle (Aufgabe 52) aus:

- Kopierer
- Drucker
- Papier für Kopierer und Drucker

8.2.3 Energieeffizienz am Arbeitsplatz

Bildschirme, PC, Drucker und Kopierer verbrauchen nicht nur während der eigentlichen Arbeitsphase viel Energie, sondern auch in der Bereitschaftsstellung. Mit einer energieeffizienten Einstellung kann der Energieverbrauch eines Geräts um bis zu 50 % gesenkt werden. Es gilt dabei die Balance zu finden zwischen geringem Stromverbrauch und schnellem und benutzergerechtem Umgang mit dem Gerät.

Jeder Computer hat ein integriertes sogenanntes «Power Management System». Das System kontrolliert die Energiesparfunktionen des Geräts. Überprüfen Sie bei einem neuen Computer, ob das System bereits in Betrieb ist. Bei den meisten Geräten können die folgenden vier Zustände unterschieden werden:

Betriebszustand/ Modus	Beschreibung
Aktiv (Ein)	In diesem Zustand befindet sich Ihr Gerät, wenn Sie drucken, kopieren oder am Computer etwas schreiben.
Standby (Bereit)	Standby bezeichnet den Zustand in Arbeitspausen. Ihr Gerät reagiert sofort auf Ihre Aktionen. In den Industrieländern macht der Standby-Modus durchschnittlich 10 % des Haushaltstromverbrauchs aus.
Sleep (Ruhezustand)	Der Sleep-Zustand kann bei Computern, Druckern und Kopierern eingestellt werden. «Sleep» beschreibt den Energiesparzustand. Die Zeit, nach welcher ein Computer beispielsweise in diesen Zustand geht, können Sie häufig selber wählen. Hier besteht ein grosses Effizienzpotenzial! Häufig braucht das Gerät eine kurze Aufwärmzeit, um in den Aktivzustand zu gelangen.
Off (Aus)	Auch wenn Sie Ihr Gerät am normalen Ein/Aus-Schalter ausschalten, verbraucht es weiterhin wenig Strom. Deshalb nennt man diesen Zustand auch «Soft-off». Mit einer Steckerleiste kann der Computer ganz vom Stromnetz genommen werden. Diesen Zustand bezeichnet man als «Hard-off».

Betriebszustände eines Bürogeräts

Empfehlungen zum Energiesparen mit Bürogeräten

Zur Konfiguration von PCs kann keine allgemeingültige Empfehlung abgegeben werden. Die Geräte weisen verschiedene Eigenschaften und auch unterschiedliche Konfigurationsschritte auf. Generell ist zu beachten, dass nicht eine zu restriktive Konfiguration eingeführt wird. Störendes oder gar «bevormundendes» Verhalten der Geräte wird oft überbrückt oder das Power Management System wird ganz ausgeschaltet. Die folgenden Tipps sind jedoch zu beachten:

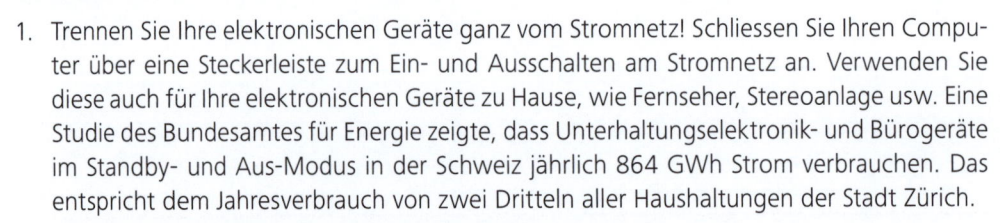

Schaltbare Steckerleiste

1. Trennen Sie Ihre elektronischen Geräte ganz vom Stromnetz! Schliessen Sie Ihren Computer über eine Steckerleiste zum Ein- und Ausschalten am Stromnetz an. Verwenden Sie diese auch für Ihre elektronischen Geräte zu Hause, wie Fernseher, Stereoanlage usw. Eine Studie des Bundesamtes für Energie zeigte, dass Unterhaltungselektronik- und Bürogeräte im Standby- und Aus-Modus in der Schweiz jährlich 864 GWh Strom verbrauchen. Das entspricht dem Jahresverbrauch von zwei Dritteln aller Haushaltungen der Stadt Zürich.

2. Schalten Sie den Drucker und andere Peripheriegeräte erst dann ein, wenn Sie diese auch wirklich brauchen, und teilen Sie sich diese wenn möglich mit weiteren Angestellten.

3. Wenn Sie als Letzte oder Letzter einen Arbeitsraum verlassen, prüfen Sie nach, ob alle Geräte abgeschaltet sind (ausser die besonders gekennzeichneten).

Zur Information: Bildschirmschoner sind keine Energiesparer. Sie sind ein spielerisches Überbleibsel aus der Zeit der grossen Röhrenbildschirme.

Büroökologie

Aufgabe 54

1. Energieoptionen im Heimbüro
   - ▶ Überprüfen Sie die Energieeinstellungen Ihres Computers zu Hause. Bei Microsoft Windows können Sie den Energiesparplan unter Systemsteuerung → System und Sicherheit → Energieoptionen auswählen und anpassen, bei Mac OS unter Systemeinstellungen → Energie sparen.
   - ▶ Verändern Sie die Einstellungen Ihres Computers so, dass dieser energieeffizient arbeitet. Testen Sie diese Einstellungen während mindestens einer Woche.
   - ▶ Passen Sie Ihre Konfiguration Ihren persönlichen Bedürfnissen an. Behalten Sie dabei den Grundsatz der Energieeffizienz bei.

2. Energieeffizienz am Arbeitsplatz
   Erstellen Sie das «Merkblatt 3: Bürogeräte energiesparend betreiben». Darauf sollen drei bis fünf Punkte enthalten sein, die für eine energieeffiziente Einstellung aller Bürogeräte in Ihrem Betrieb sprechen.

Beleuchtung im Büro – ökologisch und komfortabel

Ergonomische Überlegungen spielen bei der Beleuchtung eine wichtige Rolle. Dabei entsteht häufig eine Win-win-Situation zwischen ökologisch angebrachten, ökonomisch sinnvollen und für das menschliche Auge und das Raumklima förderlichen Lösungen. Dies ist nicht überraschend, da der Energieverbrauch eines Büros zu einem Drittel von der Beleuchtung verursacht wird.

Sowohl bei den Lampen (das unmittelbare Leuchtmittel) als auch bei den Leuchten (Lampenschirm und Fassung) hat sich die Technik ebenso verbessert wie bei den Steuer- und Regelungseinrichtungen. So werden heute nicht nur auf Fluren, Toiletten oder Archivräumen Präsenzmelder oder Tageslichtsteuerungen eingesetzt, sondern auch bei Deckenbeleuchtungen in Grossraumbüros. Für energieeffizientes Bauen und Beleuchten von Räumen hat sich auch schon ein Qualitätszertifikat mit Namen Minergie entwickelt, dessen Umsetzung zu deutlichen Energieeinsparungen führt.

Aufgabe 55

1. Informieren Sie sich auf topten.ch über Beleuchtung. Welche Unterkategorien finden Sie? Was ist laut Ratgeber beim Kauf von Büroleuchten zu beachten?

2. Ist bei Ihnen in nächster Zeit eine Neuanschaffung zu Hause oder am Arbeitsplatz nötig? Nach welchen Kriterien wählen Sie eine Lampe von topten.ch aus?

Ergonomisches und ökologisches Denken

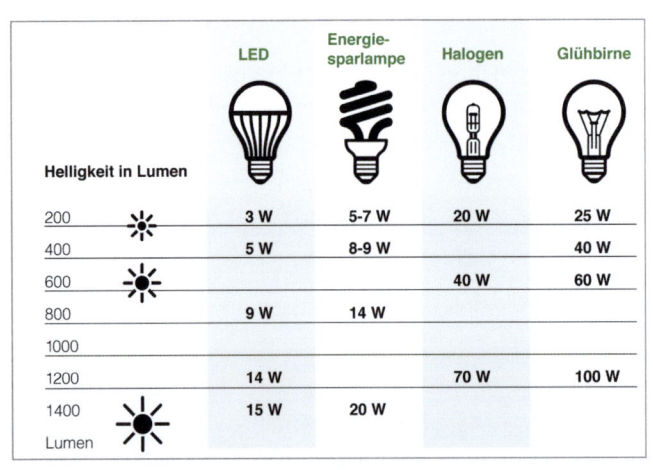

Helligkeit in Lumen		LED	Energie-sparlampe	Halogen	Glühbirne
200		3 W	5-7 W	20 W	25 W
400		5 W	8-9 W		40 W
600				40 W	60 W
800		9 W	14 W		
1000					
1200		14 W		70 W	100 W
1400 Lumen		15 W	20 W		

Vergleich des Energieverbrauchs (in Watt) unterschiedlicher Leuchtmittel (www.ledgex.ch)

Weitere Punkte, die es zu beachten gilt:

- Bereits mit dem Einsatz von Energiesparlampen kann der Energieverbrauch wesentlich reduziert werden: diese brauchen nur einen Fünftel der Energie von normalen Glühlampen. Gleichzeitig ist ihre Brenndauer achtmal höher.

- LED-Lampen ersetzen die herkömmlichen Sparlampen, haben sie doch eine bessere Farbwiedergabe, ein brilliantes Licht, starten sofort und sind strahlungsarm wie Glühlampen, da die Leuchtdioden fast strahlungsfreien Gleichstrom benötigen. Sie erzeugen keine Ultraviolett- bzw. Infrarotstrahlung im Lichtstrom und enthalten im Gegensatz zur Sparlampe kein giftiges Quecksilber.

- Sparlampen und LED-Lampen enthalten elektronische Bauteile. Am Ende ihrer langen Lebensdauer müssen sie wie der übrige Elektroschrott fachgerecht entsorgt werden.

- Schalten Sie das elektrische Licht ausserdem nur bei Bedarf ein und löschen Sie beim Verlassen das Licht von Toilettenräumen, Archiven und Nebenräumen.

8.2.4 Entsorgung und Recycling

Eine gute Abfallbewirtschaftung ist aus Umweltschutzgründen sinnvoll. Helfen Sie mit, dass nicht alles, was alt ist, automatisch weggeworfen wird (z. B. alte Ordner bei Archivräumungen). Verpackungsmaterial kann wieder verwendet und gebrauchte Kuverts können für den internen Gebrauch eingesetzt werden.

Ausgediente elektrische und elektronische Geräte gehören nicht in den Siedlungsabfall. Erstens, weil sie Schadstoffe enthalten, die gesondert entsorgt werden müssen, und zweitens, weil daraus Wertstoffe zurückgewonnen werden können.

Deshalb gibt es seit 1994 die Möglichkeit, ausgediente Geräte dem Fachhandel zurückzugeben; dieser leitet den Elektroschrott zum Recycling an autorisierte Entsorgungsunternehmen weiter. Das Recycling der ausgedienten Geräte wird mit einer im Preis eingeschlossenen vRG (vorgezogene Recyclinggebühr) auf Neugeräten finanziert.

Fachgerecht entsorgt werden müssen auch Batterien und Akkus. Verbrauchte Batterien oder funktionsunfähige Akkus sind dem Fachhändler oder kommunalen Sammelstellen abzugeben. Nur entladene Batterien und Akkus sind in die Sammelboxen zu werfen. Haben Sie Zweifel, ob die Batterien oder Akkus entladen sind, überkleben Sie die Pole vor dem Wegwerfen mit einem Klebeband.

Über 30 000 Unternehmen und 4000 Schulen in der Schweiz sammeln PET-Getränkeflaschen. PET-Recycling entlastet die Umwelt massgebend. Werden die gesammelten PET-Flaschen rezykliert statt im Abfall verbrannt, können aktuell gegenüber einer Neuproduktion 152 000 Tonnen Treibhausgase (u. a. CO_2) vermieden und 52 % Energie gespart werden.

Das Sammeln ist einfach: Für Betriebe und Schulen sind PET-Säcke und ein offizieller Sammelbehälter notwendig, welche von der PET-Recycling Schweiz zur Verfügung gestellt werden. Privathaushalte können die PET-Getränkeflaschen im Detailhandel zurückgeben.

Als eines der ersten Länder weltweit hat es die Schweiz geschafft, den PET-Kreislauf zu schliessen. Das heisst, aus leeren PET-Getränkeflaschen entstehen neue. Dieser geschlossene Kreislauf macht das PET-Recycling besonders umweltfreundlich. Er bedingt jedoch auch eine äusserst hohe Reinheit der Sammlung. Nur aus reinen PET-Getränkeflaschen kann wieder lebensmitteltaugliches Material hergestellt werden. Landen zu viele Fremdstoffe in der Sammlung, ist der geschlossene Flaschenkreislauf gefährdet.

PET-Sammelboxen in Betrieb oder Schule

Büroökologie

Viele (Büro-)Abfälle sind Wertstoffe. Schätzungen gehen davon aus, dass 85 % des im Büro anfallenden Abfalls – vom Papier bis zur Tonerkassette – nach getrennter Sammlung wieder verwendet werden können.

Als Beispiel aus der Praxis sei hier das Programm «Ressourcen- und Umweltmanagement der Bundesverwaltung» RUMBA erwähnt. Das Hauptziel ist die kontinuierliche Verminderung von betrieblichen und produktbezogenen Umweltbelastungen der Bundesverwaltung.

Auf der folgenden Website finden Sie viele Hinweise und Informationen zu diesem Programm: https://www.rumba.admin.ch/rumba/de/home.html.

Aufgabe 56

Recycling schont Ressourcen und vermindert den Abfallberg. Auch im Büro fallen Wertstoffe als Abfall an. Erstellen Sie gemäss unten stehendem Vorschlag eine Tabelle und ergänzen Sie diese: Welche vier weiteren Materialien sollen besonderen Sammlungen zugeführt werden, und was ist beim Sortieren zu beachten?

Werkstoff	Abgabe
Papier Unbeschichtetes weisses und farbiges Papier, EDV-Papier, Broschüren, Prospekte, Zeitungen, Kuverts mit und ohne Fenster, Recyclingpapier Nicht in die Sammlung: Beschichtetes Papier, Blumenpapier, Etiketten, Kleber, Papierservietten, Haushaltspapier	→ Papiersammlung (Papier und Karton immer getrennt, sauber gebündelt und flach gedrückt bereitstellen!)

Aufgabe 57

Notieren Sie fünf Möglichkeiten, wie Sie im Büro Abfälle vermeiden können:

1. _____

2. _____

3. _____

4. _____

5. _____

Ergonomisches und ökologisches Denken

8.2.5 Ist Ihr Büro energieeffizient und umweltfreundlich?

Sprechen Sie mit den zuständigen Personen für Bürogeräteeinkauf, Papiereinkauf und Haustechnik in Ihrem Betrieb. Wie wichtig sind ihnen bei der Arbeit die ökologischen Aspekte? In Gesprächen mit den Ausbildungsverantwortlichen, der Geschäftsleitung und weiteren Personen in leitenden Funktionen versuchen Sie den Betrieb zur Beachtung des Standards Topten-Büro (siehe Seite 199) zu bewegen. Er definiert die Anforderungen, die ein Unternehmen erfüllen muss, um einen energieeffizienten Büroalltag zu gestalten.

Der Standard Topten-Büro verlangt:

- Alle elektronischen Bürogeräte wie Drucker, Bildschirm, Kopierer usw. werden nach den Empfehlungen der Website www.topten.ch eingekauft.
- Beim Einkauf von Papier gelten die Empfehlungen von Ecopaper (www.ecopaper.ch).
- Bei Renovationen und Erneuerungen wird der Minergie®-Standard für Beleuchtung eingehalten.

Die Vorteile für ein Unternehmen sind ausgewiesen:

1. Das Unternehmen kann die Kosten für den Energieverbrauch senken.
2. Das Unternehmen leistet einen Beitrag zum Klimaschutz.
3. Das Unternehmen kann sein Image unter den Mitarbeitenden und in der Öffentlichkeit als modernen und innovativen Betrieb verbessern.

Die folgenden Punkte sollten in Ihren Abklärungen enthalten sein:

- Eine Bestandsaufnahme in den Bereichen Bürogeräte, Papier und Beleuchtung liegt vor.
- Mit den zuständigen Verantwortlichen von IT, Materialeinkauf und Haustechnik haben Gespräche stattgefunden.
- Massnahmenpläne zur Verbesserung der Energieeffizienz und zur CO_2-Reduktion im Büroalltag sind der Geschäftsleitung unterbreitet worden.
- Empfehlungen zur innerbetrieblichen Kommunikation und Mitwirkung der Mitarbeitenden sind mit der Geschäftsleitung diskutiert worden.

Wie Ihre Arbeit aufgebaut sein könnte, sehen Sie in der Aufgabe 58. Sie analysieren einerseits das Verbesserungspotenzial Ihres Büros und erstellen auch Vorschläge, wie die Anforderungen an ein klimafreundliches Büro erfüllt werden können.
Mit Ihren Verbesserungsvorschlägen lassen sich innovative Schritte für ein verbessertes Umsetzen des Umweltbewusstseins Ihres Unternehmens einleiten. Gehen Sie das Projekt an und leisten Sie einen wertvollen Beitrag zum Klimaschutz!

Büroökologie

Aufgabe 58

Untersuchen Sie, wie umweltfreundlich und energieeffizient Ihr Büro ist. Ihre Arbeit kann wie folgt aufgebaut sein:

1. Zuständigkeiten

Sie ermitteln die zuständigen Personen für Bürogeräteeinkauf, Papiereinkauf und Haustechnik und überprüfen deren Wissensstand in Bezug auf die verschiedenen Anforderungen an ein energieeffizientes Büro. Klären Sie folgende Punkte ab:

- Gibt es einen zentralen Einkauf von Bürogeräten?
- Welche ökologischen und energiesparenden Massnahmen werden beachtet?
- Welche Labels (wie Blauer Engel, TCO, Energy-Star) sind bekannt und werden beachtet?
- Sind die Standards Top-Ten und Minergie bekannt, und werden sie beachtet?
- Wer sorgt für eine angemessene Information und Instruktion der Mitarbeitenden?

2. Handlungsbedarf

Klären Sie ab, wo Handlungsbedarf besteht, beispielsweise:

- Wo wird Recyclingpapier und wo konventionelles Frischfaserpapier eingesetzt? (Werbematerial und Kataloge, Brief- und Kopierpapier, Kuverts, Notizpapier usw.)
- Werden Papier und Karton getrennt gesammelt?
- Laden Sie bei topten.ch den Flyer «Bürogeräte: Professionelle Beschaffung» herunter und prüfen Sie, ob in Ihrem Betrieb diese Empfehlungen befolgt werden.
- Beziehen Sie bei Minergie (www.minergie.ch) Informationsmaterial zur Bürobeleuchtung und protokollieren Sie bei einem Rundgang durch das Gebäude kleinere Massnahmen zur Verbesserung (wie elektronische Vorschaltgeräte, Bewegungsmelder) sowie grössere Veränderungen (helle Wände, Tageslichtsensoren usw.) bis zur Erreichung des Minergiestandards für Bürobeleuchtung. Halten Sie die Planung, Zuständigkeiten und Termine fest.
- Schulung und Information der Mitarbeitenden. Wie wird das umweltbewusste Verhalten gefördert und geschult? Welche Informations- und Kommunikationsformen sind geeignet (Sitzungen, Inforunden, Newsletters usw.)?

3. Massnahmenplan

Erstellen Sie einen Massnahmenplan nach folgendem Muster:

Bereich	Ziele	Massnahmen	Kurzfristig	Mittelfristig	Langfristig	Wer/Termine
Papier (Beispiel)	Altpapier wird konsequent gesammelt.	In allen Zimmern stehen Sammelbehälter. Das Putzpersonal wird angehalten, Papier und Karton sachgemäss zu entsorgen.	X			Hausdienst/ bis Ende Woche
	Frischfaserpapier ist zukünftig nur noch FSC-Papier.	Anfragen, ob Lieferant mit FSC-Label liefern kann.		X		Sekretariat/ bis Ende Monat
Bürogeräte						
Beleuchtung						
Kommunikation						

Glossar
Stichwortverzeichnis

9

Glossar

Adressbuch	Digitale Adressbücher werden innerhalb von Standardprogrammen wie Outlook oder in Datenbanken gespeichert. Die Synchronisation mit Mobiltelefon, Organizer oder Tablet ersetzt ein Adressbuch auf Papier.
ADSL	Siehe → DSL.
Akku	Abkürzung für Akkumulator, dieses Gerät ist ein wiederaufladbarer Speicher für elektrische Energie.
Aktiver Inhalt	Material auf einer Webseite, das sich im Laufe der Zeit oder in Reaktion auf eine Benutzeraktion ändert, beispielsweise eine Wetterkarte oder ein Börsenticker. Aktiver Inhalt wird mithilfe von Active-X-Steuerelementen, VBScripts, Java-Scripts und Java-Applets bereitgestellt, die in den → HTML-Code eingefügt wurden, der die Seite definiert.
Anhang	Dateien verschiedenster Art können an eine E-Mail angehängt und mit dieser versandt werden.
Anklopfen	Ein Signalton meldet während eines Gesprächs, wenn ein weiterer Gesprächspartner anruft.
Anruferidentifikation	Anzeige von Rufnummer, Name oder Verbindungsart (z.B. intern) des Anrufers auf dem Display.
Anrufsperre	Verhindert die Wahl von bestimmten Rufnummern.
App	Anwendungsprogramm auf digitalen Geräten – Kurzform des englischen Wortes «application» (deutsch: Anwendung).
Attachment	Datei-Beilage zu einer E-Mail → Anhang.
Aufgaben	Outlook bietet die Möglichkeit, Aufgabenlisten zu erstellen, Aufgaben mit Prioritäten zu versehen, sie nach Kategorien zu ordnen sowie Mitarbeitern zuzuweisen. Das zugrunde liegende Prinzip ist das einer To-do-Liste, auf der man die erledigten Aufgaben einfach abhaken kann.
b	Abkürzung für → Bit.
B	Abkürzung für → Byte (8 Bit.)
BAKOM	Abkürzung für Bundesamt für Kommunikation; 1992 gegründet. Das BAKOM betreut und überwacht Radio und Fernsehen, Telekommunikationsdienste sowie das gesamte Funkwesen und die Fernmeldeanlagen.
Bandbreite	Masseinheit für die Übertragungskapazität einer Leitung, d.h. der Frequenzbereich, der für die Datenübertragung zur Verfügung steht; wird auch als Datenrate oder Datendurchsatz bezeichnet; siehe auch → Bit/s.
BeeTagg	2-D-Code, der mit einer einfachen Handykamera gelesen werden kann.
Bildtelefonieren	Kommunikationsart, bei der die Teilnehmer nicht nur akustisch miteinander kommunizieren, sondern auch in direktem Blickkontakt miteinander stehen.
Bit	Abkürzung für Binary Digit. Kleinste Informationseinheit in der Computertechnik. Signale werden in den logischen Zuständen 0 und 1 (Ja oder Nein) dargestellt.
Bit/s	Masseinheit für die Geschwindigkeit, mit der Bits übertragen werden. Englisch oft mit bps abgekürzt.

Blog	Öffentliches Onlinetagebuch; im Blog können Erfahrungen, Ideen und Gedanken ausgetauscht werden.
Bluetooth	Die Funktechnologie Bluetooth bietet Geräten über Distanzen bis 100 Metern die Möglichkeit der Vernetzung und der Übertragung von Sprache und Daten. Ersetzt Kabel, Funktelefone mit DECT und die auf freie Sicht angewiesene → Infrarotschnittstellen.
Bore-out	Die Arbeit langweilt, unterfordert und ist uninteressant; irgendwann resigniert die betroffene Person und erkrankt im schlimmsten Falle. Falscher Beruf oder zu wenige Aufgaben können die Ursache sein. Der Begriff Bore-out wurde von P. Rothlin und P. R. Werder geschaffen, ihre Theorie ist allerdings nicht unumstritten.
Breitband-Internetzugang	Der Zugang zum Internet mit hohen Datenübertragungsraten wird als Breitband-Internetzugang bezeichnet. Hierfür verwendete Technologien sind u. a. → DSL, → Glasfaser, Kabelfernsehnetz oder Mobilfunk.
Browser	Computerprogramm zum Surfen auf dem → WWW.
Byte	Ein Byte ist die kleinste adressierbare Speicherstelle. Es besteht aus 8 Bits. Da ein Bit zwei Zustände einnehmen kann, ermöglicht ein Byte (2^8) 256 Kombinationen und damit die Darstellung von 256 verschiedenen Zuständen oder Zeichen.
Checkliste	Aufzählung von Kontrollmassnahmen vor einer Aktion.
Code	Unter einem Code wird eine Vorschrift verstanden, in der Symbole einer Darstellung in solche einer anderen übertragen werden. Beispielsweise stellt der Morsecode eine Übertragungsvorschrift zwischen Buchstaben und einer Abfolge kurzer und langer Tonsignale her. Ein Code kann aus Daten, Ziffern, Zeichen, Buchstaben oder anderen Informationsträgern bestehen.
Cookie	Informationen, die Internetserver auf dem Computer des Surfers speichern und die bei erneuten Besuchen der Website abgerufen werden. Internetserver können Cookies dazu verwenden, persönliche Informationen und Vorlieben zu speichern, sodass diese nicht bei jedem Besuch der Website erneut eingegeben werden müssen. Allerdings kann mithilfe von Cookies auch überwacht werden, wann eine Website besucht wurde und welche Seiten aufgerufen wurden. Diese Informationen können unter Umständen an andere Internetserver, beispielsweise Werbeserver, weitergegeben werden.
Combox	Anrufbeantworter-Service.
Datei	Summe von zusammengehörenden Daten, die auf einem Datenträger gespeichert sind. Durch die Bezeichnung mit einem Dateinamen können diese Daten auch wieder als Einheit abgerufen werden.
Daten	Jegliche Art von → Informationen, sowohl in analoger als auch in digitaler Form.
Datenbank	Speicher, der eine grosse Menge Daten eines Sachgebiets enthält. Sie werden nach bestimmten Gesichtspunkten strukturiert und sind nach verschiedenen Selektionskriterien abrufbar.
Datenschutz	Datenschutz bedeutet Schützen von (personenbezogenen) Informationen vor unberechtigtem Zugriff, missbräuchlicher Verwendung, unerlaubter Weitergabe sowie Verfälschung.
Datensicherheit	Datensicherheit umfasst alle Massnahmen, um die gespeicherten und gesammelten Informationen vor Zerstörung oder Verlust zu schützen.
DIN	Deutsches Institut für Normung.
DNS	Abkürzung für Domain Name Service, Server oder System. DNS ist ein dezentraler Dienst, der Rechnernamen bzw. Internetadressen im Klartext (z. B. www.verlagskv.ch) und IP-Adressen (z. B. 209.204.209.212) einander zuordnet.

Informationsmanagement und Administration

Dokumentation	Sammlung, Auswertung und Nachweis von Dokumenten aller Art zur Information über den Stand der Erkenntnisse und Erfahrungen.
Dokumentenmanagementsystem (DMS)	System, das sich mit der Digitalisierung, Speicherung und dem Wiederauffinden von Dokumenten (d. h. digitalen Schriftstücken) beschäftigt. Für das Unternehmen sollen eine Reduzierung der Archivierungsmenge, eine Beschleunigung der Geschäftsprozesse und eine Erhöhung der Produktivität erreicht werden.
Download	Datentransfer bei Onlineverbindungen, wobei Dateien von einem anderen PC oder einem Datennetzserver in den eigenen PC «geladen» werden, um sie dort weiterzuverwenden.
dpi	Abkürzung für dots per inch = Punkte je Zoll. Masseinheit für die Auflösung von Druckern und Faxgeräten. Je höher die Auflösung, desto gleichmässiger und hochwertiger werden die Abbildungen. Faxgeräte arbeiten mit einer Auflösung von bis zu 200 dpi, Laser- und Tintenstrahldrucker mit einer Auflösung von bis zu 1200 dpi.
DSL (ADSL, VDSL)	Abkürzung für (Asymmetric) Digital Subscriber Line. Nutzt brachliegende Kapazitäten des bereits bestehenden Telefonkupferkabels für den → breitbandigen Zugang zum → Internet. DSL teilt den Kupferdraht der Telefonleitung digital in drei unterschiedlich grosse Bereiche: zwei für den Datentransport und einen zum Telefonieren. «Asymmetric» deshalb, weil Hin- und Rückkanal jeweils unterschiedlich grosse Datenmengen transportieren können. • Beim Surfen im Internet müssen typischerweise nur geringe Informationsmengen (meist Adressen von Webseiten) an den Provider übermittelt werden («uploaden»/«Upstream»). Dies geschieht über den «kleineren» Rückkanal. • Die umfangreichen multimedialen Inhalte mit Bildern, Animationen usw. fliessen mit hoher Geschwindigkeit (bis zu 8 Megabit bei ADSL und bis zu 100 Megabit bei VDSL) durch den «grösseren» Hinkanal ins Haus («downloaden»/«Downstream»).
Elektrosmog	Elektrosmog kann aus niederfrequenten Magnetfeldern (z. B. Trafo, Sicherungskasten, Fernseher), niederfrequenten elektrischen Feldern (wie Nachttischlampe, Staubsauger) oder Hochfrequenz (z. B. UKW, Funk, Handy, Radar) bestehen. Die Felderarten treten gemeinsam oder auch alleine auf und können Schädigungen bei Mensch und Natur anrichten.
E-Mail	Abkürzung für Electronic Mail (elektronischer Postdienst). Per E-Mail werden Nachrichten, Texte und Dateien nach dem Prinzip der Briefpost versendet und empfangen. E-Mail gehört zu den am häufigsten verwendeten Internetdiensten.
Endgerät	Gerät, das am Anfang oder Ende einer nachrichtentechnischen Verbindung steht (z. B. Telefonapparat, Computer, Radio).
Ergonomie	Die Ergonomie ist eine interdisziplinäre Wissenschaft über die Wechselwirkungen zwischen dem Menschen und seinen Arbeitsbedingungen. Hauptziel der Ergonomie ist es, die Arbeit und die Arbeitsbedingungen den Menschen anzupassen.
Fax	Kurzform für Telefax. Überträgt Texte, Grafiken und Dokumente über das Telefonnetz.
Fernabfrage	Anrufbeantworterfunktion. Aus der Ferne können Nachrichten abgehört werden, meist in Verbindung mit den Möglichkeiten wie Nachrichten löschen oder Ansagen ändern.
Ferndiagnose, Fernwartung	Endgeräte und Telefonanlagen werden via Internetverbindung betreut und gewartet. Spart in vielen Fällen den Einsatz eines Servicetechnikers vor Ort.
Fiber	→ Glasfaser.
Firewall	Ein Sicherheitssystem, das mithilfe von Regeln Verbindungen und Datenübertragungen zwischen dem Computer und dem → Internet zulässt oder blockiert.

Flash-Speicher	Flash-Speicher sind digitale Speicherbausteine. Sie gewährleisten eine nicht flüchtige Speicherung bei gleichzeitig niedrigem Energieverbrauch. Flash-Speicher sind portabel und miniaturisiert (z. B. USB-Sticks, Speicherkarten für Kameras), werden aber auch als Solid State Drive (SSD) als Ersatz für bisher übliche Festplatten eingesetzt. Die Vorteile eines Solid State Drive gegenüber herkömmlichen Laufwerken sind mechanische Robustheit, sehr kurze Zugriffszeiten und keine Geräuschentwicklung aufgrund beweglicher Bauteile, da solche nicht vorhanden sind. Die Haltbarkeit der Daten beträgt zwischen 10 und 30 Jahre.
Freecall	Für den Anrufer kostenfreie Rufnummern.
Freisprechen	Ermöglicht freihändiges Telefonieren bei Telefonen mit eingebautem Mikrofon und Lautsprecher. Weitere Personen im Raum können so am Gespräch teilnehmen.
FTP	Das File Transfer Protocol dient zu Übertragung von Dateien im → Inter-/Intranet und in Netzwerken.
Gateway	Übergang zwischen verschiedenen Netzen.
Gbit/s	Gigabit je Sekunde (1 Gbit/s = 1024 Mbit/s = 1 048 576 Kbit/s = 1 073 741 824 Bit/s).
Geschäftsprozess	→ Prozess.
Glasfaser	Glasfasern werden zur Übertragung von Daten mittels Licht eingesetzt. Damit können sehr hohe Datenübertragungsraten erreicht werden. Heute sind Internetanschlüsse mit Geschwindigkeiten von 1 Gbit/s üblich.
Graue Energie	Energieanteil, der zur Herstellung eines Produkts nötig ist.
GSM	Abkürzung für Global System for Mobile Communications. Internationaler Standard für den digitalen Mobilfunk.
Hacker	Jemand, der den unbefugten Zugriff auf Computer anderer Personen versucht und dabei beabsichtigt, Informationen aus diesen Computern abzurufen oder sie zu beschädigen.
Halten einer Verbindung	Ein Telefongespräch auf Wartestellung schalten, ohne die Verbindung zu verlieren (→ Makeln).
Handy	Ein Mobiltelefon im deutschsprachigen Raum. Das Wort kommt nicht aus dem Englischen, sondern ist eine Erfindung der Industrie.
Hardware	Zusammenfassende Bezeichnung für alle elektronischen, elektromechanischen und mechanischen Bauteile eines Systems.
Haustelefonzentrale	Zentrale, die Verbindungen in einem privaten Netz und zwischen diesem und dem öffentlichen Fernmeldenetz vermittelt. Siehe auch → TVA.
Holzschliff (Holzstoff)	Fichten- und Tannenhölzer werden in der Schältrommel entrindet und in Stetigschleifern mit Zugabe von Wasser mechanisch zerfasert. Auch Resthölzer aus Sägereien und Hackschnitzer werden genutzt. Dieser Faserrohstoff wird vor allem für die Produktion von kurzlebigen Papieren (wie Zeitungspapier) verwendet.
Homepage	Haupt- oder Einstiegsseite innerhalb des World Wide Web (→ WWW), mit der sich Organisationen, Unternehmen und Privatpersonen im Internet darstellen.
Hotspot	Drahtloser Internetzugang per → WLAN. Wird in Bahnhöfen, Flughäfen, Hotels oder Restaurants eingesetzt.

HTML	Abkürzung für Hypertext Markup Language. Programmiersprache zur Erstellung von Dokumenten im World Wide Web (→ WWW). In Textdateien eingefügte Codes teilen dem Webbrowser mit, wie die in der Webseite enthaltenen Wörter und Bilder dem Benutzer präsentiert werden sollen, und definieren → Hypertext-Links zwischen Dokumenten.
HTTP	Abkürzung für Hypertext Transfer Protocol. Bezeichnung für das Kommunikationsprotokoll im World Wide Web (→ WWW).
HTTPS	Abkürzung für Hypertext Transfer Protocol Secure. Eine Variante von → HTTP, bei der Daten mithilfe von Verschlüsselung gesichert übertragen werden.
HUB	Knotenpunkt von Leitungen in einem sternförmig angelegten Netzwerk. Auch mehrere USB-Geräte werden in der Regel über einen oder mehrere HUB an einem Computer angeschlossen.
Hypertext	Hypertext besteht aus Dokumenten, in denen Verbindungen zu anderen Dokumenten eingebaut sind, sogenannte → Links oder auch Hyperlinks. Das Verfolgen eines Links im → WWW und damit das Wechseln von einem Dokument geschieht durch Anklicken des Hyperlinks mit der Maus. Dabei spielt es keine Rolle, ob auf eine Datei des lokalen Webservers oder eines weit entfernten Servers zugegriffen wird.
ICANN	Abkürzung für Internet Corporation for Assigned Names and Numbers. ICANN koordiniert das Namensvergabesystem (→ DNS) im Internet, regelt die Vergabe der → IP-Adressen, entwickelt neue Standards für Internetprotokolle und organisiert das Rootserversystem im Netz.
IFS	Abkürzung für Intelligentes Frankiersystem.
IMAP	Abkürzung IMAP für Internet Message Access Protocol. Dieses Anwendungsprotokoll erlaubt den Zugriff auf und die Verwaltung von empfangenen E-Mails, die sich in einem Postfach auf einem Mailserver befinden.
Information	Zweckorientiertes Wissen.
Infrarotschnittstelle	Daten können mittels infraroten Lichtes über kurze Strecken (100 cm) mit Sichtverbindung übermittelt werden.
International Roaming	«Internationales Wandern». Es ermöglicht, auch im Ausland mobil zu telefonieren und unter der eigenen Mobiltelefonnummer (→ GSM) länderübergreifend erreichbar zu sein. Allerdings muss man neben den Gebühren des örtlichen Netzbetreibers zusätzlich Vermittlungsgebühren bezahlen. Deshalb sind solche Gespräche teurer als Telefonate innerhalb der Schweiz.
Internet	Computernetz, das weltweit Universitäten, Unternehmen und Institutionen zum Versenden und Empfangen von Nachrichten für Diskussionsforen, Datenbankrecherchen und Datenübertragungen verbindet. Das World Wide Web (→ WWW) fasst verschiedene Internetdienste unter einer komfortablen Multimediaoberfläche zusammen. Als Kommunikationsprotokoll wird → TCP/IP eingesetzt, die Webseiten werden als HTML-Dokumente abgespeichert, und die Übertragung der HTML-Seiten übernimmt das → HTTP.
Internet der Dinge	Das Internet der Dinge (Internet of Things, IoT) ist die Anbindung von Maschinen und elektronischen Gegenständen aller Art an das Internet.
Intranet	Das Intranet ist ein Netzwerk innerhalb eines Unternehmens, welches die gleichen Technologien wie das Internet einsetzt. Intranets unterstützen den Informationsfluss innerhalb eines Unternehmens. Von jedem PC aus kann auf interne Daten zugegriffen werden, egal, ob es sich um einen Windows-, Unix- oder MAC-Rechner handelt. Beispiele für Intranetanwendungen sind Telefonverzeichnisse, Firmeninformationen, Produktdokumentationen, Preislisten.

Glossar

IP	Abkürzung für Internetprotokoll. IP ist der Teil des → TCP/IP-Protokolls, der Nachrichten von einem Internetstandort zu einem anderen weiterleitet.
IP-Adresse	Eine klassische IP-Adresse besteht aus vier Bytes, die durch Punkte getrennt sind – zum Beispiel 193.96.28.72. Durch diese Adresse wird ein Computer innerhalb des Internetnetzwerks eindeutig identifiziert. An der Oberfläche werden üblicherweise Klartextnamen verwendet – so z. B. Domainnamen, wie www.bluewin.ch. Die Zuordnung von Namen zu Adressen übernimmt der → DNS-Server.
ISO	Abkürzung für International Organization for Standardization.
ISP	Abkürzung für Internet Service Provider (Internetdienstanbieter). Ein Unternehmen, das Einzelpersonen oder Firmen den Internetzugang bereitstellt. Die meisten ISP bieten ausserdem weitere Internetdienste an, z. B. Website Hosting.
Kalender (Outlook)	Der Outlook-Kalender ist ein vielfältiges Werkzeug zur Organisation der Termine und ist neben E-Mail die am meisten genutzte Funktion. Anderen Personen kann die Berechtigung erteilt werden, Termine einzusehen, zu planen und zu ändern. Auch kann der Terminkalender mit anderen Medien (z. B. Smartphone) synchronisiert werden.
Kbit/s	Kilobit je Sekunde (1 Kbit/s = 1024 Bit/s).
Kennwort	Eine Zeichenfolge, die Benutzer eingeben, um bei einem Netzwerk oder Programm ihre Identität nachzuweisen. Die sichersten Kennwörter können nicht erraten oder in einem Wörterbuch gefunden werden und enthalten eine Kombination aus Gross- und Kleinbuchstaben, Zahlen und Symbolen.
Kernkompetenz	Fähigkeiten, Qualifikationen, das Beherrschen von Wissensbeständen und Handlungsmustern, die jeder braucht, um in der modernen Arbeitswelt erfolgreich zu bestehen. Dieses Bündel wird von Personalberatern auch das persönliche Kompetenzportfolio genannt.
Kilobyte	1 Kilobyte = 2^{10} → Bytes = 1024 Bytes.
Komforttelefon	Telefonapparat, der neben der elementaren Funktion, dem Telefonieren, zusätzliche komfortable Funktionen bietet (z. B. Abspeicherung von Rufnummern, Anrufumleitung, Wahlwiederholung, Display, Freisprecheinrichtung).
Kommunikation	Vorgang, bei dem zwischen mindestens zwei Partnern Informationen fliessen. Als Partner kommen Menschen unter sich, Menschen und Maschinen oder Maschinen unter sich infrage. Grundlage für die Kommunikation ist die Sprache oder ein → Code, der von den beteiligten Partnern verstanden oder umgesetzt wird. Bei der Kommunikation zwischen Mensch und Maschine kommt der → Schnittstelle eine besondere Bedeutung zu. Je besser sie auf die Eigenheiten der beiden Partner ausgerichtet ist, desto einfacher läuft der Kommunikationsvorgang ab. Beim Informationsaustausch unter Maschinen sorgen → Protokolle dafür, dass Nutz- und Steuerinformationen von den Geräten gegenseitig verstanden werden.
Konferenzschaltung	Mehrere Gesprächsteilnehmer können gleichzeitig telefonieren.
Kontakte (Personen)	Der Ordner Kontakte ist das E-Mail-Adressbuch und der Speicherort für Personen und Unternehmen, mit denen man kommunizieren möchte. Im Ordner Kontakte werden E-Mail-Adressen, Postadressen, Telefonnummern, Bilder und weitere Informationen zum Kontakt, wie Geburtstag oder andere Jubiläen, gespeichert.
Kurznachrichtendienst	→ SMS, Short Message Service.
Lauthören	Komfortfunktion bei Telefonen mit eingebautem Lautsprecher; per Tastendruck können alle im Raum anwesenden Personen ein Telefongespräch mithören.

Informationsmanagement und Administration

Link	Ein Link oder Hyperlink ist eine Verbindung innerhalb von einem oder mehreren Dokumenten. Eine Textstelle (oder auch ein Bild) enthält eine Verbindung zu einem anderen Dokument. Dazu wird die genaue Adresse des Zieldokuments bei der Textstelle (oder dem Bild) angegeben. Es sind auch Verbindungen innerhalb des gleichen Dokuments möglich.
LTE	Long Term Evolution (LTE/LTE-Advanced) ist ein Standard der vierten Generation (4G) im → Mobilfunk.
Mail	→ E-Mail.
Mailbox	Möglichkeit zum Speichern von Nachrichten; hält Mitteilungen fest, die dann abgerufen werden können.
Makeln	Komfortleistung bei Telefonanlagen. Makeln erlaubt es, zwischen zwei externen oder internen Gesprächspartnern hin- und herzuschalten, ohne dass der wartende Teilnehmer mithören kann.
Mbit/s	Megabit je Sekunde (1 Mbit/s = 1024 Kbit/s = 1 048 576 Bit/s).
Megabyte	1 «echtes» Megabyte = 2^{20} Bytes 2^{20} Bytes = 1 048 576 Bytes Ein Megabyte (MB) wird im Computerbereich allgemein als 2^{20} Bytes aufgefasst. Da dies jedoch nicht offiziell genormt ist, verwenden viele Hardware-Hersteller durchweg eine eigene Definition: Sie rechnen mit: 1 «übliches» Megabyte = 10^6 Bytes 10^6 Bytes = 1 000 000 Bytes. Die Differenz zwischen «echten» und «üblichen» Megabytes liegt also bei 48 576 Bytes = ca. 47 Kbit/s.
MMS	Abkürzung für Multimedia Message Service. Ermöglicht den Versand von Texten, Melodien, Bildern und Videosequenzen. Dabei ist die Nachrichtenlänge, Gestaltung und Dateigrösse nicht begrenzt – im Gegensatz zur herkömmlichen SMS. MMS wird ermöglicht durch gesteigerte Mobilfunkbandbreiten mit Techniken wie z. B. → UMTS.
Mobilfunk	Geräte für standortunabhängige Kommunikation. Mobilfunknetze ermöglichen die Kommunikation zwischen Mobilfunkgeräten (z. B. Handys) und bieten Zugang zu kabelgebundenen Netzwerken.
Mobile Tagging	Technologie, welche es erlaubt, dass Benutzer mit der Handykamera einen Code scannen können, um Informationen aus dem Web abzurufen.
Modem	Abkürzung für Modulator/Demodulator. Gerät zur Datenübertragung zwischen Computern. Der Modem wandelt digitale Daten des Computers in analoge Signale um und umgekehrt.
M2M (Machine-to-Machine, Mobile-to-Machine, Machine-to-Mobile)	Kommunikation zwischen Geräten mittels drahtloser Datenübermittlung. M2M ermöglicht die Überwachung und Steuerung von Geräten und Anlagen, das Abrufen von Daten und das Durchführen von Onlinetransaktionen.
Multimedia	Vom Anwender steuerbare Einbindung von Text, Grafik, Ton, Animation und Bewegtbild auf digitalen Plattformen, z. B. PC oder Datennetzen wie → Internet. Multimedia erleichtert in besonderem Masse die Bedienung durch Befehlseingaben per Maus. Kennzeichen: grafische Oberfläche mit Fenstern (Windows) und bildhaften Symbolen. Einsatzmöglichkeiten: für animierte Informationsdarstellung, Präsentationen und zur Unterhaltung, z. B. bei Computerspielen.

Nachrichten	Eine (elektronische) Nachricht wie z. B. eine E-Mail ist eine Datenmenge, die aus dem Nutzinhalt und Metainformation besteht. Der Nutzinhalt umfasst die Daten, welche vom Empfängersystem verbucht werden. Die Metainformation beinhaltet vor allem die Information über die Verarbeitung, speziell über das Senden.
Natel	Abkürzung für Nationales Autotelefonnetz. 1978 durch die PTT (heute Swisscom) in Betrieb genommen.
Netiquette	Regeln und Gebote des Umgangs im Internet; Verstösse gegen die Netiquette können dazu führen, dass der Provider den Internetzugang, den Mailaccount oder beides sperrt.
Offline	Aus dem englischen «off line» (ohne Verbindung). Verbindungsloser Betriebszustand z. B. des PC.
Ökobilanz	Ökobilanz ist eine Methode zur Abschätzung der Auswirkungen eines Produkts und seines Herstellungsprozesses auf die Umwelt. Bei der Erstellung einer Ökobilanz werden die Lebensstadien Rohstoffgewinnung, Herstellung, Verarbeitung, Transport, Gebrauch, Nachnutzung und Entsorgung des zu untersuchenden Produkts bzw. Verfahrens auf ihre Umweltrelevanz untersucht.
Ökologie	→ Umweltschutz.
Online	Aus dem englischen «on line» (in Verbindung). Zum Beispiel der Zustand der Verbindung eines PC mit Datennetzen oder beim Datenaustausch von PC zu PC.
Organisieren	Erstellen einer zielgerichteten Ordnung innerhalb eines Systems.
Pager	Funkrufempfänger; Tonmeldungen, numerische Botschaften und alphanumerische Meldungen können empfangen werden. Ideal für Gruppen- und Sammelrufe.
Paket	Eine Dateneinheit, die zwischen einer Quelle und einem Ziel im Internet weitergeleitet wird. Zusätzlich zu den übertragenen Daten enthält ein Paket Informationen, mit denen vernetzte Computer entscheiden können, ob sie das Paket empfangen wollen. Wenn eine Datei (z. B. E-Mail-Nachricht) von einer Stelle im Internet an eine andere gesendet wird, teilt die TCP-Schicht des → TCP/IP-Protokolls die Datei in kleinere Teile (Pakete) auf. Jedes dieser Pakete beinhaltet die Internetadresse des Ziels. Die einzelnen Pakete werden nicht zwangsläufig über dieselbe Route übertragen. Wenn alle Pakete angekommen sind, werden sie von der TCP-Schicht am Empfangspunkt wieder zur ursprünglichen Datei zusammengesetzt.
PDA	Abkürzung für Personal Digital Assistant. «Persönliche Digitale Assistenten» sind Computer im Westentaschenformat, sogenannte Handheld-PCs. Oft verfügen sie über PC-Funktionen wie Büroprogramme (Textverarbeitung, E-Mail usw.). Mit der zunehmenden Verbreitung der Smartphones sind reine PDAs vom Markt verdrängt worden.
Pflichtenheft	Organisatorische und/oder technische Vorgabe.
Phishing	setzt sich aus den englischen Wörtern Password, Harvesting und Fishing zusammen und beschreibt den betrügerischen Versuch, über eine gefälschte Website zu vertraulichen Daten zu kommen, z. B. Zugangsdaten für das Internetbanking. Mittels Massen-E-Mails wird über ein «dringendes Kontoproblem» bei einem Dienstanbieter (z. B. Bank oder Onlineshop) informiert. Die Empfänger der E-Mails werden aufgefordert, eine bestimmte Website zu besuchen, um das Problem zu beheben. Obwohl die aufgerufene Website täuschend echt aussieht, führt der Link in der E-Mail zu einem Server unter Kontrolle der Hacker. Durch das Bestätigen der vertraulichen Daten – meist Anmeldenamen und Kennwort für ein Konto – gelangen diese Informationen in die Hände der Betrüger. Der Urheber der Phishing-Attacke kann die Identität des Opfers übernehmen und Handlungen in dessen Namen ausführen.

Informationsmanagement und Administration

PIM	Personal Information Manager. Diese Software organisiert und verwaltet persönliche Daten wie Kontakte, Termine, Aufgaben und Notizen.
PIN	Abkürzung für persönliche Identifikationsnummer. Diese Geheimnummer dient als Schutz vor unberechtigter Benutzung, beispielsweise beim → Handy.
POP3	Abkürzung für Post Office Protocol, Version 3. Ein gebräuchliches Protokoll zum Empfang von E-Mails.
Prepaid-Karte	Auf ihr ist ein zuvor einbezahlter Betrag gespeichert, den der Handybenutzer abtelefoniert. Vorteile: die überschaubaren Kosten und die Unabhängigkeit vom Abonnementsvertrag.
Projekt	Projekte dienen dazu, aus einer Ausgangslage einen neuen Zustand bzw. ein neues Produkt abzuleiten. Das neue System bzw. das neue Produkt soll anschliessend während einer gewissen Dauer genutzt bzw. betrieben werden.
Projektarten	• Organisationsprojekte (Umstrukturierung, Rationalisierung) • EDV-/Informatikprojekte (Aufbau Informationssystem, Einführen neuer Datenbanken) • Bau- und Investitionsprojekte (Erweiterung der Fabrikationsanlagen) • Forschungs- und Entwicklungsprojekte (Produktentwicklung inkl. Vermarktung)
Projektmanagement	Oberbegriff für alle planenden, koordinierenden und steuernden Massnahmen, welche bei der Um- und Neugestaltung von Systemen und Abläufen erforderlich sind. Dabei steht nicht die Lösung selbst im Vordergrund, sondern das Vorgehen.
Protokoll	Vereinbarte Verfahrensvorschrift für den Aufbau, die Überwachung und den Abbau von nachrichtentechnischen Verbindungen. Das Protokoll enthält genaue Regeln für die Verkehrsabwicklung zwischen → Hard- und → Software unterschiedlicher Hersteller.
Provider	Ein (Internet-)Provider ist eine Firma, die den Internetzugang für Firmen, Privatpersonen, Vereine, Organisationen usw. anbietet.
Prozess	Eine Folge von Aufgaben, Tätigkeiten oder Funktionen, mit dem Ziel, eine bestimmte Leistung (Wertschöpfung) zu erbringen.
Prozessorganisation	Ausrichtung der internen Abläufe auf die Kundenbedürfnisse.
PST-Datei	Outlook speichert (fast) alle Daten in einem persönlichen Ordner mit der Dateiendung *.pst. Bei der Erstinstallation wird eine outlook.pst angelegt. Es können beliebig viele persönliche Ordner angelegt und verwaltet werden.
PWLAN	Abkürzung für Public Wireless Local Area Networks. Drahtlose Breitbanddatenübertragung. Stark frequentierte Orte, wie beispielsweise Flughäfen, Bahnhöfe, Konferenzzentren und Hotels, werden mit der schnellen Datenübertragungstechnik ausgestattet, sodass die Kunden diese mit → Smartphones und Notebooks nutzen können.
Quadband	Quadband-Mobiltelefone unterstützen die vier Haupt- → GSM-Frequenzen und können in jedem GSM-Netz der Welt eingesetzt werden.
Recyclingpapier	Der richtige Name für die oft fälschlich verwendete Bezeichnung «Umweltschutzpapier». Dabei werden je nach Recyclinganteil eine bestimmte Menge an recycelten Papierfasern zugesetzt. Ein geschlossener Recyclingkreislauf ist bei der Papierherstellung nicht möglich.
Regeln	Regeln können für eingehende und ausgehende Mails erstellt werden. Mit Regeln können beispielsweise Mails automatisch in bestimmte Ordner verschoben, weitergeleitet, beantwortet, gedruckt oder gelöscht werden.

Glossar

Roaming	Leistungsmerkmal zellularer Funknetze (wie z. B. Mobilfunknetze), das die Erreichbarkeit aktivierter Mobilstationen standortunabhängig in allen Funkzellen des gesamten Versorgungsbereichs eines Netzes sicherstellt. Roaming kann sich auch über gleichartige Netze verschiedener Netzbetreiber, wie beispielsweise beim internationalen Roaming im europäischen GSM-System, erstrecken (→ International Roaming).
Router	Ein Router verbindet zwei räumlich getrennte Netzwerke über eine Telekommunikationsleitung. Der Router stellt beispielsweise die Verbindung von einem Heimnetzwerk via → Glasfaser, → DSL, Kabelfernsehnetz oder → Mobilfunk zu jenem eines → Providers her.
RSS-Feed	RSS (Really Simple Syndication) ist ein Format für die Veröffentlichung von Änderungen auf Websites (z. B. News-Seiten, Blogs, Audio-/Video-Logs). RSS-Dienste werden in der Regel in Form spezieller Service-Websites (sogenannter RSS-Channels) angeboten. Ein RSS-Channel versorgt den Adressaten oft, ähnlich einem Nachrichtenticker, mit kurzen Informationsblöcken, die aus einer Schlagzeile mit kurzem Textanriss und einem Link zur Originalseite bestehen. Zunehmend werden aber auch komplette Inhalte klassischer Webangebote als Volltext-RSS bereitgestellt. Die Bereitstellung von Daten im RSS-Format wird auch als RSS-Feed bezeichnet. Wenn ein Benutzer einen RSS-Channel abonniert hat, so sucht der Client in regelmässigen Abständen beim Server nach Aktualisierungen im RSS-Feed. Zum Lesen eines RSS-Feeds dienen herkömmliche Webbrowser oder spezielle Programme wie RSS-Reader oder Feedreader. Auch E-Mail-Programme bieten RSS-Lesefunktionen.
RTF, Rich-Text	Das Rich-Text-Format (RTF) ist ein Dateiformat für Texte, das von Microsoft 1987 eingeführt wurde. Es kann als Datenaustausch zwischen Textverarbeitungsprogrammen verschiedener Hersteller auf verschiedenen Betriebssystemen dienen.
Rückruf bei Besetzt	Eine Verbindung wird automatisch hergestellt, sobald der Besetztstatus am Zielanschluss aufgehoben ist. Nach Freiwerden des Anschlusses erfolgt die Signalisierung beim Anrufer. Sobald dieser dann seinen Hörer abhebt, wird die Verbindung automatisch hergestellt. Zuvor muss jedoch der Rückruf vom Anrufer an seinem Endgerät (Telefon) aktiviert werden.
Rufnummernübermittlung	Die Telefonnummer des Anrufers erscheint auf dem Display, bevor das Telefonat entgegengenommen wird.
Rufumleitung	Ein ankommender Anruf wird an einen vorgegebenen Telefon- oder Mobilfunkanschluss weitergeleitet. Zwei Arten von Rufumleitung werden unterschieden: Die absolute Rufumleitung lenkt alle eingehenden Anrufe sofort um, während die bedingte oder fallweise Rufumleitung das nur unter bestimmten Bedingungen tut, etwa bei Nichtmelden.
Ruhe vor dem Telefon	Der Telefonanschluss kann für eine bestimmte Zeit für eingehende Anrufe ausgeschaltet werden. Für abgehende Verbindungen sowie den automatischen Weckdienst bleibt der Anschluss weiterhin offen.
SAR	Abkürzung für Spezifische Absorptionsrate. Dieser Begriff aus der Physik gibt die Grösse und das Mass für die Absorption von elektromagnetischen Feldern in biologischem Gewebe an; er wird in Watt pro Kilogramm Gewebemasse angegeben (W/kg). Häufig wird bei Mobiltelefonen ein SAR-Wert angegeben. Dieser liegt bei modernen Geräten bei etwa 0,5 W/kg, unter dem von der Weltgesundheitsorganisation empfohlenen Grenzwert von 2,0 W/kg.
Schnittstelle	Als Schnittstelle werden Übergangsstellen zwischen Mensch und Maschine, verschiedenen Hardwareeinheiten (→ Hardware), verschiedenen Softwareeinheiten (→ Software) oder zwischen Hard- und Softwareeinheiten bezeichnet. Mit diesen Übergängen wird die sinnvolle Zusammenarbeit der beteiligten Einheiten erst möglich. Die gegenseitige Anpassung der Eigenschaften erlaubt den Informationsaustausch. Als Beispiel für eine Mensch-Maschinen-Schnittstelle seien hier die Tastatur und der Bildschirm eines Computers erwähnt.

Informationsmanagement und Administration

Selbstdatenschutz	Internetbenützer müssen sich selbst vor den Gefahren im Informationszeitalter effektiv schützen können und mit persönlichen Daten vorsichtig umgehen. Sie wissen, welche Massnahmen sie in Bezug auf Datenschutz und Datensicherheit ergreifen sollen, und sind sich der Bedrohungen des offenen Netzes bewusst.
Sendebericht	Funktion von Faxgeräten, die Sendedaten protokolliert, z. B. Zielrufnummer, Zeit, Datum oder Fehlermeldungen.
Senderkennung	Kopfzeile, die Faxdokumenten automatisch hinzugefügt wird. Sie enthält z. B. Datum, Uhrzeit, Name und Faxnummer des Absenders.
Server	Ein Server ist ein zentraler Rechner, der in einem Netzwerk Informationen zur Verfügung stellt.
SharePoint	Dokumentenmanagementsystem von Microsoft mit Webzugriff, welches folgende Einsatzgebiete umfasst: gemeinsames Verwalten und Koordinieren von Dateien, Aufgaben oder Projekten, Webseiten, Diskussionsgruppen und Blogs.
Signal	Darstellungsform von Daten oder Informationen mithilfe einer physikalischen Grösse, wie z. B. elektrischer Spannung, Strom, Lichtintensität oder Schalldruck.
Signaturen	Die digitale Signatur ermöglicht, dass die Urheberschaft und Zugehörigkeit zur Nachricht geprüft werden können. Als Signatur werden auch die oft automatisch eingefügten Absenderangaben und Informationen zur Autorin oder zum Autor am Ende einer Mail oder eines Newsartikels bezeichnet.
SIM-Karte	Abkürzung für Subscriber Identity Module. Chipkarte mit Prozessor und Speicher für GSM-Telefone, auf der die vom Netzbetreiber vorgegebene Teilnehmernummer gespeichert ist.
SIP	Das Session Initiation Protocol ist ein Netzprotokoll zum Aufbau einer Kommunikationssitzung zwischen zwei und mehr Teilnehmern. In der Internettelefonie ist das SIP ein häufig angewandtes Protokoll.
Smartphone	Mobiltelefon mit berührungsempfindlichem Bildschirm und Computerfunktionalität; heute oft auch mit der Funktion eines transportablen Medienabspielgeräts, einer Digital- und Videokamera und eines GPS-Navigationsgeräts. Der Internetzugang erfolgt mittels WLAN und mobilen Breitbands.
SMS	Abkürzung für Short Message Services (Kurznachrichtendienst). Dient zur Übertragung von kurzen alphanumerischen Nachrichten mit Texten bis zu 160 Zeichen.
SMTP	Abkürzung für Simple Mail Transfer Protocol, mit dem der Versand von → E-Mail-Nachrichten gesteuert wird.
SNV	Schweizerische Normen-Vereinigung.
Social Media	Sammelbegriff für soziale Netzwerke im Internet.
Software	Sammelbegriff für alle in einem Computer verwendeten Programme. Die Systemsoftware bildet das Betriebssystem und ermöglicht die Kommunikation mit dem Computer. Die Anwendersoftware umfasst Programme, die für bestimmte Anwendungen des Benutzers zur Verfügung stehen (wie z. B. Textverarbeitungsprogramme) oder Programme zur Steuerung eines Geräts.
Spam	Unerwünschte Werbebotschaften per E-Mail.
Spit	Der Begriff steht für Spam over Internet Telefony. Spit ist noch ärgerlicher als herkömmliche Massenmails: Das Telefon klingelt ständig, und der Empfänger muss zum Aussortieren die Nachrichten alle abhören.

Spyware	Spionagemodul in der Software. Über einen Computer mit Internetanschluss können Marketingfirmen und Softwarehersteller mit einem – unbemerkt installierten – Spionageprogramm persönliche Daten über den ahnungslosen Internetsurfer sammeln.
Stand-by	Zeitspanne, während der zum Beispiel ein → Handy ohne Aufladen betriebs- und empfangsbereit ist. Die Dauer hängt ab vom Energieverbrauch, der je nach Hersteller, Gerät, Sprechzeit und Netz variieren kann.
Surfen	Surfen ist das beliebte (oft ziellose) Anklicken von interessanten Links.
TCP/IP	Abkürzung für Transmission Control Protocol/Internet Protocol. Übertragungsprotokoll für Netzwerke. Überwiegende Anwendung bei der LAN-/Internetkommunikation.
Telefax	Bezeichnung für Fernkopieren (Kurzform Fax). Zur originalgetreuen Übertragung von Texten, Grafiken und Dokumenten über das Telefonnetz.
Telefonie	Form von individueller → Kommunikation. Die Telefonie ist die bedeutendste und leichteste Art, Informationen rasch und im Dialog auszutauschen. Von allen Kommunikationsformen hat die Telefonie weltweit die grösste Verbreitung.
Telekommunikation	Datenaustausch zwischen Sender und Empfänger.
Telematik	Aus dem Französischen (Télématique) stammender Begriff. Er bezeichnet die Informationsform, welche durch das Zusammenwachsen von Telekommunikation und Informatik entsteht.
Toner	Die «Farbe» der Kopiergeräte und Laserdrucker. Hauptsächliche Bestandteile sind bei schwarzem Toner Russ und Harze.
Track & Trace	Sendungen, welche mit einem Barcode versehen sind, können auf dem Transportweg verfolgt werden. Auch via Internet kann festgestellt werden, wo sich die Sendung gerade befindet und wann sie der Empfänger erhalten hat.
Triband	Handys, die auf drei Frequenzen, also in drei verschiedenen Netzen, funken können. Sie nutzen sowohl die in Europa üblichen E-Netze auf etwa 1800 MHz als auch die D-Netze auf 900 MHz. Zusätzlich können sie auch auf der Frequenz 1900 MHz funken, die zum Beispiel in den Ballungsgebieten der USA benutzt wird.
TVA	Abkürzung für Teilnehmervermittlungsanlage. TVA ist ein privates, autonomes → Vermittlungssystem und wird auch → Haustelefonzentrale genannt. Ihr können bis mehrere Tausend → Endgeräte angeschlossen werden.
Twitter	Englisch für «zwitschern». Es ist eine kostenlose Internetanwendung, bei der Kurznachrichten (Tweets) mit maximal 140 Zeichen publiziert werden können. Das Schreiben dieser Nachrichten nennt man twittern. Wenn gewünscht, kann man Tweets von bestimmten Absendern abonnieren.
Übertragungsrate	Die Anzahl Bits pro Sekunde, welche innerhalb dieser Zeitspanne über einen Übertragungskanal übermittelt werden.
UMTS	Abkürzung für Universal Mobile Telecommunications Systems, auch 3G genannt, die dritte Generation der Mobiltelefonie.
Umweltschutz	Zusammenfassende Bezeichnung für alle Massnahmen, welche die Biosphäre (= der von Lebewesen bewohnte Raum) vor schädigenden Einflüssen schützen und gegebenenfalls eingetretene Schäden beseitigen oder mildern sollen. Umweltschutz umfasst insbesondere die Bemühungen zur Reinhaltung von Luft und Wasser, die Abfallbeseitigung, den Lärm- und Strahlenschutz sowie die Überwachung von Lebensmitteln und Arzneien.

Informationsmanagement und Administration

Upload	Datentransfer bei Onlineverbindungen, wobei Dateien von dem eigenen PC auf einen anderen PC oder zu einem Datennetzserver übertragen werden.
URL	Abkürzung für Uniform Resource Locator. Bezeichnet eindeutig die Adresse eines Dokuments im Internet. Dabei werden ein gewünschter Dienst (z. B. http:, ftp: oder mailto:) und ein Ziel (z. B. //www.verlagskv.ch) angegeben.
Usenet	Teil des Internets, in dem die Newsgroups zu finden sind. Diese digitalen Schwarzen Bretter können mit einem Newsreader (z. B. Outlook Express) gelesen werden.
Vermittlungssystem	Ein Vermittlungssystem hat die Aufgabe, einen Nachrichtenpfad zwischen beliebigen → Endgeräten bereitzustellen.
Verteilerliste	Mit einer Verteilerliste kann eine Gruppe von Adressaten, die immer wieder via E-Mail angeschrieben werden, zusammengefasst werden.
Videokonferenz	Konferenz, bei der Personen, die sich an verschiedenen Orten befinden, über eine Bild-, Ton- und Datenverbindung miteinander kommunizieren können. Neben dem Videobild und der Sprache können auch Texte oder Bilder übertragen und bearbeitet werden. Videokonferenzstudios und multimediale PCs ermöglichen diese Kommunikationsform.
Virtual Private Network (VPN)	Das virtuelle private Netz besteht aus mindestens zwei Teilnetzwerken (bzw. Teilnehmern), die über öffentliche Leitungen (z. B. das Internet) miteinander verbunden sind und bei dem die Vertraulichkeit, Integrität und Authentizität der Daten bei der Datenkommunikation gewährleistet werden soll.
Virus	Ein Programm, das entwickelt wurde, um sich zu replizieren und auszubreiten, im Allgemeinen ohne Wissen des Benutzers oder der Benutzerin. Ein Virus repliziert sich, indem er sich an ein anderes Programm, einen Bootsektor, einen Partitionssektor oder ein Dokument, das Makros unterstützt, anhängt. Viele Viren vermehren sich einfach nur; viele fügen auch Schaden zu. Ein Virus kann z. B. über ein Attachment, das per E-Mail empfangen wurde, auf den Computer gelangen.
Vishing	→ Phishing via Telefon, abgeleitet von Voice Phishing. Beim Vishing werden Benutzer über Internettelefonie aufgefordert, persönliche Daten preiszugeben.
Visitenkarten, vCards	Eine elektronische Visitenkarte zur automatischen Aufnahme ins digitale Adressbuch.
Vlog	Video-Blog.
VoIP	Voice over Internet Protocol ist ein allgemeiner Begriff für die Übertragung von Sprache über paketvermittelte Datennetze auf der Basis des Internetprotokolls. Der VoIP-Verkehr kann über ein kontrolliertes privates Netz, das öffentliche Internet oder eine Kombination der beiden Netze erfolgen.
WAP	Abkürzung für Wireless Application Protocol. Protokoll für die Übermittlung von speziell auf Handydisplays zugeschnittenen Internetinhalten und Onlineservices.
Webbrowser	Eine Softwareanwendung, die durch Bereitstellung einer grafischen Benutzeroberfläche die Navigation im Internet erleichtert.
Webseite	Eine einzelne Seite (Dokument) eines Webauftritts.
Website	Mit Website wird ein komplettes Webangebot oder ein Webauftritt bezeichnet, das/der aus mehreren, auch sehr vielen untereinander verbundenen Seiten bestehen kann.
Wiki	Sammlung von Webseiten, die von den Benutzern nicht nur gelesen, sondern auch direkt online geändert werden können. Wikis ermöglichen es verschiedenen Autoren, gemeinschaftlich an Texten zu arbeiten.

WLAN	Abkürzung für Wireless LAN. Drahtloses, lokales Netzwerk.
WWW	Abkürzung für World Wide Web. Es ist eine Art Bibliothek aus Ressourcen im Internet. Die Dokumente sind auf einzelnen Internetseiten gespeichert. Grundlage des WWW ist → HTML (Hypertext Markup Language). WWW-Seiten sind über Internetadressen, die sogenannten → URL (Uniform Resource Locators), aufzufinden. Das verwendete Protokoll wird als → HTTP (Hypertext Transfer Protocol) bezeichnet.
Zellstoff (Zellulose)	Das Holz wird zu Schnitzel verkleinert, und unter Beigabe von Wasser und Chemikalien werden diese gekocht, sodass die Fasern herausgelöst werden. Zellstoff dient zur Herstellung von höherwertigen Papieren; sie werden auch «holzfreie Papiere» genannt, weil sie die typischen Holzbestandteile nicht mehr enthalten.
Zielwahlspeicher	Häufig benutzte Rufnummern lassen sich auf Zielwahltasten speichern. Per Tastendruck wird dann die komplette Rufnummer gewählt.
Zugangscode	→ PIN oder → Kennwort.

Bildquellenverzeichnis

Apple Inc.: 37.2
Biella-Neher Holding AG: 182.1-4, 183.1-5
BITCOM: 190.1
Canon (Schweiz) AG: 145.1; 145.2
Die Schweizerische Post AG: 132.2, 132.3
Doodle AG: 115.1
Ellgard, Holger: 20.1
ESA, J. Huart: 25.1
FSC Schweiz: 201.2
Fujitsu: 21.5; 78.3
Kern AG: 131.1, 131.2, 132.1
Köllicker AG: 129.1, 130.1
mozilla.org: 37.1
Microsoft Corporation: 37.4
Opera Mediaworks: 37.5
RAL gGmbH: 201.1
Shutterstock.com: 21.1 (Axel Bueckert); 21.2 (IM_VISUALS); 21.3 (Nelia Sapronova); 21.4 (MrVitkin); 21.6 (Magnetic Mcc); 22.1 (Mr Aesthetics); 23.1 (Twin Design); 23.2 (dennizn); 28.1 (GeniusKp); 28.2 (Singkham) 29.1 (Photographee.eu); 33.1 (Nelia Sapronova); 37.3 (rvlsoft); 48.1 (betto Rodrigues); 52.1 (Africa Studio); 78.2, 78.3 (3Dstock); 78.4 (Julia Nikitina); 144.1 (Vereshchagin Dmitry); 145.3 (Alexander Tolstykh); 190.2 (Dmitry Melnikov); 191.1 (Monkey Business Images); 204.1 (Bacho)
SUVA: 189.1, 189.2
TCO Development: 200.1
U.S. Environmental Protection Agency, ENERGY STAR program: 200.2
Verein PRS PET-Recycling Schweiz 206.2

Stichwortverzeichnis

A

Ablage	181
Ablagesysteme	182
Abrechnungsinformationen eintragen	117
Adressbuch	76, 212
Adressen	33
Adress- und Suchfeld	38
ADSL	212
Akku	212
Akten	
Aktualität	180
aufbewahren	174
Ausgabe	185
gesetzliche Vorschriften	174
vernichten	186
Zulieferung	185
aktiver Inhalt	212
Anhang	212
Ansichten verwalten	71
App	212
Arbeitsoberfläche	62
Arbeitsplatz	
Anforderungen	189
Licht	193
psychische und soziale Aspekte	195
Verhalten	193
Archivsysteme, elektronisch	184
Attachments	81
Aufbewahrungsplan	178
Aufbewahrungsstufe	178
Aufgabe delegieren	118
Aufgaben	212
Aufgaben als erledigt kennzeichnen	117
Aufgaben erfassen	115
Aufgabenverwaltung	115

B

BAKOM	212
BeeTagg	212
Beleuchtung im Büro	205
Beschaffung Bürogeräte	199
Besprechungsanfrage	114
Betriebsklima	195
Bildschirm	190
Bluetooth	25, 213
Bore-out	213
Burn-out	197
Bürokommunikation	13, 15
Büroökologie	199

C

Checklisten	160
Code	213
Cookie	213
Coworking	192

D

Datei einfügen	93
Daten- und Zusatzdienste	23
Desksharing	191, 192
Dokumentation	214
Dokumente aus Office-Anwendungen versenden	107
Dokumentenauflage	190
Dokumentenmanagementsystem (DMS)	214
Doodle	115
dpi	214
DSL (ADSL, VOSL)	214

E

Eisenhower-Prinzip	158
Elektrosmog	214
E-Mail	30, 78
Funktionsweise	78
Verhalten	80
E-Mail-Format	88
E-Mail-Optionen	95
Energieeffizienz	204
Energiesparen	204
Entsorgung	206
Entstehung Internet	30
Ereignisse	109
Ergonomie	188, 214
Erinnerungsfenster	111

F

Festnetz	20
Flussdiagramm	151
Formulare	163
FTP	31, 215
Fussstütze	190

G

Grossraumbüro	191

H

Hacker	215
Hardware	215
Herstellung und Papierarten	137
Historische Entwicklung	137

I

IMAP	216
Informationen	
beschaffen	167
organisieren	167
Quellen	168
weitergeben	169
Informationsmanagement	12
Instant Messaging (IM)	31
Internet	
Entstehung	30
Informationsbeschaffung	36
Suchdienst	33
Suchmaschinen	34
Zugang	33
Zukunft	33
Intranet	216
IP	217
IP-Adresse	217

K

Kalender	109, 217
Kalenderfarben	112
Kennwort	217
Kernkompetenz	217
Kommunikation	10, 217
mündliche	10
schriftliche	11
Kommunikationsmittel	16
Kommunikationsvorgang	16
Kommunizieren	10
Kontakte anlegen	66
Kontakte bearbeiten	69
Kontakte drucken	75
Kontakte (Personen)	217
Kontoeinstellungen	87
Kopieren	143
arbeiten mit	146
Geräte	144
Verfahren	143

L

Langzeitarchive, hybride	185
Lesebereich	64
Lesebestätigung	96
Listen	70

M

MMS	218
Mobbing	197
Mobile Kommunikation	23
Mobile Tagging	24, 218
Mobile Ticketing	24
Modem	218

N

Nachrichten	219
Nachrichten als Entwurf speichern	96
Nachrichten beantworten	95
Nachrichten empfangen	92
Nachrichten erstellen	89
Nachrichten kennzeichnen	107
Nachrichten mit Anhängen versenden und empfangen	93
Nachrichten mit Anlagen	93
Nachrichten senden	91
Nachrichten weiterleiten	95
Navigationsbereich	63
Netiquette	53, 219

O

Ökobilanz	219
Ordnungssysteme	175
Organisationsmittel	182
Organisieren	219
Organizer	61
Outlook	61
Adressbuch	76
Ansichten verwalten	71
Arbeitsoberfläche	62
Aufgabe delegieren	118
Aufgaben als erledigt kennzeichnen	117
Aufgaben erfassen	115
Aufgabenverwaltung	115
Datei einfügen	93
Dokumente aus Office-Anwendungen versenden	107
E-Mail-Format	88
E-Mail-Konto einrichten	85
E-Mail-Optionen	95
Ereignisse	109
Erinnerungsfenster	111
Kalender	109
Kalenderfarben	112
Kontakte anlegen	66
Kontakte bearbeiten	69
Kontakte drucken	75
Kontoeinstellungen	87
Lesebereich	64

Stichwortverzeichnis

Lesebestätigung	96
Listen	70
Nachrichten als Entwurf speichern	96
Nachrichten beantworten	95
Nachrichten empfangen	92
Nachrichten erstellen	89
Nachrichten kennzeichnen	107
Nachrichten mit Anlagen	93
Nachrichten senden	91
Nachrichten weiterleiten	95
Navigationsbereich	63
Outlook-Datendatei öffnen	124
Posteingang	63
PST-Datei	124, 125
Regeln erstellen	104
Regeln verwalten	105
Signaturen	101
starten	62
Termine	109
Termine anzeigen und bearbeiten	113
Terminserien planen	112
Übermittlungsbestätigung	97
Verteilerliste erstellen	100
Visitenkarten (vCards)	102
Wichtigkeit und Vertraulichkeit der Nachricht	99
Outlook-Datendatei	60
Outlook-Datendatei öffnen	124
Outlook Posteingang	63
Outlook starten	62

P

Paket (Dateneinheit)	219
Papier	137
Arten	137
Formate	140
Gewicht	138
Hüllformate	140
Normen und Formate	139
Recyclingpapiere	138
Spezialpapiere	138
Pareto-Prinzip	158
PDA	219
Personal Information Manager	61
Phishing	82, 219
PIM	220
Post	128
Ausgang	131
Einschreiben	133
Expresspost	133
Frankiersysteme	132
Geschäftsantwortsendungen	133
Nachnahme	133
Sendungsverfolgung	132
WebStamp	132
Wertsendungen	133
Posteingang (Outlook)	63
Prioritäten setzen	158
Projekt	154, 220
Projektarten	220
Projektmanagement	220
Projektorganisation	154
Protokoll	220
Prozessorganisation	148
PST-Datei	60, 124, 125, 220

R

Recycling	206
Recyclingpapier	220
Regeln	220
Regeln erstellen	104
Regeln verwalten	105
Registratursysteme, analoge	183
Roaming	221
Router	221
RTF, Rich-Text	221
Rückruf	221
Rufnummernübermittlung	221
Rufumleitung	221

S

SAR	221
SAR-Strahlungswert	24
Satellitentelefonie	25
Schreibtisch	189
Schriftgutverwaltung	180
Selbstdatenschutz	222
Signatur	81
Signatur, digital	222
Signaturen	101
SIM-Karte	24, 222
SIP	222
Smartphone	222
SMS	23, 222
SMTP	222
Social Media (Verhalten)	54
Software	222
Spyware	223
Strahlenfelder am Arbeitsplatz	193
Stress	196
Stuhl	189
Swimlane	153
Symbolleiste	50

T

Tastatur	190
TCP/IP	223
Teilnehmer einladen	114
Telefon	20
Telefongespräche führen	25
Telefongespräch vorbereiten	25, 27
Telematik	18
Terminanfrage	114
Termine	109, 113
Terminserien planen	112
Terminumfragen	115
Toner	223
Track & Trace	132, 223
Twitter	223

U

Übermittlungsbestätigung	97
UMTS	223
Umweltlabels	200
Umweltschutz	223
Upload	224
Urheberrecht	50
URL	224
Usenet	224

V

Verhalten am Telefon	24
Verhalten beim Mailen	80
Verhalten in sozialen Netzwerken (Social Media)	54
Verlauf	50
Verteilerliste	224
Verteilerliste erstellen	100
Videokonferenz	224
Virus	224
Vishing	224
Visitenkarten (vCards)	102, 224
VoIP	31, 224

W

Web 2.0	31
Webbrowser	37, 224
Adress- und Suchfeld	38
Navigation	38
Symbolleiste	50
Verlauf	50
Weitere nützliche Funktionen	106
Wichtigkeit und Vertraulichkeit der Nachricht	99
WLAN	193
World Wide Web (WWW)	31, 225

Z

Zeitplan	159
Zeitplanung	158
Zellstoff	225

Damit Sie auch nach dem KV im Job den Durchblick behalten:
Unsere zuverlässigen Wegbegleiter, die auf jedes Büropult gehören

Der Office-Knigge
Souverän mit Kunden und im Team

Die Autorin führt Sie humorvoll und persönlich durch den Büroalltag und erklärt, warum sich ein wertschätzender Umgang mit Kolleginnen, Kollegen und externen Kontakten wirklich lohnt.

Gerade für jüngere Berufsleute enthält *Der Office-Knigge* viele wichtige Praxistipps und Beispiele zu Themen wie: Der erste Eindruck | Mich und meine Firma sympathisch vorstellen | Wertschätzend kommunizieren | Reklamationen entgegennehmen | Social Media privat und beruflich | Im Vorstellungsgespräch überzeugen | Businesslunch | Sitzungen | Termine einhalten und Verbindlichkeit schaffen | Höflich Nein sagen.

Susanne Abplanalp
Der Office-Knigge
Souverän mit Kunden und im Team

1. Auflage 2017, 152 Seiten
Broschur, 17 × 24 cm, CHF 32.—
ISBN 978-3-286-50215-4

Regeln für das Computerschreiben

Kurz und knapp finden Sie hier alles, was Sie zur professionellen Gestaltung Ihrer Briefe, E-Mails und Schriftdokumente brauchen. Zum Nachschlagen, Lernen und Lesen.

- Alle in der Schweiz relevanten Schreib- und Darstellungsregeln
- Schweizerische Normen für die Textverarbeitung und die Geschäftskorrespondenz
- Grundlagen der Typografie
- Textbeispiele für leicht lesbare und einprägsam gestaltete Dokumente
- Ausgewählte Rechtschreibregeln

Michael McGarty, Max Sager,
Georges Thiriet, Ralf Turtschi
Regeln für das Computerschreiben

21. Auflage 2018, 132 Seiten
Broschur, 17 × 24 cm, CHF 31.—
ISBN 978-3-286-30581-6

So geht Korrespondenz
Das Beste für Ihre E-Mails und Briefe

Suchen Sie Anregungen für einen persönlichen, abwechslungsreichen und wertorientierten Schreibstil in E-Mails und Briefen?

Die Autorin lädt Sie dazu ein, Konventionen der Korrespondenz zu hinterfragen und die Sprache bewusst einzusetzen, um Menschen zu verbinden. Kurze thematisch geordnete Abschnitte laden zum Stöbern und Reflektieren ein. Zahlreiche «Besser nicht»- und «Besser so»-Beispiele geben ein Gespür, was Korrespondenz beim Gegenüber bewirken kann. Lassen Sie sich inspirieren, damit Sie ihrer Korrespondenz das gewisse Etwas verleihen.

Angelika Ramer
So geht Korrespondenz
Das Beste für Ihre E-Mails und Briefe

1. Auflage 2016, 96 Seiten
Broschur, 17 × 24 cm, CHF 24.—
ISBN 978-3-286-51195-8

VERLAG:SKV
www.verlagskv.ch